文庫本千秋楽

坪内祐三

本の雑誌社

もくじ

文庫本を狙え！

年刊文庫番

文庫本を狙え！

二〇一六

木下杢太郎／岩阪恵子選

『木下杢太郎随筆集』

講談社文芸文庫

講談社文芸文庫の新刊『木下杢太郎随筆集』に目を通して行ったら、様々な思いが頭に浮かんだ。この原稿を書いている今、各地で桜の開花が報じられているが、「春径独語」で杢太郎はこう述べている。

〈予は壮時を東京で過したから、花といえば染井吉野の事であると思った。古歌を読んでも聯想するところはこの種の花であった。或る年三好学博士の講演を聴いて、この樹の近年成す所の一変種で、桜のうちではプロレタリアか成金かに属するものであることを知った〉

三十年近く前まで私もそう思っていた。

私が在籍していた当時、『東京人』で「新選東京名所案内」という連載があった。橋であるとか大時計であるとか東京の名所を、その専門家に座談会で二十選んでもらい、カラーグラビアで紹介するのだ。私が担当の回で桜の名所二十を選ぶことになって、一月だったか二月だったか大雪の降った翌日に座談会を開いた。

そこで選ばれた二十カ所を三月末から四月初めにかけてカメラマンに撮ってもらう予定だったのだ。出席者の一人が、開口一番、あなたたちは桜と言えば染井吉野のことばかり思うがアレはインチキだ、と言った。

木下杢太郎／岩阪恵子選
『木下杢太郎随筆集』

えっ、と答えた私とカメラマンに、江戸彼岸を知ってるか、と言葉を続けた。

さらに尋ねたら、とても美しい桜で、中でも一番美しい一本は上野動物園の裏門の右から三番目で、再来週が見ごろだ、と言った。

そして私は何十種類もの桜があることを知った。

染井吉野は人工交配によって生まれた種類だが、同様のものが別の随筆にも登場する。

〈グレエプフルウトと云う亜米利加の柑子（こうじ）や、わが国の菊水という梨などは、人工的の交配の結果出来た美味である。然しそれを以て近世文明の一象徴だとは考えたくない〉

私が初めてグレープフルーツを食べたのは小学校五年生の時で、クラスでダントツだったのだが。

杢太郎はとてもハイカラな人として知られている。

オバマが現役の大統領として八十八年振りでキューバを訪れたことが話題になっているが（そのおかげでクーリッジというアメリカ大統領の中でももっとも地味だと言われている人の名前が登場した）、杢太郎はその七年前（一九二二年）にキューバを訪れている。

その「クウバ紀行」（たしか三島由紀夫が絶讃したはずだ）も読みごたえがある。

ハイカラ、と書いたが、明治十八（一八八五）年生まれの杢太郎は、「露伴管見」でこう書いている。「明治二十年の青年は漢学を善く理解し善く利用した。明治三十年、明治四十年の青年にはそれが既に無用となったのであるか。また大正十年の青年、昭和十年の青年には如何」。では平成生まれの青年は？

（16・04・07）

十川信介編

『漱石追想』岩波文庫

オーラル・バイオグラフィーというノンフィクションの手法がある。普通の伝記の場合は、一つの視点から、ある人物の生まれてから死ぬまでを描き上げるのだがオーラル・バイオグラフィーは複数の視点を持つ。つまり、ある人物に対してその時々の証言を集め、それを積み重ねて行く。

岩波文庫の新刊『漱石追想』に目を通して行って、これは優れたオーラル・バイオグラフィーだと思った。

このノンフィクションには高浜虚子（「『猫』の頃」）から夏目純一（「父の周辺」）に至る四十九の追想が収録されている。

「吾輩は猫である」の連載が雑誌『ホトトギス』で始まった時、高浜虚子は、「文章を検(けみ)して無用の文句と思われるものは削除してしまった」。「私は今でも決して無益の削除をしたものとは思わない、これが為に全体が引き締っていると思う」。「が猫の第二回以来は一躍して漱石が文壇の人となったので私は謹んでそういうことはしなかった。漱石の文章にはどちらかと云えば無駄が多い。剪採(せんさい)すべき部分が沢山そのままにしてある様な感じがする」。

これは、「吾輩は猫である」の新連載を鳴物入りで宣伝する朝日新聞への痛烈な皮肉になっている。オーラル・バイオグラフィーの面白さは矛盾した証言が同居していることだ。

熊本の五高時代の教え子吉田美里は、漱石が新任の挨拶をした時、漱石のキビキビした調子と「容姿の端麗と威厳とに打たれた」。挨拶が済んだあとで、「僕等は先生の後姿を見送ってこの堂々たる品性のある先生を得たのを誇った」と述べている。

それに対して、同じ五高の教え子木部守一は、「私の見た先生は後に門下生の方々が見られた程偉大でない」という。

岩波書店の創業者岩波茂雄が漱石の門下生で同書店の最初の刊行物が『こゝろ』であることは良く知られている。

岩波書店と対比的な版元は文藝春秋であるが、その創業者菊池寛の回想「先生と我等」も興味深い。「我等」というのは一高時代の同級生久米正雄や芥川龍之介のことだが、彼らは高校時代、「夏目先生の事を、余り話題にはしなかった」。

ところが菊池が同級生の罪をかぶって一高を中退し、京大の選科生となり、芥川らは東大に進級、つまり東西に別れるのだが、久し振りで会うたびに彼らは漱石への親愛を見せた。もし菊池も彼らと一緒に東大に進んでいたならどうなっていただろう。

きわめてレアな追想文も収録されている。

例えば長与胃腸病院に勤務していた医師森成麟造の「漱石さんの思出」。いわゆる〝修善寺の大患〟の時に漱石を救ったキーパースンが松崎天民であったとは『探訪記者松崎天民』の著者である私も知らなかった。

（16・04・14）

久住昌之

『野武士、西へ』集英社文庫

この作品のコンセプト、それは冒頭の三行にある。

「ふと思い浮かんだこと、いつもそれで始まる／俺は昔から近所を散歩するのが好きだ／その足を大阪まで延ばせないものか」。

ここで注意してもらいたいのは「俺」という主語だ。「それは、大阪まで散歩したいと思ったのが、ボクでも私でもなく、俺だったからだ」。

だからこそ「野武士」であり、刀の代りにウクレレを背負って（リュックに入れて）旅を始めるのだが、それは気負いに過ぎないと自覚し、途中から散歩慣れして行く。

東京（神保町）からスタートし、その日たどり着いた場所に後日電車で行き、そこからスタートを繰り返し、二〇〇九年八月十二日から二〇一一年八月二十四日までほぼ二年かけて大阪まで歩く（京都でなく大阪というのが最後のポイント——つまり奈良を経由するのだから）。

久住昌之と言えば『孤独のグルメ』の原作者として知られるが、この作品でもしばしば「孤独のグルメ」が描かれる。

東戸塚の「鎌倉峰本」という店で「元祖赤だしせいろ蕎麦」を食べる。出て来たのは大きめの器に赤出しのシジミ汁と、せいろ蕎麦、小さな茶碗にごはん、それとミニサラダだ。

〈ひと目見て「食べにくそう……」。殻付きのシジミが、蕎麦を汁につけるのに、邪魔。さっそくシジミの除去作業に取りかかる。身を食べちゃ殻入れに殻を入れるのだが、本体の蕎麦を食べる前にそんなことチマチマやってるのがまどろっこしい〉

しかし食べてみたら、「妙においしい」。その秘密は「マグロの兜でとった出汁」にあった。

ガイドブックはもちろん地図なしで「散歩」しているわけだから、殺風景な道を歩き続けることもある。食べ物屋などまったく見当らない。だからラーメン率が高くなる。

二宮で食べたラーメン屋は可もなく不可もなかった。

しばらく東海道を歩いていたらおいしそうな鮮魚食堂が現れた。「失敗した。ラーメンなんて食ってる場合じゃなかった」。さらにまた別の鮮魚食堂。「愚かなラーメン野郎、俺の馬鹿」。

二〇一一年三月十八日、つまり「三・一一」の一週間後、熱田神宮の近くを歩きながらこう内省する。「俺は今、机に向かって馬鹿馬鹿しい、思わず笑ってしまうことを一生懸命考えるのだ。この散歩を思い切り楽しまねばならないのだ」。

私が一番訪れてみたいと思ったのは関宿だ。〈ほぼまっすぐな道に、切妻造りの瓦屋根、格子戸の家がどこまでもどこまでも続いて並んでいる。全体に色調がセピアと黒を中心としているが、古臭さはまったくない〉

しかし観光地ではないからこの町を訪れる資格があるのは「散歩者」だけだろう。

（16・04・21）

鳥居民

『鳥居民評論集　昭和史を読み解く』　草思社文庫

鳥居民（一九二八―二〇一三）という在野の歴史家は謎の存在だった。

新刊ウォッチャーとして私は早熟な方だと思うが鳥居氏の著作を目にしたのは平成に入ってからだ。それは草思社からの書き下しの『昭和二十年』というシリーズの一冊で、たしか毎日新聞の丸谷才一さんの書評で知ったのだ。

この『昭和史を読み解く』の巻末に「著作一覧」が載っていて、『昭和二十年』シリーズ、第一巻が出たのが一九八五年、以下一九八六年、八七年、九〇年、九四年、九六年、二〇〇一年、二〇〇一年、二〇〇二年（この年三冊も出しているのが凄い）、二〇〇三年、二〇〇八年、二〇一二年と十三巻で未完に終わった。

七月二日までしか達しなかったのが残念だが、第一巻で扱っているのが一月一日から二月十日であるのに対し、第八巻からペースが変わり、第十巻や十二巻は一日だけ（六月九日と六月十四日）、最終巻は二日（七月一日と二日）だけだ。ということは八月十五日までたどり着くのに十年以上かかる計算になる（鳥居氏は何歳まで生きるつもりだったのだろう）。

資料の集め方も尋常でない。

有名無名を問わずあらゆる人々の日記や回想録から必要と思われる箇所を書き写し、それをかつての（木製の）リンゴ箱だかミカン箱に収集して行くのだ。百個じゃきかない凄い量だった。

しかも、文字資料だけに頼らない。〝読むことの鬼〟とも言える谷沢永一が対談でこう語っている。「残された秘録などだけにこだわり、あるいはそれをいかにも絶対の証拠であるかのように振りかざして議論する人たちを鳥居さんは問題にしない。あらゆる目に見えない脈略を突き合わせ絞り上げて、事実を洞察し表現する」。「これこそが真の歴史家だと私は思います」。

「著作一覧」に続いて「鳥居民・略年譜」が載っている。「未詳の点が多いので、便宜的なものとお考え下さい――編集部」とあるが、これが読みごたえある。

生まれは東京の牛込で、生家は代々、牛込に住む御家人だった。

父親の早大時代の同期に明治の大実業家原三溪の息子がいて、その関係で父は原合名社に勤務、横浜の現在三溪園がある場所に移住する。

中学は旧制横浜第一中学（現希望ヶ丘高校）。戦後、水産講習所に進み、農業経済を学ぶ。

しかしそこからが謎なのだ。「昭和三十三年（1958）から三年間、台湾政治大学に留学。李登輝（後大統領）等、台湾の知識人と知己を得る」。

昭和三十三年ならもう三十歳だが、それまで何をしていたのだろう。しかもその後彼は台湾の独立運動に関わり、その機関誌『台湾青年』に様々なペンネームで文章を発表する。

鳥居民の伝記を読みたい。


（16・04・28）

小林一三
『逸翁自叙伝』
講談社学術文庫

小林一三と言えば阪急電鉄および百貨店、宝塚、さらには東宝の創業者として知られるが、それ以上の面白さを持った人間であったことは二十五年ぐらい前に知った。

その頃、山口昌男さんを中心とした研究会が幾つもあり、私もメンバーだった。

その一つに銀座の外堀通りにある電通の一室を借りた「企業文化研究会」があった。

戦前の大物企業家たちの文化的側面にスポットを当てる研究会だ。毎月一回、誰か（ゲストの場合もある）が一時間ほど発表し、そのあとまた一時間ディスカッションする。

小林一三の時は山口さんが担当したが、この『逸翁自叙伝』と日記を中心に語られるその発表は刺激的だった。

私も小林一三について調べ始め、例えば彼の異母弟に田辺宗英（後楽園スタヂアムや新東宝の社長をつとめる）がいて、私の大好きな結城禮一郎『旧幕新撰組の結城無二三』の結城親子とも縁戚関係にあることを知った。

小林一三がユニークだったのは三井銀行に入る前、慶応の学生だった頃、地元山梨の新聞に実録小説を連載していたことだ。

つまり彼は本格的な文学青年で、そのセンスが鉄道や住宅、百貨店、そして宝塚の経営に生かされた。

小林一三
『逸翁自叙伝』

大阪新報に関わっていた頃は岩野泡鳴が小説を担当した。

〈その頃は小説家として入社すれば月給だけで原稿料は払わない、三、四本の小説を書いた。読者受けはしなかったが、時代のセンスに活きた本格的な小説家であった〉

その内の一つに「箕面電車の提灯持だよ」と自称する「ぼんち」があって、傑作ではあるがとても「提灯持」にはならないブラックな作品だ。

久し振りで再読して以前読み落していた話を拾った。

三井銀行の最初の赴任地である大阪に下宿していた頃、時々、隣の部屋に「京都から山本輝山という青年画家が来て」、半月、一月、さらには二カ月も止宿して仕事をしていた。

〈ある年の秋頃であった。輝山画伯は盛んに若冲の双鶏をかいた。大阪毎日新聞は吉例によって酉年の新年付録として、松本重太郎氏所蔵の若冲双鶏の図を原色版として配布した。これは明治三十年の春であった〉

要するに贋作だが、話のポイントはそこではない。若冲がブームになっていったのは昭和の終り頃と記憶するが明治三十年に既に人気だったのだ（それとも一度忘れられて復活したのだろうか）。

小林の親友の一人に畸人宮武外骨がいて（例の若き日の新聞小説を発見して送ってくれたのも外骨だ）、「企業文化研究会」と同じ頃、やはり山口さんを中心に、古本屋の友人たちと「東京外骨語大学」という研究会を開いていた。ツボ、小林と外骨が出会ったきっかけを調査しろ、と言われたが、調べがつかなかった。再度チャレンジしてみるか。

（16・05・19）

佐藤隆介

『素顔の池波正太郎』 新潮文庫

ゲーテにエッカーマン（『ゲーテとの対話』）が、サミュエル・ジョンソンにはボズウェル（『サミュエル・ジョンソン伝』）がいたように池波正太郎には佐藤隆介がいた。

池波正太郎のエッセイの愛読者だった私は佐藤隆介をそういう人として知った。

しかし一九八〇年代末、私が『東京人』の編集者となって知り合ったある編集者（私より六歳年上の彼は、自分は池波さんに気に入られお見合いを世話されそうになったことがある、と語っていた）から、佐藤隆介は何かしくじりをおかして池波さんの元を出禁になったと聞かされ、私も素直にそう信じた。

しかし、文庫書き下しのこの『素顔の池波正太郎』を読んでそれが「風評」に過ぎなかったことを知った。

池波正太郎より十三歳年下（一九三六年生まれ）の佐藤氏が初めて池波正太郎の家を訪れたのは昭和四十九年四月。

当時佐藤氏は銀座の小さな広告代理店でコピーライターをしながら、文化出版局が刊行していた季刊誌『ＮＯＷ』の編集者をしていた。

池波正太郎が『週刊朝日』に連載していた「食卓の情景」の愛読者だった佐藤氏は『ＮＯＷ』にも池波にエッセイの連載をしてもらいたいと思い、手紙を書いた。

一年近く送り続けてやっと池波の御目通りが許され、改めて、連載をお願いしたら、当時既に超売れっ子だった池波の答はノーだった。

ならば聞き書きでと言って始まったのが「男の系譜」というシリーズだ（現在は新潮文庫に収録）。そして佐藤氏は池波の「書生」になった。この『素顔の池波正太郎』はまさに「書生」だけが知る「素顔」が明かされる。章題を並べて行けば、「食卓」、「酒」、「ポチ袋」、「金の話」、「旅」、「好物」、「江戸っ子」、「松茸」、「じゃがいも」といった感じだ。

ずっと身近にいた人でなければ語り得ないエピソードがたくさんある。

佐藤氏が初めて池波に会ったのは池波が五十一歳の時。「まさにエネルギッシュな〝元気の塊〟といった感じでした」。目黒の権之助坂の歩道橋を駆け上る競走を、二十代の青年と三人で行なった時、勝ったのは池波だった。「それが三年経ち、五年経ちするうちに、明らかに体力は落ちてきました」。

さて、一番大事な話は「約束」の章で明かされる。

満十年で佐藤氏は「思うところ」あって池波の「書生」をやめる。

〈私の「思うところ」とは、具体的にいえば、佐藤隆介という一人の物書きとして、その結果はどうあれ「自分の名前で自分らしい仕事に専念したい」この一事に尽きます〉

三十八歳で池波に出会った佐藤氏も間もなく五十歳になろうとしていた。

エッカーマンやボズウェルがいたからこそゲーテやサミュエル・ジョンソンはさらに偉大な存在となったのだ。


（16・05・26）

広岡敬一

『ちろりん村顛末記』 ちくま文庫

ソープランドがトルコ風呂と呼ばれていた頃、広岡敬一のデビュー作『トルコロジー』（晩聲社）が刊行されたのは一九七八年、私が大学に入学した年だ。

そしてその二年後朝日新聞社からトルコのメッカ（と自分で書いたものの不思議な表現だ）滋賀県の雄琴をルポした書き下し『ちろりん村顛末記』が出た。

気になる新刊ではあったが私はその種の風俗とは無縁の青春を送っていたから手に取ることはなかった。

そんな私が広岡敬一にはまったのは二〇〇〇年春のことだ。

「わが女神たち」と副題のついた『戦後性風俗大系』（初出は月刊『宝石』）朝日出版社に新刊で出会い、これは貴重な文化資料だと思った。

同じ頃、雑誌『彷書月刊』が「戦時下幻の映画学校」という特集を組み、広岡氏へのインタビューが載っていた。

そのインタビューで広岡氏は驚くべきことを語っていた。

「幻の映画学校」というのは日本映画撮影技術者養成所のことで、そこに広岡氏は満映から留学するのだが、満映に入ったきっかけは？　というインタビュアーの質問に、「理事長の甘粕正彦さんの引きでね」と答えている。広岡氏の父親がハルピンで特務機関員をやっていて甘粕と知り合いだったというのだ。

そして召集され、行った先が第三航空軍で、その部隊長が甘粕の弟の甘粕三郎で、「お前、写真やってたんだろ」と言われて写真班に回され、散り行く特攻隊員たちの写真をたくさん撮ったのだという。

終戦を迎えたのち、写真の対象が特攻隊員たちから風俗嬢へと変わった。

で、はじめて『ちろりん村顛末記』を読んだ。名著だった。

雄琴に最初のトルコ風呂がオープンしたのは昭和四十六年二月六日（当時全国のトルコ風呂の総数は八百十四軒）。

その日、横浜にはシャブ中の若い女性がいて、北海道札幌には三越デパートのネクタイ売り場で働く女性がいて、三重の四日市には韓国籍の極道がいて、京成千葉駅近くの喫茶店でウエイトレスをしている女性がいて、札幌の看護婦学校に通う娘がいて、五反田にあるトルコ風呂で支配人生活十年目の男がいた。

彼女（彼）らがこの数年後、ちろりん村（雄琴）の住人となる。それが詳しくルポされる。

その記述は学術的と言っても良い。

トルコ風呂の技に「泡踊り」があるが、その「泡踊り」も川崎流、横浜流、千葉流、吉原流と色々ある。例えば川崎流は、「泡踊りの最中、どのように体の向きと、その位置を変えるときも、絶対に肌の密着を中断させずに行うもの」で、雄琴流はその総てを統合したものだという。

「あれから丸三年たって」というあとがきによれば雄琴はもはや「過去の夢」の街になってしまっていた。


（16・06・02）

『定本 消されたマンガ』 彩図社

赤田祐一／ばるぼら

私の住む三軒茶屋には比較的大きな新刊書店が二軒あってメジャーな出版社の文庫新刊はその二軒で事足り、それ以外のは渋谷のブックファースト、さらに週一回は足を運ぶ神保町の書店をチェックすればカバー出来るはずだ。

と思っていたのだが、数日前、新宿の紀伊國屋書店でこの文庫本を初めて目にした（奥附を見ると五月十一日が第一刷で翌日にはもう第二刷が出ている）。

赤田祐一とばるぼらと言えばやはり共著で出した雑誌研究書『20世紀エディトリアル・オデッセイ』（誠文堂新光社）に目を通せばわかるように非常にマニアックな視線を持った人たちだがこの『定本 消されたマンガ』もとてもマニアックで資料性が高い。

永井豪の「ハレンチ学園」や手塚治虫の「やけっぱちのマリア」「ブラック・ジャック」やジョー

ジ秋山の「アシュラ」や矢口高雄（原作梶原一騎）の「おとこ道」や赤瀬川原平の「櫻画報」などその筋ではよく知られている作品もあるが、意外なのは例えば「サザエさん」。「サザエさん」の単行本はもともと長谷川町子姉妹が経営していた姉妹社から全六十八巻が刊行され、のち朝日文庫全四十五巻となるのだが、その間、十五点の作品が「消された」。すべて差別問題がらみだと言うが、つまり、時の経過と共に、差別問題に対する意識が厳しくなって行ったのだ。

猥褻もしばしば摘発の対象となり、桂正和の「電影少女」では『週刊少年ジャンプ』初出時には裸だった少女が単行本版ではパンツを穿いているのだが、二つの絵を眺め比べるとむしろパンツ版の方がエロティックだ。

初めて知る話も多い。

日本共産党が結党五十年を迎えた頃、東映が笠原和夫脚本で『実録・共産党』を企画し、脚本は完成したものの映画は幻に終わったことは知られているが、同じ頃（一九七三年三月から七月にかけて）『週刊プレイボーイ』でシナリオライター、劇作家でアナーキストでもある内田栄一原作、旭丘光志画で「噫　日本共産党50年伝」が連載されたという。

五十回続くはずだったこの作品は「人気が凄くあった」にも関わらず内容の過激さにより十六回で打ち切られた。作画担当の旭丘光志のインタビューが収録されている。

『週刊少年マガジン』の人気連載「8マン」がマンガ担当の桑田次郎の〝銃刀法違反〟による逮捕で打ち切りになったのは少年だった私も良く憶えているが、こういうディテールはまったく記憶に無い。

〈当時は問題になっていないが今見ると少し驚くのは、8マンのエネルギーが小型原子炉で、定期的にタバコ型冷却剤を吸わないと電子頭脳がオーバーヒートしてしまうという設定だろう〉

巻末に関連年表が載っていて、二〇一六年三月まで網羅されているのがありがたい。（16・06・09）

ミラン・クンデラ／西永良成訳

『小説の技法』 岩波文庫

ノーベル文学賞には幾つか不思議議がある。

例えば、いくら文章家であったとはいえ、イギリスの政治家ウィンストン・チャーチルが受賞したこと。それから通俗作家と見なされていた井上靖が毎年のように最有力と思われていたこと（これは日本ペンクラブ会長だった川端康成が国際ペン大会を日本で開催しノーベル賞につながったと考えられていたからその二番手というわけか）。

しかし最大の不思議議は『冗談』や『存在の耐えられない軽さ』で知られるミラン・クンデラがいまだに受賞していないことだ。

学生時代から、ということは三十年以上前から、私はクンデラがノーベル賞にもっとも近い小説家であると考えていた。

チェコに生まれ育ちながら政治的理由によりフランスへの亡命を余儀なくされ、やがて母語ではなくフランス語で作品を執筆するに至るその経歴も、まさにノーベル賞にふさわしいと思う。和洋を問わず現代作家の作品に興味を失なってしまった私も、クンデラの小説はかなり読んでいる。クンデラはさらに、批評家として素晴らしく、その批評集やエッセイ集にはすべて目を通している。

七というのがクンデラにとって特別な数字でこの『小説の技法』も、「評判の悪いセルバンテスの遺産」、「小説の技法についての対談」、「『夢遊の人々』によって示唆された覚書」、「構成の技法についての対談」、「その後ろのどこかに」、「六十九語」、「エルサレム講演――小説とヨーロッパ」の七部構成だ。

エルサレム講演というのは村上春樹のそれで有名になったが、他にも村上春樹を思い起させる固有名詞が登場する。

レオシュ・ヤナーチェクだ。

もともと音楽家だったクンデラはヤナーチェクのことを子供の頃から熱愛してきた。

<ヤナーチェクの至上命題は、コンピューターを破壊せよ！ということでした。移行部の代わりに思いきった並置、変奏の代わりに反復といった具合に、つねに事物の核心に向かうこと。なにか本質的なことを言う音だけが存在する権利をもつということ。小説についても、ほぼ同じことが言えます>

非小説的な認識を小説の「言語に翻訳する」のは通俗化でありクンデラに言わせるとジョージ・オーウェルの『一九八四』もその種の通俗小説に過ぎない。しかし、「小説の唯一の存在理由はただ小

説にしか言えないことを言うことだ」。

「六十九語」は自作の翻訳の言葉のデタラメ振りに消耗したクンデラが改めて六十九の言葉を定義したものだ。例えば「活字」についてクンデラはこう言う。「書物はだんだん小さな活字で印刷されるようになっている。私は文学の終焉をこう想像する」。何をイメージしているのだろうか。

（16・06・16）

江戸川乱歩

『明智小五郎 事件簿 Ⅰ』 集英社文庫

江戸川乱歩が去年（二〇一五年）、没後五十年を迎えて、つまり著作権が消失し、色々な文庫が新しく乱歩のシリーズを刊行している。

推理小説を読まない私も乱歩はずっと気になる作家で、講談社文庫や光文社文庫の全集さらには初出時の挿絵が入った創元推理文庫でそれなりの数持っている（たぶん三十冊はあると思う）。

しかしその殆どは積ん読。例外的に目を通しているのはエッセイや評論や自伝だ。

つまり明智小五郎物は都会小説としての興味を持っているのだが、読んでいない。

いつかいつかと思っている時、素敵な企画が登場した。

事件発生の年代順に並べられて行くのだ（全十二巻が予定されている）。

平山雄一の解説によれば、「こうした試みはシャーロッキアン（シャーロック・ホームズが実在人物だと見なして、ホームズ物語を楽しむファン）の研究が有名で、昔から何度も試みられ」たという。

この第一巻に収められているのは「D坂の殺人事件」、「幽霊」、「黒手組」、「心理試験」、「屋根裏の散歩者」の五篇だ。

「D坂の殺人事件」が起きたのは一九二〇年九月で、それが明智の初登場だとは知らなかった。知らなかった、と書いたものの、今まで未読だったこの作品、舞台は東京千駄木団子坂の古本屋で（ちなみにかつて乱歩自身も団子坂で古本屋を開いていた）、その古本屋の美しい妻が、ある晩、何者かに殺され、その真犯人を明智が見やぶる話であることは知っていた。

「私」の目に明智はこう映る。

〈彼がどういう経歴の男で、何によって衣食し、何を目的にこの人生を送っているのか、というようなことは一切わからぬけれど、彼がこれという職業を持たぬ一種の遊民であることは確かだ。しいていえば学究であろうか。だが、学究にしてもよほど風変りな学究だ〉

その二年後の「心理試験」では、「彼はその後、しばしば困難な犯罪事件に関係して、その珍らしい才能を現わし、専門家たちはもちろん、一般の世間からも、もう立派に認められていた」すなわち「もう昔の書生ではなくなっていた」と書かれる。

「屋根裏の散歩者」は私も大好きな作品だ。それは主人公の郷田三郎がとても興味深い人物だからだ。

郷田もかつての明智同様、高等遊民だが、もっと虚無的である。書き出しを引く。

〈多分それは一種の精神病ででもあったのでしょう。郷田三郎は、どんな遊びも、どんな職業も、何をやってみても、いっこうこの世が面白くないのでした〉

そんな郷田が夢中になったこととは？

ところで、「頭の毛をモジャモジャと指でかきまわす」のが明智の癖だというが、そうか石坂浩二の金田一はこの癖を真似たのか。（16・06・23）

坂上弘
『故人』講談社文芸文庫

山川方夫の四十年近い愛読者だから彼についてかなりのことを知っていると自負していたが、坂上弘の長篇小説『故人』が山川をモデルにしていると初めて知った。

この小説の中で〝上條栄介〟が山川方夫そして〝山崎修吾〟が坂上弘だ。

〈修吾が栄介に出会うきっかけは、高校時代の彼の上級生だった浜田が作ってくれた。浜田は仲間と同人雑誌をやっていた。そして修吾が漠然と文学畑にすすみたがっているのを知っていて、連絡してきた〉

浜田のモデルは日比谷高校の上級生武田文章（武田麟太郎の息子）で、その同人誌に修吾は習作を発表し、それを浜田が『蒼海』（『三田文学』）の編集をしていた上條（浜田も同誌に関わっていたことがある）に送ったら上條から修吾に連絡があり、その勧めで『三田文学』昭和三十年六月号に発表した「息子と恋人」が芥川賞候補となり（その時坂上弘は十九歳！）、新進作家として注目を集める。

そして昭和三十四年には（深沢七郎や福田章二・庄司薫らを生み出した）中央公論新人賞を受賞する。

しかし、翌昭和三十五年四月、理研光学工業（リコー）に入社以降は作品数が減って行く。そんな中、昭和四十年二月、彼を世に出してくれた山川方夫が、神奈川県二宮の自宅近くで、速達原稿をポストに投函した帰り、ダンプカーに跳ねられ、亡くなってしまう。

その日、二宮の家で修吾は上條の家族たちといた。

〈夜、雨の中を遅くまでのこっていた有田と同級生たちは帰って行った。修吾は駅まで送って行き、戻ったところへ、咲山と名のる上條をはねた運転手と、雇い主の黒沼製作所の社長があらわれた〉

三年前、五反田の古書展で『三田文学』昭和四十二年三月号を買った。山川方夫の追悼特集（山川が亡くなった昭和四十年二月は同誌が休刊していたので三回忌に合わせて組まれたもの）が載っていた。そこで驚くべき事実を知った。

昭和四十一年十二月十八日に執筆されたという阿部優蔵の一文「後日」はこう書き始められる。

〈義兄（あに）山川嘉巳の三回忌も近いといふのに、損害賠償問題はまだ片附いてゐない。それだけではない。夏以来、暗礁に乗上げたままの状態になってゐる〉

山川が亡くなった年の七月七日に二宮の山川宅で加害者側と会うことになっていた。〈ところが、六月二十六日、加害者の影島正が作業中の事故で死亡するという事件が起り、坂上さんの調査で判明した〉

事故死と知った時、修吾は「自殺だろうか」と思った。「飛びこみ自殺。彼にはこれいがいに考えられなかった」。

修吾は広告代理店の知り合いに、亡くなった翌日の地方紙の社会面をチェックしてもらう。本当に事故死だった。

(16・06・30)

浜口庫之助『ハマクラの音楽いろいろ』立東舎文庫

昭和三十三(一九五八)年生まれの私が幸福だったことの一つは「黄色いさくらんぼ」、「ここがいいのよ」、「涙くんさよなら」、「バラが咲いた」、「えんぴつが一本」、「夜霧よ今夜も有難う」、「愛して愛して愛しちゃったのよ」、そして「恍惚のブルース」といった曲すなわち浜庫メロディーにリアルタイムで出会えたことだ(メロディーと述べたが、浜口庫之助は「涙くんさよなら」や「バラが咲いた」や「夜霧よ今夜も有難う」をはじめとした作詞曲も多い)。

『ハマクラの音楽いろいろ』はその浜口庫之助の自伝だ（一九九一年に朝日新聞社からこういう本が出ていたことをまったく知らなかった）。大正六（一九一七）年神戸に生まれた浜口がモダンボーイであることは知っていたが、ここまでだったとは……。

高知県生まれの父は明治末に台湾に渡って貿易会社を起こし大成功したのち帰国、神戸で「浜口組」という土建会社を作る。

〈神戸の家は洋館で、ガス灯がつき、裏庭には、コスモスがたくさん咲き、その向こうにテニスコートがあった〉

そして応接間にはグランドピアノがあった。

七人の兄弟たちは皆音楽好きだったから、庫之助少年も自然に楽器をおぼえていった。

早大を中退して入り直した青学の学生時代にはレコーディングやギター教師代で月に四、五百円収入があった（三井物産の課長級でも月給二百円の時代に）。

大学を卒業して入った会社でジャワに赴任し（彼の音楽が時に南方風である理由がわかった）、その地で敗戦、捕虜となったのち帰国したのは昭和二十一年五月。

音楽仲間から電報が来て、楽団をつくり、米軍のクラブやキャンプを廻った。その内灰田勝彦から「一緒にやろう」と言われ、日本中を巡業し、そのバンドをやめてからは、「スウィング・サーフライダーズ」というバンドを結成する（そのバンドでベースを弾いていたのが帝国ホテルの犬丸一郎）。収入は倍々ゲームで増え、「三千円だったのが、六千円になり、一万五千円ぐらいになった」。

そんな彼が何故作曲を、そして作詞を手がけるようになったのかはさておき、その私生活について触れたい。

最初の妻を病気で失なったのち。

〈昭和四十八年の暮れ、僕は二度目の結婚をした。そして、翌年の十二月七日、女の子が生まれた。僕が五十七歳のときの娘「あんず」である。

僕より二十七歳も若い女房は、仕事を持っていたし、酒や煙草も飲んでいたし、夜明けまで遊び続けるのも好きな女性だったが、子どもができたとたん、全部やめた〉

その「二十七歳も若い」美しい女性の写真が今引用した次の次の頁に載っている。『現代やくざ人斬り与太』や『仁義なき戦い　頂上作戦』などの熱演で知られる渚まゆみだ。

（16・07・07）

高良勉編『山之口貘詩集』岩波文庫

前回紹介した浜口庫之助の本でとても印象的なエピソードが語られる。

梶山季之と言えば超売れっ子作家として知られていたが、四十五歳で香港で客死した。

その梶山が亡くなるひと月前、浜口庫之助は講演旅行を共にし、その時梶山から、「作曲家がどうして歌を作れるのか不思議でならない」と言われたという。

「歌をうたうことは僕でもどうにかできるが、そのメロディーを、作曲家はどこから持ってくるのか。頭脳のどの部分を使って、あるいはどのような感覚を使って、メロディーを追いかけたり、つかまえたりするのか、まったくわからない」

私も同感だ。

山之口貘の名詩「生活の柄」を私はまず高田渡の歌として知った。

「歩き疲れては／夜空と陸との隙間にもぐり込んで寝たのである／草に埋もれて寝たのである／ところ構わず寝たのである」

メロディー抜きではこの詩を口ずさむことはできないが、高田渡はどのようにしてこの素晴しいメロディーを思いついたのだろう。

放浪の詩人と呼ばれていた山之口貘の「放浪」振りは巻末の年譜に詳しい。

沖縄出身の山之口は十九歳の時（大正十一・一九二二年）に上京。そして昭和二（一九二七）年、「公園や駅のベンチ、土管、キャバレーのボイラー室、友人の下宿先など住所不定の放浪生活を続ける」。さらに昭和八年、「両国のビルの空室で寝泊まりする」。

結婚したのは昭和十二年。その二年後、「東京府職業紹介所に就職。初めて定職につく」。

しかし戦争が始まり、妻の実家があった茨城に疎開し、四時間近くかけて汽車通勤する。

転機となるのが昭和二十三年だ。「三月、十年近く勤務した職業安定所を退職」。「七月、一家で上京。以来、練馬区の月田家に間借」。

その月田家のことは何度か詩に登場する。「表札」という作品。「ぼくの一家が月田さんのお宅に／御厄介になってまもなくのことなんだ／郵便やさんから叱られてはじめて／自分の表札というものを／門の柱にかかげたのだ」。

二カ月のはずだったのだが、「萎びた約束」で山之口はこう言う。「すでに五年もこの家のお世話になって／萎びた約束を六畳の間に見ていると／このまま更にあとなんねんを」。

結局山之口は昭和三十八年に亡くなるまでそこに住み続けることになるのだが、自分の家を持つ夢は最後まで捨てなかった。

まず、「初夢」。「七坪ほどの／家を建てる夢／ことしこそはと／みるのだが」。続いて「吾家の歌」。「七坪ほどからはじまったのが／九坪になり十坪になって／いまでは十一坪の設計となったのだ」。

山之口貘はまさに貘のように生きたのだ。


（16・07・14）

マツコ・デラックス

『デラックスじゃない』 双葉文庫

テレビというのは残酷なメディアで、その人間が本物か偽せ物かバレてしまう。

特にコメンテーターと称する人たち。

最近私は朝のワイドショーに対する興味が薄れた。

コメンテーターたち、なかでも女性コメンテーターの劣化が激しいからだ。興味が薄れたと言ってもそれなりに見ているから、具体的な名前を五〜六人挙げることは出来るがそういうヤボはしない（フジテレビの「とくダネ!」に中瀬ゆかりが出てくるとホッとする）。

マツコ・デラックスのことを女性と呼んで良いのかわからないし、だいいち彼女は朝のワイドショーに出演しないが、この『デラックスじゃない』を読んで改めて、まともな人だと思った。

まともな人でありながら異形でもあるのだ。

なにしろ身長百七十八センチに対して、体重、バスト、ウエスト、ヒップが百四十なのだ（同じ身長で体重がその半分の七十キロだったら世界は違っていただろう）。

つまり劇場のイスに身体が入らないから、コンサートも映画も観ることが出来ない。かつて少しハマった宝塚も長い間、観ていない。

〈何年か前、ある外資系航空会社から、実際の飛行機のビジネスクラスの座席に座りながら対談する、という仕事の依頼があった。その航空会社、デカイ男でもゆったりできる座席ということもアピールしたかったらしいの。それで、アタシに白羽の矢が立ったわけ〉

ところがビジネスクラスの横幅は五十センチで、彼女が自分で測ったらそれはとても無理なサイズだった。

東国原英夫が宮崎県知事だった頃、テレビの取材で宮崎に会いに行った。

〈宮崎行きの飛行機に乗ったら、なんと偶然にも、森公美子さん、高木ブーさんも乗っていたの。スーパーシートが前の2列しかないのに、デブが3人。乗客の「オイオイ、この飛行機、大丈夫かよ」って声が聞こえてきそうだったわ〉

一九七二年生まれの彼女は同い年の人にエールを送る。

例えばジャンプの葛西紀明。

二〇〇七年に、一九七二年生まれ同士の人たち（品川祐、梅宮アンナ、IZAMら）でテレビに出演した。その時彼女は葛西が既に引退した選手だと思って話をした。ところがそれから数年後、彼がまだバリバリの現役選手であることを知り、自分は「なんて底の浅い人間だったんだろう」と反省した。

土田晃之も同い年だ。土田が凄いのは、「テレビのワイプに自分が映っていると分かっていても、無理して笑顔を作るなんてこと、絶対にしない」こと。四人の子供がいる土田は売れっ子になっても、「それほどおっきくない家」に住み続けている。

土田とマツコの共通点、それは、「華やかな暮らしがまったくできないタイプ」であること。シブい人たちなのだ。

（16・07・21）

山田風太郎
『人間万事嘘ばっかり』
ちくま文庫

山田風太郎と言えば、もともと医学部出身者でありながら（だからこそ？）、自分の健康に殆ど興味を持たず、酒は三日に一本の割でウィスキーのボトルをあけ、ヘビースモーカー、チーズの牛肉包み炒めという高カロリー食を好みながら、長生きした。八十歳近くまで生きた。

それでも亡くなってもう十五年も経つ。

亡くなったのは二〇〇一年七月二十八日。つまり、いわゆる九・一一を知らずして亡くなったのだ。山田風太郎は『戦中派不戦日記』に見られるように、国が滅びようとするあの戦争の日々を冷静に生きた。

だから、この『人間万事嘘ばっかり』（山田風太郎の没後次々とまとめられていった単行本初収録文集の最終巻）の「風太郎夜話・闘病の記」（一九九六年）の、こういうひと言にドキッとする。「オウム事件は、ぼくも戦後五十年間にいろんな事件を見てきたけれど、これほど奇怪なる事件は初めてだ」。同じ文章でさらにこうも言っている。「日本の歴史上、この二、三十年ほど豊かでいい時代はなかったと思うよ。日本のこの豊かさも、あと三十年も続けば世界からも当然と認められるんだろう」。

それから二十年。つまり私たちはその後の日本を知ってしまった。

このエッセイ集には一九五〇年代のものから収録されている。

山田風太郎は戦後、まず三軒茶屋に十年暮し、練馬でやはり十年、そして終の栖となる聖蹟桜ヶ丘に引っ越す。

聖蹟桜ヶ丘は多摩ニュータウンの近くだったから時々、そのニュータウンを散歩した。

一九七四年に発表した「さらば黄粱一炊の夢」でこう述べている。

〈友人の一人をつれて、近くの多摩ニュータウンを見物にゆく。商店街のにぎわい、秋というのに春のような感じがする原因を考えて見たら、群れ歩くのが若奥さんばかりで、これがたいてい複数の子供の手をひき、たいてい新しい子供を入れた腹をつき出しているせいらしいと気がついた〉

今四十代五十代となったその子供たちはニュータウンを離れ、この街のゴーストタウン化が問題になっている。

二〇〇一年に亡くなったから山田風太郎はもちろん二〇一一年三月十一日を知らない。

参議院選が終わって憲法改正（悪？）問題が論議されている。私はそんなことどうでもよいと思っている。

今回の選挙結果で問題にすべき点は、青森、岩手、宮城、山形、福島で自民党が議席を取れなかったことだ（唯一議席を守った秋田は石井浩郎つまりタレント候補だ）。

国際問題以上に今重要なのは国内問題つまり自然災害への対策とそれが起きてしまった時の迅速な復興活動であると思う。

（16・07・28）

パスカル／塩川徹也訳
『パンセ 下巻』 岩波文庫

岩波文庫の新訳『パンセ』全三巻が完結した、と書き出してみて、改めてチェックしたら、アレレ、と思った。

新訳どころか初訳なのだ。

岩波文庫は世界中の古典を収録している。そのクオリティーは世界一と述べても良いかもしれない。九十年近い歴史を持つその岩波文庫にパスカルの『パンセ』が収められていなかったとは。

ひょっとして、と思う。

勝本清一郎というテキストクリティック（書誌学）にとてもうるさい研究家がいた。あまりにもうるさすぎて彼の校訂による岩波文庫の『北村透谷選集』が刊行されたのはその没後三年目（一九七〇年）のことだった。

いや、出ただけましだった。

宮崎湖処子という明治中期の大ベストセラー『帰省』を記した詩人がいる。『帰省』は戦後すぐの時まで明治文学史において必読の一冊で、その校訂を岩波文庫編集部はやはり勝本清一郎に頼んだ。『帰省』は二十を越える版を重ね、そのたびに湖処子は手を加えた。だから勝本はその全部を必要とし、揃える前に亡くなった。そして今や『帰省』は忘れられた詩集で岩波文庫に入る可能性はゼロだ。

似たようなことが『パンセ』にも起きていたのではないか。

この三冊本の『パンセ』の上巻に収められた訳者（塩川徹也）の解説にもあるように、『パンセ』はどれを決定作品（著書）と決めるか、とても難しい。

『パンセ』の世界的権威に前田陽一がいて、私は学生時代に彼の大著『パスカル『パンセ』注解』を目にして、なるほど学問というものは凄まじいものだ、と舌を巻いたことがある。

岩波文庫は前田陽一（一九八七年没）に『パンセ』の翻訳を頼んでいたのではないか。

塩川徹也はその前田陽一の弟子だが、岩波文庫編集部から、『パンセ』の翻訳を出しませんかとお誘いを頂いたのは、二十世紀の終わりの年の八月」だという。

それから十五年以上かけてここに完結した。

専門的に読もうと思っている読者以外（つまり私のような読者）にはこの下巻に収められた『パンセ』アンソロジー」が便利だ（便利という言葉はおよそパスカル的でないかもしれないが）。

「クレオパトラの鼻。もしそれがもう少し小ぶりだったら、地球の表情は一変していたことだろう」であるとか、「人間の不幸は、ただ一つのこと、一つの部屋に落ち着いてじっとしていられないことからやってくる」であるとか、「みじめさのうちにある私たちを慰めてくれる唯一のもの、それは気晴らしである。しかしながら、それこそ私たちの最大のみじめさだ」といったフレーズが並ぶ。

その中で私に一番響いたフレーズ。「流行が魅力を作り出す。正義を作り出すのも同じく流行だ」。


（16・08・04）

手塚治虫
『ぼくはマンガ家』 立東舎文庫

手塚治虫は「神様」だと思っていた人は今何歳以上だろう。

少なくとも私はそう思っていた。

祖父あるいは母が購入した昭和三十年代に刊行された手塚マンガに幼い頃からなじんでいたし、『鉄腕アトム』は幾つものバージョンで揃えた。

ここで手塚と水木しげるを比較したい。

もちろん私は水木のマンガも愛読したけれどそれは普通に愛読したに過ぎない。

しかし今や手塚治虫よりも水木しげるの方が人気あるように思える。

水木が手塚より二十五年以上長生きしたからだろうか。

「神様」だから手塚には幾つもの「神話」がある。

生前は一九二六年生まれと称していたのが没後一九二八年生まれだとわかった。

彼は異常に自分の評判を気にする人間だった。まだ無名だった草森紳一が創刊間もない『話の特集』に手塚批判を書いたら発売日の翌朝早い時間に編集部の入口で手塚が待っていた、と同誌編集長だった矢崎泰久が回想している。

それから若手たちを常にライバル視していた。

マンガ雑誌の編集者だった作家の亀和田武が手塚の晩年あるテレビ番組で一緒になった。二人は以前（亀和田武がフリーになってマンガに関する評論を書き始めた頃）、マンガについて対談したことがあった。だからその日も隣りの控え室から手塚がやって来て、「ねえ、カメワダくん。番組が始まるまで、お喋りしようよ」と誘ってくれて、和気藹々と一時間以上お喋りした。

そして本番。マンガ文化の現在についての対話が始まり、亀和田氏が、大友克洋の「新しさと普遍性」について触れたら、手塚は、「カメワダくん、僕も大友克洋の巧さは認めるけど、その本当の評価というのは、あと三年待ちたい」と真剣な口調で語ったという。

若手だけではなく先輩に対しても微妙だ。

手塚治虫が世に出たのは『新寶島』（昭和二十二年）の大ヒットによってだが、彼が担当したのはその「作画」で、「原作・構成」は関西漫画界の「傍系」の長老酒井七馬だった。だからこのオリジナルは手塚の全集にも収録することが出来なかった。肺結核で亡くなった酒井の最後について、手塚は、「入院費も治療費もなく、バラックの自宅にたったひとり、寝たきりのままコーラだけを飲み、スタンドの灯で暖をとっているのを人が発見した」と書いている。

しかし、中野晴行の『謎のマンガ家・酒井七馬伝』（筑摩書房二〇〇七年）によってそれがデタラメであることが明らかになった。

ライバルでしかも彼よりも売れていた『イガグリくん』や『赤胴鈴之助』の福井英一の急逝を聞いた時、悲しみのあとで、「ああ、ホッとした」という正直な気持ちが涌いてきた。

私は手塚治虫の六十歳という若さでの死を考えている。

（16・08・25）

田河水泡
『滑稽の研究』
講談社学術文庫

最初の十七回分は『シブい本』（文藝春秋一九九七年）に収められていたこの「文庫本を狙え！」、二〇〇〇年に晶文社から出た単行本とまとめてちくま文庫に収録されたから、ようやく『文庫本を狙え！』の本当の最初の巻が出て嬉しい。

この連載もちょうど二十年になる。

連載の第一回は高見澤潤子の『のらくろひとりぼっち』（光人社NF文庫）だ。

彼女は『のらくろ』で知られる田河水泡の妻で、あの小林秀雄の妹だ。

そして今回、ちょうど良いタイミングで田河水泡の『滑稽の研究』が文庫化された。

田河水泡に対して私は幾つかのイメージを持っていた。

『のらくろ』が大名作という評判は聞いていたから、昭和四十年代初め、私が小学校三年生だったか四年生だった頃、当時ある雑誌（たしか『丸』だったと思う）で『のらくろ』の戦後版（のらくろが床屋をやっている）を目にしたけれどつまらなかった。

ところがその少しあと、昭和四十四年、戦前に出ていた『のらくろ』の復刻版全十巻が刊行され、その面白さに驚き、『のらくろ』に夢中になり、田河水泡の他の作品（『タコの八ちゃん』など）にも手を出した。

そしてしばらく田河水泡のことを忘れていた。

一九八七年九月、私は雑誌『東京人』の編集者になった。ちょうど同じ頃、この書き下し『滑稽の研究』が刊行された。

えっ、田河水泡ってまだ生きていたんだ、と私は思った（当時田河水泡は八十八歳だった）。

しかもとても若々しい内容の本なのだ。

「まえがき」で田河氏は言う。

どんな仕事であっても修練を積む期間がある。しかし田河氏の場合、「なんの予定も準備もなく、すすめられるままに漫画を描いているうちに漫画家ということになってしまったので、漫画家として必要な基礎的な教養は何も学んでいないのです」。だからある時（ずいぶん前）、こんな反省をした。「自分は滑稽な漫画を描いて生活しているけれども、それについて滑稽とはなんなのか、基礎的な教養として、そのくらいのことは知っておきたいものだ」。

その結果、長い時間かけて生み出されたのがこの本だが、田河氏の勉強振りは凄い。

まず西洋の「美学による滑稽」から説き始められるのだが、そこに登場する固有名詞はアリストテレス、アウグスティヌス、ホッブス、バウムガルテン、カント、レッシング、ジャン・パウル（まだまだ続くがこれで打ち切る）らなのだから。

「史料編」と題した日本についての項はさらに詳しい。

『シブい本』の表紙にはのらくろの絵が使われている。その本を作ってくれた今は亡きMさんの、オマエさんは何だかのらくろに似ているよ、という言葉が忘れられない。

（16・09・01）

松沢弘陽／植手通有／平石直昭編『定本 丸山眞男回顧談 上下』 岩波現代文庫

一九九六年夏に亡くなった渥美清の没後二十年ということでテレビや雑誌などでその特集が組まれているが、その同じ年の夏亡くなった丸山眞男について新聞などで言及がなかったのは寂しい。

青年時代の私は廻りから「保守」と見なされていたが、丸山の主著には目を通していたし、今でも愛読者だ。

いや、昔以上の愛読者だ。というのは、書き言葉は難しい丸山の話言葉はわかりやすく、彼の没後その座談集や対話集が多く刊行されたからだ。

今回岩波現代文庫に入った『丸山眞男回顧談』（初刊時のタイトル）もそういう一（二）冊だ。

冒頭でまず終戦前後の様子が語られる。

その年（一九四五年）三月に応召した丸山は二等兵として広島の陸軍参謀部情報班にいた。しかし直接の上司（情報班長）もその上の人、谷口参謀（少佐）も理解ある人だった。

敗戦の翌日、丸山は谷口に呼び出された。

〈谷口参謀は「満州事変以後の日本の政治史をむこう一週間、講義してくれ。君に一切の言論の自由を許す。軍閥という言葉を遠慮なく使っていい」と言うんです〉

さらに谷口は言葉を続けた。「君のことは前からわかっていたのだけれど、軍隊の事情でどうにもならなかった。一兵卒として使って申しわけなかった」と。

昭和の知識人に「転向」はつきものだが、昭和八年の佐野学や鍋山貞親ら共産党員の転向と、昭和十二年いわゆる新体制以後の転向は意味が違うと丸山は言う。すなわち、佐野たちの転向は「日本への回帰」であるのに対して、そのあとの転向は自由主義から全体主義へは「世界史の必然であるという考え」の広まりによる。

ふたたび軍隊時代の話に戻すと、「軍隊では朝鮮人の差別はなかったですか」という質問に、丸山はこう答えている。「ないですね。朝鮮人の上官にもよくぶん殴られた。その点では軍隊というところはすごい。階級だけなんです」。

全共闘の騒ぎのあと、丸山は定年を待たず東大を辞職する。しかし大学院生相手の自宅ゼミだけは続けた。丸山の家の「小さな応接間に十何人か、ぎっしり」だった。

しかし全共闘以前から丸山は、大学で教えることに熱意がなくなっていたのではないか。

学生の雰囲気が変わったのは一九六三年頃だという。「それまでは、いろいろ変化はあっても、ぼくの学生時代となにかしら連続性があった」。「それが、今の言葉でいうと、『新人類』と言うことになるのかな。お坊っちゃんで、快活だけど、どうしようもないなという感じなんです（笑）」。「何かを学びにくるというのではない。でも成績はいいのです」。

つまり今七十代半ばの人からだが、確かにその辺りで人材が減った気がする。

（16・09・08）

小幡貴一／田辺友貴編
『不死蝶 岸田森』

ワイズ出版映画文庫

『本の雑誌』の映画本特集で、浜本編集長らいわゆる「おじさん三人組」にくっついて行って、映画書を専門とする出版社ワイズ出版の岡田博社長をインタビューした。

ワイズ出版で一番売れた本は何ですか？　という質問に意外な答が返って来た。

ワイズ出版は『石井輝男映画魂』をはじめとして、沢島忠、加藤泰、山下耕作、工藤栄一ら東映を中心としたカルト的映画監督のインタビュー集をたくさん出している。

たぶんその内の一冊、石井輝男かな、と思っていたら、『不死蝶 岸田森』だったのだ。

岸田森は、カルトと言うよりもっとコアなファンを持っていた。

インタビューの時に岡田社長が、もうすぐ文庫になります、と言っていた。この文庫本を通読して、そのことがよく理解出来た。

何しろ、それぞれが語る（思い出の）言葉が凄く熱いのだ。

知らない人のために説明しておく必要があるだろう。岸田森が亡くなって（まだ四十三歳の若さだったのだ！）三十四年近く経ってしまったのだから。

岸田森は岸田今日子のイトコ（文学座の中心だった岸田國士の甥）で元々舞台人だったがむしろ映画やテレビで活躍した。

日本映画の新作をあまり見なかった私にも『ダイナマイトどんどん』の岸田森は強く印象に残っているし、テレビドラマ『傷だらけの天使』の岸田にはシビレまくった。

『傷だらけ』の共演者たちに岸田は大きな影響を与えた。

水谷豊はこう言う。

〈森さんが亡くなってね、それから二年近く仕事をしていない時期があるんですよ。それはね、しばらく後になってそうだったのかなって思うんだけど、仕事に向かえないのね、気持ちが〉

水谷の回想は二十頁近くあるが、萩原健一はわずか四行。しかし同じくらい熱い。「森ちゃんのことを思い出すのはつらい／私にとって彼は友人を超えた／全くたとえようのない／大きな存在であったから……」。

岸田森が亡くなった時、勝新太郎はもちろん、若山富三郎、さらには小池朝雄も生きていたから彼らの「別れの言葉」も載っている。

タイトルにあるように岸田森は蝶のコレクターとしても知られていた。蝶が苦が手だった勝新太郎の（彼は葬儀委員長でもあった）「別れの言葉」はこう結ばれる。「これからチョウチョに会ったら／やさしくしようと思うし／とにかく安らかに眠ってください／さよなら」。

愉快なのは本格的映画デビュー作である『水で書かれた物語』の時のエピソード。ロケが行なわれた長野は蝶のメッカだった。主役の岡田茉莉子が歩いて行くのを岸田森がジッと見ているシーンのテストの時、ツマジロウラジャノメという「いーい蝶」が「きちゃった」。そして……。

（16・09・15）

リング・ラードナー／加島祥造訳
『アリバイ・アイク　ラードナー傑作選』
新潮文庫

去年（二〇一五年）の暮に亡くなった米文学者の加島祥造はタオの人として知られていたが、私にとってはリング・ラードナーの人だ。新潮社から出ていた加島祥造訳のラードナーの三冊の短篇集すなわち『微笑がいっぱい』『息がつまりそう』『ここではお静かに』を大学時代に早稲田の古本屋で購入し、愛読した。

彼の親友だったフィッツジェラルド（年はラードナーの方が一廻り上）だって、『偉大なギャッツビー』

はともかく、短篇集は、英米文学の専門版元を除いては旺文社文庫ぐらいにしか収められていなかった。

ラードナーの短篇はどれも素晴らしかった。

一九八五年に初めてニューヨークに出掛けたのもラードナーの古本を買うためだったし（この頃はまだ五番街に新刊を扱うスクリブナー書店が営業していて私は感激し既に持っていたスクリブナーのラードナー短篇集を購入した）、丸善や神田の三省堂書店や東京堂書店でラードナー関係の本を見つけては購入した。

一九九〇年秋、『東京人』をやめてニートになって、のちに『変死するアメリカ作家たち』（白水社）としてまとめられることになるアメリカの作家列伝を『未来』に連載した時、一番書きたかった作家はラードナーだった。

だが三十枚や四十枚でまとめるのは不可能で、一冊分必要だったから、結局、今に至るまで未完、というかノータッチだ。「笑わないユーモリスト」という副題を持つその評伝は幻しに終わるだろう。

ラードナーとフィッツジェラルドが親友だったと述べたが、ラードナーが亡くなった時のフィッツジェラルドの追悼文「リング」は手厳しい。

リングが成し遂げたものは、成し遂げ得ただろうものに達していない、とフィッツジェラルドは言う。つまり、リングは自分の仕事に対してシニカルで、そのシニシズムは彼の（野球選手たちとの）付き合いによって生まれたものだ、と。ラードナーはスポーツライターであることに満足し、文学的野心がなかった。フィッツジェラルドはそれが歯痒かったのだ（しかし私はそういうラードナーが大好きだ）。

私がラードナーを知ったきっかけを語りたい。それはサリンジャーの『キャッチャー・イン・ザ・ライ』による。この小説に出会った時、私は主人公のホールデン・コールフィールド少年が嫌いだった。しかし、実在する作家の中で彼が一番好きだったというリング・ラードナーのことは気になった。特に好きだったのは「いつも速度違反ばかりしているすごくキュートな娘と恋に落ちた交通巡査を主人公にした短篇」（村上春樹訳）。「この小説にはかなり参っちまったね」。ユーモラスで美しく悲しいこの短篇「微笑がいっぱい」には私もかなり参ってしまった。（16・09・22）

永井龍男『東京の横丁』講談社文芸文庫

平成二（一九九〇）年に亡くなった永井龍男の遺著『東京の横丁』（平成三年講談社）が文庫化された。タイトルにあるように、明治三十七（一九〇四）年、東京の神田猿楽町に生まれた永井はまさに「東京の横丁」っ子だ。

同じ横丁っ子に錦華小学校の後輩だった福田恆存と独文学者で随筆家の高橋義孝がいたけれど、この二人は元年生まれの大正っ子だったから永井と学内で重なっていない。

〈横丁には、八百屋魚屋をはじめ、物売りが絶えず出たり入ったりした。八百屋は大八車に青物の荷を満載、その他小引出しには塩鮭や干だら、目刺しの類も持ち、魚屋は天びんの両端に盤台を三つほど重ねたのを、威勢よく担いできて、その場で切身にしたり、刺身を作ったりした〉

さらに近海で鰯やさんまが大漁だと、にわか商人がやって来た。

相撲を見るため国技館に通うようになって私は神保町と両国が近いことに驚いた。

高い建物がなかった永井の少年時代はもっと近く感じた。

〈両国の川開き、花火の晩は、東京中どこの横丁まで何となく浮き浮きした雰囲気をかもし出した。云うまでもなく、市民が待ちに待つ夏の一夜であった〉

高等小学校を卒業後、上の学校に進みたかったのだが父親の病が重く、蠣殻町の米穀取引所仲買店に奉公に出るが、自らも病に倒れ、元々文学好きだったが、さらに読書にのめり込む。

さらに十八歳の時に書いた戯曲「出産」が帝劇の脚本賞に当選し（他の当選者に川口松太郎や高田保ら）、その戯曲の載った『新戯曲十篇』と書き上げたばかりの短篇小説「黒い御飯」を持って菊池寛のもとを訪れる。

その「黒い御飯」が創刊された年（一九二三年）の『文藝春秋』七月号に掲載される（永井龍男は芥川賞のもっとも厳しい選考委員として知られたがこのキャリアを考えると当然だ）。

彼の文学生活の上で重要なのは翌一九二四（大正十三）年だ。

小学校の同級生だった波多野完治（心理学者で神保町の古本屋の息子――ちなみに高橋義孝の実家も古本屋だった）の家で波多野と一高東大で同級だった小林秀雄に偶然出逢ったのだ。

その日の日記に永井青年は、「始めのうちは、深刻ぶるやうな男かと思ひゐたるが、話すうちに、その疑ひ晴れぬ」と書いている。帰りの電車の中で永井青年が、「寂しさうだね」と遠慮勝ちに言ったら、小林青年は、「俺のペシミズムは死ぬまで続きさうだよ」と静かに答えたという。

私は晩年の福田恆存さんの所を、仕事とは関係なく、しばしば訪れた。文学について筆をとらなくなっていた福田さんは私に、最後に永井龍男論は書きたいのだが、と言った。その評論を読みたかった。横丁っ子の見た（読んだ）横丁っ子論を。

（16・09・29）

石川桂子編
『竹久夢二詩画集』 岩波文庫

私の少年時代竹久夢二ブームが起き、夢二は消費された。その頃覆刻された彼の初版本はゾッキ本になり、私の高校大学時代、早稲田の古本屋でよく見かけた。

だから私は、夢二が早稲田実業出身の早稲田っ子であることは知っていても、彼に対してクールだった。

しかし少しずつ興味を持っていった。その興味がさらに沸いたのはひと月ぐらい前に本郷の竹久夢二美術館で「竹久夢二とモダン都市東京展」を見た時だ。関東大震災の後で「甘さがひかえめ」になった彼の絵は素晴らしかった。

そして、ドンピシャなタイミングで『竹久夢二詩画集』が文庫オリジナルで出た。「詩画集」とあるように夢二の詩、画（中には多色刷りのものも収められているから千二百円は高くない）、さらに散文も収録され、年譜も充実している。

かつての私は夢二の絵の「甘さ」が気になっていたわけだがそのことは彼も自覚していた。「草画の事」というエッセイで、「真面目に自分を省みた時、どうしてこんな空々しい絵が描けるんだろうかと思う」と述べているし、昭和五年一月の日記にこう書き記されている。

〈「どうしてそんな甘い絵ばかり画いていられるんだい」と絵をかく友人が言う。答える「パンになるからさ」〉

センチメンタルであってもそれは不思議なセンチメンタルだったりする。例えば「黒船」という詩。

〈品川の
お台場こそは悲しけれ。
千年万年まつたとて
どう黒船のくるものぞ。〉

まるで世界都市博の中止を予期したかのような詩だ。

散文に目を転じれば、「そのころ私は東京の街から櫟林（くぬぎばやし）の多い武蔵野の郊外にうつろうという、大塚のある淋しい町で文学好の友人と自炊生活をしていた」という自叙伝「私の投書家時代」も味わい深いが、楽しいのは「少くも夏の街を亨楽しようと思うには、目的や約束があってはいけません」と、まず銀ブラから始まる東京案内「夏の街をゆく心」だ。

銀座、築地、日本橋、浅草といった東京名所は様々な人が書き残しているが、夢二はもっと地味な場所、今文春があるあたりのことも書き残している。

〈それから四谷見附の麹町十何丁目かのあの一町ばかりの間の裏通りも好い。いつか有島生馬さんと庭の空井戸にかける竹の簾を註文にいって、生馬さんに注意せられて見た薬屋もよかった〉

大正十四年六月二十三日筆とあるから震災でも変らなかった風景だ（もちろん変ってしまった風景が多いのだが）。

ところで夢二は奔放な女性関係で知られ、結婚や同棲を繰り返すが巻末の年譜によって彼が徳田秋声や文学研究家勝本清一郎の愛人（恋人）だった山田順子とも関係があったと知って驚いた。

（16・10・06）

中野三敏『写楽』中公文庫

ノンフィクション作家でもある私に強い影響を与えている学問領域は歴史学と文献学（実はこの二

つは重なってもいる）だ。歴史学はともかく文献学は一般の人になじみがないかもしれないが、例えばあのエドワード・サイードも自分のことを文献学者であると宣言していた。

そしてここ数年出た歴史学関係で面白かった本に『十八世紀研究者の仕事』（法政大学出版局）がある。

ロシアの研究者が編集した欧米の歴史家たちの知的自伝集だ。十八世紀研究者たちによる国際十八世紀学会は会員数一万人を越すという。

『十八世紀の江戸文芸　雅と俗の成熟』という著書を持つ江戸文学者中野三敏は国際的レベルの十八世紀研究者だ。

私はその著書の殆どに目を通している。

と言いながらこの『写楽』、十年近く前に中公新書で刊行されたことは知っていたものの、写楽にはあまり興味なかったので、スルーしていた。

ところが、読んでみたら、ぞくぞくするほど面白い（まずは解説の手前に収録されている木田元のエッセイ「快刀乱麻を断つ」を立ち読みしてほしい――レジに向かうこと必至だから）。

〝謎の浮世絵師〟と言われた写楽（活躍したのは十八世紀末の十ヵ月間ほど）の正体について様々な人が仮説をたてている（カッコ内は仮説をたてた人）。円山応挙（田口卯三郎）、谷文晁（池上浩山人）、酒井抱一（向井信夫）、葛飾北斎（由良哲次）、喜多川歌麿（石森章太郎）、歌川豊国（梅原猛）などなど。江戸のアーティストのオールスターだ。

しかしその正体については既に斎藤月岑（『江戸名所図会』や『武江年表』の著者）が『増補・浮世絵類考』（一八四四年）で明かしていた。

それを元にして記されたドイツ人ユリウス・クルトの『写楽』（一九一〇年）によって長く（戦前まで）、写楽の正体は「俗称斎藤十郎兵衛。江戸八丁堀に住む。阿波侯の能役者」となっていた。

しかしその後のブームによってクルト説は否定され（クルトは江戸歌舞伎に詳しくないからその部分の間違いがあった）、幾つもの説が生まれて行くのだ。

中野三敏は昭和四十年代後半、三世瀬川富三郎による『諸家人名江戸方角分』が持つ「写楽跡追いの材料としての重要性に気づ」き、その成果を論文やコラム、講演などで発表し、一冊にまとめ、昭和五十二年七月、和装本として刊行する。

ところが昭和五十四年刊の由良哲次（英文学者の由良君美の父であるドイツ哲学者）の『総校日本浮世絵類考』でも由良氏は自説（写楽の正体は北斎）をまげようとしなかった。新カント派の学者として、また浮世絵の研究家としての由良氏の高名を知っていただけに、そのデタラメ振りに中野氏は「ただただ驚くほかはなかった」。

（16・10・13）

油井正一
『生きているジャズ史』 立東舎文庫

坪内さんは何でもお詳しいですね、と言われることがあるが、そんなことはない。例えばジャズと落語とミステリーはあまり興味がない。

しかし、ジャズと落語に関する本を読むのは好きだ。

巻末に収められている菊地成孔の素晴らしい解説（何故か目次に菊地氏の名前が載っていない）によってジャズが苦手な理由がわかった。

〈筆者は個人的に、60年代の「政治の季節」に、左翼運動と共にフリー・ジャズを原体験的に経験し、ジャズ喫茶通いをしながらジャズを学び、ジャズ評論家に成った者共、つまり「団塊以降」の言葉は、1文字も信用する必要は無いと思っている〉

その点で油井正一は筋金入りだ。

〈十七歳の時、私はビリー・ホリディのレコードによってはじめてジャズの素晴らしさを知ったのです。忘れもしません、テディ・ウィルソン・コンボの「ミス・ブラウン」でした。いきなりクラリネットが四小節のイントロを奏します。それが筆舌につくせぬ四小節なのです〉

わずか三秒半のそのフレーズを油井青年はレコード盤が「まっ白になるまで」繰り返し聴いた。そしてそのクラリネットを演奏していたのがベニー・グッドマンであることを知る。

油井正一
『生きているジャズ史』

十七歳ということは大正七（一九一八）年生まれの油井正一が兵庫県立第三神戸中学を四修し慶応大学予科に進んだ昭和十年のことだ。

戦後はさらにジャズにのめりこむ。

昭和二十七（一九五二）年、開局したばかりのラジオ神戸（のちラジオ関西）でジャズ番組に出演し、同じ年に来日したジーン・クルーパをインタビューする。そして昭和三十二年には『ジャズの歴史』（東京創元社）を出版。ちなみに一九〇八年生まれの植草甚一がモダン・ジャズに夢中になりはじめたのは四十九歳の時だからちょうどこの頃だ。

聴いてみたい曲やアルバムが幾つも登場する。

一九四六年七月二十九日にチャーリー・パーカーが吹き込んだ「ラヴァーマン」。薬が切れた禁断症状が悪化して、ほとんど無意識の中で録音されたこの曲は「シリメツレツな作品」でありながら、「息が詰まりそうな迫真力を持って」いるという。

それからマイルス・デイヴィスが一九七〇年春に発表したアルバム『ビッチェズ・ブリュー』（それがジャズ史に残る問題作であったことは私も知っている）。「歴史を揺るがす傑作」という油井氏の評に反対する意見も多かった。しかし油井氏がそう「言い切るまでには、知識の上で色々な蓄積があった」。言語学者の西江雅之にヴードゥー教のことを教えられた。ヴードゥー教ではそれぞれの神がそれぞれの音を持つ。そのポリリズムの傑作が『ビッチェズ・ブリュー』だという。

（16・10・20）

講談社文芸文庫編

『個人全集月報集　武田百合子全作品　森茉莉全集』講談社文芸文庫

講談社文芸文庫の個人全集月報集シリーズ、そうか、こうきたのか。

つまり武田百合子と森茉莉とのカップリングだ。

どちらもカルトな人気を持つ女性作家だ。

個人的に私は武田百合子について書かれたものの方を数多く読んでいるから森茉莉の方をより楽しめた。

森茉莉と言えばその伝説的な部屋。

彼女の夫だったフランス文学者の山田珠樹が亡くなったあと、森茉莉の息子であることを知らされたやまだ・とおる（亨）は、「茉莉は整頓ができなかった。いや、しなかった。僕が茉莉の部屋に行くと、その床は贈呈された本・雑誌・新聞で埋められていて、僕の座る場所もなかった」と書いている。そしてその部屋に入ることを許された人は、「五本の指に数えられるほど少なかった」。

その内の一人、富岡多恵子はこう書いている。

〈わたしが深く感じ入ったのは、自分ならとてもこういう風には住めないということだった。まず、部屋の隅にころがっている割れた一升ビンを外にすてるだろう。将棋倒しに重り合っている『森鷗外全集』を、少くとも積み重ねるくらいはするだろう。文字通り「足の踏み場もない」部屋に、せめて

足の踏み場くらいはつくるだろう〉
　中野翠は一九八一年にフリー編集者として森茉莉にインタビューを申し込んだ。断わられるのではとおびえていたが、電話口で森茉莉は、「5時からテレビの『銭形平次』の再放送を見るの。4時から1時間だけね」と言った。そしてどきどきしながら彼女の住む「アパルトマン」すなわち「東京の秘境」と呼ばれる部屋に向った。中野翠は部屋のディテールを描く「非礼」はしない。〈ただ、①壁にV9時代の長嶋茂雄のポスターが貼られていたこと、②「そこにかけて」と指差された先が、本の山だったこと、③ベッドにいきなり寝そべっている有名人にインタビューするのは私も初めての経験だったこと――この三点だけ報告するにとどめたい〉
　この文庫本で初めて出会った掘り出し物と言えるのが黒柳徹子の「三分だけ！」だ。『週刊新潮』の連載「ドッキリチャンネル」で黒柳徹子について好意的に書いた。その一年後、あるパーティーで「直感的に」森茉莉さんだ！と思い声を掛けた。そしてパーティーの発起人たちと青山に食事に行き、夜中の一時頃、黒柳さんの運転する車で送っていったら、森茉莉は「三分だけ！」お寄りにならない？　と言った。その「三分だけ！　が三時間になった」。その後の二人の交友が素敵だ。
　武田百合子の方の掘り出し物は赤瀬川原平の「ナマコをはじめて食べた人間が書いたような文章」だ。赤瀬川氏の『少年とオブジェ』（角川文庫）の武田百合子による「解説」を再読したくなった。
（16・10・27）

大竹聡

『多摩川飲み下り』

ちくま文庫

職業柄たくさんの本が送られて来る。目を通さない本も多い（ある程度まとまったら古本屋に処分する）。その中で殆ど目を通しているのが大竹聡の酒飲みエッセイだ。仕事が一段落した時、ソファーベッド（というよりただのソファー）にごろんとなりながら、適当な四〜五篇を読み、いつの間にか完読している。

大竹聡の酒飲みエッセイは次々文庫化されている。双葉文庫に三冊、ちくま文庫に二冊、そして今年六月には「文庫オリジナル」で光文社文庫から『ぶらり昼酒・散歩酒』が刊行された。

そしてここにまた「文庫オリジナル」の『多摩川飲み下り』が出た。「文庫オリジナル」というのは、ここに収められた二十八篇のエッセイの内、最初の三篇は三年前（二〇一三年）の春に廃刊になった雑誌『古典酒場』に連載されたものだが、残りは書き下しだからだ。

連載の二回目はＪＲ青梅線奥多摩駅の次の白丸駅で適当な店を探していた。

その時、「自転車置き場か何かを囲うためのものか、低い鉄柵があって、それがガサガサガサガサと音を立てている」。「なんだ？　強風が吹いているわけでもなし、猫でもいるのか……。いや、そうじゃない！」。

そう、三・一一、東北の大震災の時だ。

青梅線は全線運休だ。

このあとの行動がさすがは大竹聡。白丸よりさらに先、鳩ノ巣駅まで歩き、駅近くの「鳩の巣　釜めし」に入り、日本酒と刺身コンニャクを注文する。

書き下し、すなわち四回目が始まるのは二〇一五年三月。

そうやってゆるゆると読み進めて行く内に、逆に私の背筋はピンと伸びて行った。

これは今までの大竹聡の作品と少しタッチが違うぞ。

もちろん酒飲みエッセイという点では共通している。

しかし、とてものびのびしているのだ。

雑誌の連載仕事の場合、締め切りがあって、いわば宿題をこなして行くようなもの。

ところがこちらは自由研究。しかも、夏休みの自由研究（宿題）ではなく本当の自由研究。

大竹聡自身こう語っている。

〈ともかく多摩川沿いに下ってみようという、その一点以外は、決めごとをつくらない。一日にどれくらい歩かなければいけないとか、歩く時間帯はいつでなければいけないとか、何一つ決める必要がない。酒を飲むと決めてはいるが、極端な話、歩きながらウイスキーをちびちび舐めるということでもいい〉

事前にその町のことを調べたりしない。自分の直感だけをたよりに、店を選ぶ。そして普通に素晴らしい店に出会った時の幸福。その幸福感が読者にも伝わってくる。

これは大竹聡の最高傑作だ。

（16・11・03）

三島由紀夫
『小説読本』 中公文庫

三島由紀夫の「私の遍歴時代」によれば三島が書き下し小説『仮面の告白』三百四十枚を河出書房の坂本一亀に手渡したのは昭和二十四（一九四九）年四月二十四日。まだ二十四歳の若さだった。その前年夏に大蔵省をやめる決意をし、九月二日に辞表を提出、同二十二日に受理される。

幅広い時代に渡って書き記されたものを集めたこの『小説読本』に大蔵省時代に書いたものが一本収められている。

夕刊新大阪（巻末の「初出一覧」には二重カギがつけられているが新聞だからカギはつけない）の昭和二十三年三月十五・十六日に掲載された「私の文学」だ。

三島青年は、文学というものは「時代という自然から生れ出た一羽の黒い不吉な蝶々」であるという。当時は社会的にも政治的にも経済的にも混乱していた。

〈こういう時代であればそれだけ、ある抽象化された純粋な、それだけに超時代的でもある一個の苦悩が、あたかも砂の中からえり出された砂金のように輝き出しては来ないだろうか〉

その砂金がすなわち「一羽の黒い不吉な蝶」なのだ。

巻頭に収められた「作家を志す人々の為に」は初出誌と発表時に注目してもらいたい。『蛍雪時代』昭和二十五年九月号、つまり大蔵省をやめた二年後に高校生に向けて語られたものなのだ。

欧米には職業を持ちながら作家である人が何人もいる。しかし日本人は、森鷗外のような例外を除いて、体力的に無理だ。三島自身、「役所勤めをして、帰って来てから夜小説を書く事ははなはだしい体力の消耗であって、どちらの仕事にもマイナスになるような気がした」。

しかし。

〈こういう日本特有の制約のいろいろある中で、なお私が作家志望の方々に実生活の方へゆく事をおすすめするのは、その両立しえないような生活を両立させようとぎりぎりの所まで努力する事が、たとえそれが敗北に終ろうとも小説家としての意志の力を鍛える上に、又芸術と生活との困難な問題をぎりぎりまで味わうために決して無駄ではないと思うからである〉

今から振り返ると晩年に近い昭和四十一年に発表された「『われら』からの遁走」では中年過ぎた文士がノスタルジーにとらわれる危険について語る。「文士が政治的行動の誘惑に足をすくわれるのは、いつもこの瞬間なのだ」。そして、「中年の文士の犯す危険は、大てい薄汚れた茶番劇に決っている」。

『波』に連載された「小説とは何か」の最終回は亡くなる直前に執筆された。三島は村上一郎の「拙劣を極めた」短篇小説「広瀬海軍中佐」を絶讃する。

その村上一郎が三島同様、日本刀で自死するのは昭和五十年三月二十九日のことだ。（16・11・10）

高橋克彦

『浮世絵鑑賞事典』 角川ソフィア文庫

〝美しいオールカラーで日本を学ぶ〟をキャッチコピーに持つ角川ソフィア文庫のジャパノロジー・コレクションは大変お得なシリーズだ。

そのシリーズの新刊、高橋克彦著『浮世絵鑑賞事典』は中でも超お得と呼んでよい一冊だ。

まず書誌的なことを書く。

『写楽殺人事件』で江戸川乱歩賞を受賞して高橋氏が作家デビューするのは昭和五十八（一九八三）年だが、この最初の著書が日本出版センターというマイナーな版元から刊行されたのは昭和五十二年。

三十少し前だった高橋氏はこの「出版に大きな夢と希望を抱いていた」。「すぐに世間は研究者として存在を認めてくれるだろう」。「論文執筆の依頼が殺到するはずだ」。しかしそれは甘かった。論文の依頼もなければ世間に存在を認められることもなかった。

それから十年後。講談社から文庫になった時、高橋氏は「文庫版あとがき」をこう書き始める。

「こんな嬉しいあとがきを書く日がこようとは正直思ってもみなかった」。

それから約三十年。この角川ソフィア文庫版の「まえがき」で高橋氏はこう書いている。

〈できるなら猿踊りでもして見せたくなるくらい嬉しいんですよ。しかも単行本や文庫版でも果たせなかったオールカラー。話があったときは、嘘だろうと耳を疑った〉

オールカラー。師宣、治兵衛、清信初代から芳年、清親、安治に至る六十名の絵師の九十点を越える作品がオールカラーで紹介されている。千三百六十円という値段も驚くほど安い。

春重という絵師がいた。二点とられているがいずれも署名は春信。つまり春信の贋作者だ。しかし彼が洋風銅版画の先駆者司馬江漢の別名だと知って驚いた。

洋風と言えば、オランダの博物館が所蔵していた作者不明の西洋画六点が葛飾北斎の可能性があるという記事が一週間ほど前の新聞に載っていた。

その北斎の「おしをくりはとうつうせんのづ」という作品について高橋氏はこう説明している。

〈右上に書かれてあるいかにも外国文字風のものは、実はひらがなである。右を下にして見ると、絵の画題と同じ文字であるのがわかる。この北斎の洋風画の連作にはすべてこのような文字の書き方がなされている〉

北斎の弟子に北寿がいて、彼は「師の洋風版画の分野を継承し描き続けた」。その北寿の作品「東都お茶の水景」は不思議な遠近法と線を持っているが私は強く引き込まれた。

北斎の弟子でありながら美人絵を得意としたのが清峰。その清峰の「東錦美人合」へのコメント。「清峰の作としては本図が最も著名である。極端な言い方をすれば、この図を遺したことで彼の評価は、相撲番付でたとえると、前頭五枚目あたりから、一躍小結に昇進した、という感じである」。シブい喩えだ。

（16・11・17）

澁澤龍彦／他
『若冲』 河出文庫

日販の十一月刊行予定の文庫本のラインナップ表を眺めていたら澁澤龍彦の『若冲』とあって、えっ、澁澤にそんな著作があっただろうかと思った。

そして現物を手にしたら澁澤龍彦他とあって、要するに、伊藤若冲についてのアンソロジーだった。澁澤をはじめとする十六名の筆者の十七本が収録されている（種村季弘のが二本）。

巻頭に収められているのは森銑三の「若冲小録」（初出は『画説』昭和十四年五月号）で、こういう書き出しで始まる。「伊藤若冲が鶏を画いた画人ということは普く知られているが、然らばその伝記はというと一向に分らない」。

今や若冲は大ブームで、私も彼の作品のファンであるが、五時間待ち六時間待ちと聞くととても展覧会場に足を運ぶ気になれなかった。ブームのきっかけについて書いているのは若冲評価の名著『奇想の系譜』の著者辻惟雄だ。

〈画家伊藤若冲（享保元年～寛政十二年〔一七一六～一八〇〇〕）の名が広く知られるようになったのは、平成十二年京都国立博物館で催された大規模な展覧会（「没後二〇〇年若冲展」）がきっかけである。最初は閑散としていた会場が、後半になると急ににぎやかになり、最終日には行列が出るありさまとなった〉

実はそれ以前にも若冲は「発見」されていた。

若冲研究の先駆に秋山光夫の「日本美術論攷」があって、その秋山氏の元で若き日学んだ美術史家の千沢楨治（大正元・一九一二年生まれ）は、帝室博物館鑑査官補として同博物館に入館して間もない頃、上司である秋山鑑査官から「若冲について懇切な教えを受けたことがあった」。

それから三十年近く経った昭和四十六（一九七一）年、彼は大規模な「若冲特別展」を企画する。

この論集に収められている文章の幾つか、例えば澁澤や種村季弘、安岡章太郎らのものはその展覧会によってインスパイアされたものだ。

その時展示された八十三点（弟子の作品も含む）の内十一点がアメリカのコレクター、ジョー・D・プライスの提供によるものだった。

その、いわゆるプライス・コレクションについては芳賀徹の「異郷の日本美術」が詳しい。

オクラホマ州の北西の一隅にバートルズヴィルという小都市があって、その町はずれの宏壮なお屋敷の一角に若冲の傑作が何点も収蔵されている「心遠館」がある。

芳賀氏は飛行機とリムジンバスを乗り継ぎ、さらにはプライス夫人の運転で「心遠館」にたどり着く。その中枢が美術館だ。「八角形ぐらいをなしていたかと思われるその展示室は、さしわたしほぼ三十メートルか」。夢のような空間で芳賀氏は「あぐらをかいて坐りこみ」、若冲の作品に対面するのだ。

（16・11・24）

ヘミングウェイ／福田陸太郎訳 『移動祝祭日』 土曜文庫

私が一番良く行くブックファースト渋谷店の外国文学のコーナーで文庫サイズの新刊を見つけた。ヘミングウェイの『移動祝祭日』（福田陸太郎訳）だ。

二十世紀アメリカ文学に夢中な若者だったけれど、短篇を除いてヘミングウェイの小説には乗れなかった。高田馬場BIGBOXの古本祭りで三笠書房から出ていたヘミングウェイ全集の端本を一冊二百円で買い集め、『日はまた昇る』も『武器よさらば』も『誰がために鐘は鳴る』も読んだけれどピンと来なかった（映画を先に見ていたせいもある）。

そんな私が大傑作だと認めるのが『移動祝祭日』だ。

ヘミングウェイ／福田陸太郎訳
『移動祝祭日』

ただしこれは小説ではなくノンフィクション、パリ時代の回想録だ。ヘミングウェイやフィッツジェラルドなど十九世紀末に生まれた作家たちのことを「失なわれた世代」と言う。やはりその世代で、名著『亡命者帰る』の著者マルカム・カウリー（一八九八年生まれ）は、それは、「根刮ぎにされた世代」であるという。つまり近代化によってローカルカラーを失い、教育の統一によって伝統への手ごたえが感じられなくなってしまった世代。「失なわれた世代」の命名者は詩人で小説家のガートルード・スタインであるが、そのエピソードが紹介されている。スタインが乗っていた車が調子悪く、修理してもらったが、その修理に当った若者（戦争帰り）に不手ぎわがあり、スタインが、「彼はまじめでない（セリュー）」と抗議したら、その主人が若者をこっぴどく叱り、「お前たちはみんな失われた世代（ジェネラシオン・ペルデュ）だね」と言った。それを受けてスタインはヘミングウェイたちに、「あなた方は失われた世代」だと言ったのだ。「あなた方は何に対しても尊敬心をもたない」。

この回想録の読み所は、フィッツジェラルドの思い出が語られる部分だ。フィッツジェラルドは背があまり高くなかったが、その理由が語られる。「彼は、形の良い、器用に見える手、しかもあまり小さすぎない手をもっていた。またバーの椅子の一つに腰かけたとき、たいへん短い脚をしているのを私は見た」「もし彼がふつうの脚をしていれば、たぶん、もう二インチ背が高かったろう」。

私が何度も読み返しているのは「寸法の問題」の章だ。

ある時フィッツジェラルドはヘミングウェイにずっと打ち明けられないでいた問題がある、と言った。その問題のせいで妻のゼルダに嫌われていると思っていた。

そして二人は手洗いに行ったのち、ヘミングウェイは彼にこう言った。「きみは、完全にりっぱだ」。「きみは、上から見おろすから、先が小さく見えるんだ」。

この話が感動的なのは、マッチョなはずのヘミングウェイが小さな性器の持ち主だったことだ。

（16・12・01）

柳田國男

『故郷七十年』

講談社学術文庫

柳田國男の語り下し自伝『故郷七十年』には複雑な思いがある。

朝日選書版でこの本を読んだのは十八歳の時。

あれから四十年の時が経ち、例えば山中共古や三村清三郎ら集古会の人々を回想する部分や森鷗外はじめとする文学者たちの思い出はぞくぞくするほど面白い。しかし複雑な思いは変らない。

私は私が五歳の時に亡くなった祖父（母の父）が大好きで、祖父も私のことを溺愛してくれた。

その祖父が『故郷七十年』で悪役として登場する。

祖父の父、万葉学者で眼科医で森鷗外の親友だった井上通泰は柳田の兄だった。つまり祖父は柳田の甥に当たる。

祖父は戦前三井物産に勤め、長く上海に暮らしていたから、昭和十六年夏に通泰が亡くなった時もその地にいた。

柳田はこう語っている。

〈遺言状を見つけて開いた者は、伜がただ一人ということになった。これがまた次兄にとって一つの非常な悲劇であった。可笑しいことに、その伜は任地の上海から帰って来ておきながら、急ぐ用があるからといって葬式も済まさずに一人で飛行機で帰任して行った〉

これではまるで、金に汚くセコい男だが、私が母から聞いている話と全然違う。

本業以外にビジネスをやっていたから祖父は大金持ちだった。上海のフランス租界に豪邸を構えていた。しかし、戦争が終わった時、中国人を含む部下たちに全財産を分与し、本人は無一文で帰国した。『故郷七十年』で語られているイメージとかけ離れている。

朝日選書版には聞き書きに立ち会ったという鎌田久子のあとがき（「『故郷七十年』について」）が載っていた。鎌田久子は民俗学者で成城大学教授だったというがその業績を私は知らない。そして、この直後に読んだ谷沢永一の『読書人の立場』（桜楓社一九七七年）に収録された「蒐書学序説」の一節を目にして、なるほどと思った。

〈私はいつも例に出すんですが、『定本柳田国男集』、あの筑摩書房のいわゆる全集でありますが、あの全集を書誌的に見た場合に、間違いのない巻は一冊もありません。あの編纂者の大藤時彦と鎌田久子というのは二人とも、これは全く、書誌学的に教養がゼロでありまして、それから学究としての誠意と熱意が根本的に欠如しておりまして……〉

『故郷七十年』は柳田國男最晩年の聞き書き集だが、柳田を尊敬してやまないフランス文学者の桑原武夫が同じ頃、柳田の元を訪れたら、あの異常とも思える記憶力の持ち主だった柳田が、三十分に一度ぐらいの割合で同じ話を繰り返すので驚いたと、あるエッセイで書いていた。

もちろん、『故郷七十年』のすべてがボケ老人の回想集ではない。しかし、少々眉につばをつけて読むことも肝心だと思う。

（16・12・15）

虫明亜呂無／高崎俊夫編『女の足指と電話機』中公文庫

私が編集者になったらその第一読者になりたかった筆者の一人に虫明亜呂無がいた。

しかし、なれなかった。

一九八七年秋、私は『東京人』の編集者になった。

虫明さんの原稿読みたいですねと言ったら、デスクが、けげんそうな顔をして、坪内君知らないの？　と答えた。

虫明さんはその四年前、一九八三年に脳梗塞で倒れ、意識を失なっていたのだ。

私は虫明さんの文章を雑誌や新聞の初出ではなく、単行本で読んでいたから気づかなかったのだ（虫明さんが倒れたという記事も目にしたおぼえがない）。

この『女の足指と電話機』（二〇〇九年に清流出版から出たものを編み直した文庫オリジナル）は一九七〇年代後半に『スポーツ・ニッポン』に連載されたコラムを中心に集められた一冊だ（当時のスポーツ紙にはこんなハイブロウな連載が普通に載っていたのだ）。いわば、虫明氏の〝早すぎる晩年〟の文集だ。

「レニー・ブルースはなぜ死んだか？」の書き出し。

〈先日、僕はCBSソニーに頼まれてレナード・コーエンのライナーノートを書いた。コーエンは小説『嘆きの壁』の作者として日本に紹介されている〉

そして、シンガー・ソング・ライターとしてのコーエンは「人によってはボブ・ディランよりも」好むかもしれない、と述べたあとコーエンは「ダスティン・ホフマンそっくりの顔をしている」と話題を転じ、ホフマン主演の映画（当時の新作）『レニー・ブルース』について論じる。

虫明さんらしいのは、レニー・ブルースの妻役を演じたバレリー・ペリンという女優についての「美人ではないが、躰そのもので、女の実在感をあらわす不敵な才能をもっている」という一節だ。

映画だけでなく芝居も見る。唐十郎の紅テントは一九七〇年前後の熱狂が語られがちだが、根津甚八に続く小林薫の登場で七〇年代末さらにヒートアップする。

〈天王寺公園野外音楽堂にたてられた赤テントで唐十郎作・演出の『蛇姫様・我が心の奈蛇』を見た。雨の激しい日で、足もとはぬかるみだったが、三時間、超満員のテントの端に立って前の人の肩と肩、顔と顔の間から舞台をみつめて片時も飽きなかった〉

一九七七年五月四日号だが、その一週間前（四月二十七日号）の書き出しは、「六本木の自由劇場で三浦洋一ひとり会を見た。だしものはつかこうへいの『ストリッパー物語・惜別編』を再編集したものである」、だ。

早稲田大学文学部フランス文学科の大学院に学んだ彼の恩師は『狭き門』や『チボー家の人々』を訳した山内義雄で、その先生の住む江戸川の同潤会アパートの向かいの部屋の住人が訳詩集『月下の一群』の堀口大學だったという。訳豪の向いに訳豪が住む。豊かな時代だ。

（16・12・22）

山田宏一／和田誠
『ヒッチコックに進路を取れ』 草思社文庫

フランソワ・トリュフォーがアルフレッド・ヒッチコックにインタビューした『映画術』の邦訳（晶文社）が出たのは私が大学生時代のある年の暮だった。

サークルの忘年コンパに顔を出す前に覗いた高田馬場芳林堂書店で平積みされているのを見つけ、

ついに出たか、と思った。

翌日、むさぼり読んだのは言うまでもない。

ヒッチコックに対して私は二重の思いがあった。

私が一人で映画を見に行くようになった一九七一年、ヒッチコックはまだ健在だった。だから『フレンジー』（一九七一年）も『ファミリー・プロット』（一九七六年）もロードショーで見たし、『トパーズ』（一九六九年）も名画座で見た。

少年の私にはピンと来なかった（この三作をその後見直していない）。

一方で映画史についての知識がつき、植草甚一の読者となった私は、ヒッチコックの職人的技術の凄さを知った。

『バルカン超特急』や『逃走迷路』といったモノクロ時代の旧作が私の大学時代にリバイバル上映され、なるほど、これは見事に面白い、とうならされた。

しかし、初のカラー作『ロープ』（一九四八年）や、『裏窓』、『ハリーの災難』、『間違えられた男』、『めまい』、『北北西に進路を取れ』といった代表作は映画館で（名画座でも）上映されることなく、だから、むさぼり読んだのだ。

『ロープ』はヒッチコック初のカラー作品だと述べたが、これは、全篇がワンカットで処理される伝説の映画だ。

『映画術』の刊行がきっかけとなって（？）、それらの映画が次々リバイバル上映され、私は舌を巻いた。

その『映画術』の映画版の日本公開（邦題は『ヒッチコック／トリュフォー』）に合わせて、山田宏一と和田誠の『ヒッチコックに進路を取れ』が文庫化された。

『ロープ』について和田誠はこう語っている。「ワンカットで撮ったという知識だけ与えられてね。観たくてたまらなかった映画だったな。出来てから十三年か十四年後だものね、日本に入ったのは」。

それから『ハリーの災難』について山田宏一はこう述べている。「『ハリーの災難』はリバイバル公開されるまで二十八、九年ずっと観てなくてね。それも、一度観たきりで」。

なるほど、お二人にとってもレアな作品だったのか。

これらの作品は今やきわめて廉価で入手出きるし、NHKなどのBSでよく放映される。しかし私は自分が不幸な青年だったと思わないし、今の若者よりも深くこれらの作品を味わえる自信がある。だからこそ山田氏のこういう言葉はとてつもなく深い。「『裏窓』はただもう、観るだけで面白くて、文句なしに素晴らしくて、言葉もない」。

（16・12・29）

二〇一七

北方謙三

『十字路が見える』

新潮文庫

柴田錬三郎に始まり今東光、開高健と続いていった『週刊プレイボーイ』の人生相談は同誌の看板連載だ。

同種の人生相談で最近（といっても十年以上経つか）もっとも強力だったのが『ホットドッグ・プレス』の北方謙三だ。「ソープに行け！」という発言が有名だ。

その北方謙三が『週刊新潮』に連載しているエッセイ「十字路が見える」が文庫化された。私は北方氏の小説は一作も読んだことないが（ごめんなさい北方さん）、エッセイは愛読している。

雑誌の時（山口瞳亡きあと『週刊新潮』の連載エッセイは同日発売の『週刊文春』と比べて弱い中一人気をはいている）に読んでいるのに、やはり面白く読めた。

白眉といえるのが初出では二週に渡った「アディオスだけをぶらさげて」だが、その中身は自分の目でたしかめてくれ（イカン北方節の影響を受けたようだ）。

北方氏は大物（それも世界的な大物）とよく遭遇する。「空の上にも遭遇はある」の書き出し。

〈大きな男だった。

躰の大きさだけでなく、与えてくる威圧感はもっと強烈だった。

世界的な有名人と、遭遇した話である〉

そしてこういうエピソードに続いて行く。目黒の小さなホテルのライブハウスの、こけら落しにマイルス・デイビスが出演し、そのライブを北方氏は見に行った。

〈歯が痛いとか言って、マイルスはあまり長時間、吹かなかった。インターミッションがあり、私は外に出てシガリロに火をつけた。すると、楽屋の方からマイルスが出てくるではないか。火を貸してくれないか。視線が合うと、彼はそう言った。私は、ライターの火を差し出した。私に、なにか言いかけた〉

その瞬間、人がどやどやと出てきて、マイルスは楽屋に入って行った。

しかしマイルスは小男で知られているから最初の話とつながらない。

言葉を交わしたことがある大物はショーン・コネリーだ。あるパーティの乾杯の発声を北方氏がやることになったら、『ネバーセイ・ネバーアゲイン』のプロモーションで来日していたコネリーが北方氏のそばに立ち、二人で乾杯のグラスを触れ合わせたのち、北方氏に、「君は、どんな映画に出ているのだ」と尋ねた。

最初のエピソードは最後に明される。

ミルウォーキーからロスに向かう機内で、北方氏の前の列の席に坐ったその「大男」はモハメッド・アリだった。

ところで最初の話題に戻すと、吉田豪は近刊『続聞き出す力』（日本文芸社）で、北方氏が例の発言をした時、実は北方氏はまだ「ソープに行ったことはなくて、その後、作家仲間に高級ソープに連れ

て行かれて」大絶賛と真実を明らかにしている。（17・01・19）

松村雄策

『ビートルズは眠らない』小学館文庫

一月一日の新聞を開いたら東芝ＥＭＩの音楽ディレクターだった石坂敬一の訃報が載っていたので驚いてしまった。まだ七十一歳の若さだ。

高校一年生の時私はこの人が関わったビートルズの日本盤を熱心に聴き、この人の記した新書版のビートルズ本、そして立川直樹の記したビートルズの単行本をやはり熱心に読んだ。それから単行本と言えば岩谷宏の『ビートルズ詩集』。

岩谷氏は雑誌『ロッキング・オン』のオリジナルメンバーで、そのメンバーにはまた松村雄策がいて、松村氏は『苺畑の午前五時』や『ウィズ・ザ・ビートルズ』などの著者、すなわち筋金入りのビートルズ者だ。

松村氏はギリギリ団塊の世代で、この世代はよく「ビートルズ世代」と自称するが、それが大ウソであることを糾弾する。同様のことを口にしているのが亀和田武で、ビートルズ・ラブの松村氏とビートルズ・ヘイトの亀和田氏が同意見であることにリアリティーがある。

つまり松村氏はずっとビートルズを聞き続けて来た。「ずっと」、というのは、リアルタイムの六〇年代はもちろん、解散後の七〇年代、そして八〇年代、九〇年代、〇〇年代とずっとだ。

だから、「解散後の七〇年代のビートルズへの評価は、目茶苦茶といってもよかった」という言葉はずっしりとした説得力を持っている。

そして八〇年代に入っての再評価があり、それが成熟して〝二〇〇〇年代のビートルズ〟が始まる。そのことを証明しているのが「一九九一年から二〇〇三年までに、ビートルズとそのメンバーについて」書かれたこの本だ。

そういう同時代史的なことの他に私はなるほどと思ったことがあった。

ビートルズのオリジナルメンバーにスチュアート・サトクリフとピート・ベストがいた。しかしその二人は解雇される。

その理由は才能がなかったからだと言われているが、ビートルズ発生の地リヴァプールに足を運んだ松村氏は別の理由を思いつく。

ビートルズは全員労働者階級の貧しい出身だと言われてきたが、ジョンの生まれ育った家は中流階級だった。スチュもピートも同様だった。

〈ジョンとはガキの頃からのつきあいのポールとジョージは、自分達三人が中心のバンドにジョンが裕福なスチュやピートを入れるのを面白くないなと思っていたのではないだろうか〉

百六十頁に熱烈なニール・ヤングのファンである編集者のY君が登場する。そのY君こと米田郷之が解説を書いている。

その解説を読み進めて行って、「付記」に至った時、私は驚いた。二〇一六年十月九日に松村氏が脳梗塞を患らったというのだ。米田氏同様私も、松村氏の「一日も早い復帰を願う」。（17・01・26）

神崎宣武『聞書き 遊廓成駒屋』ちくま文庫

私は、学問とは本来その底に好奇心がなければいけないと考えているが最近その種の学術書は少ない。

その種の、とは、例えばこの神崎宣武の『聞書き 遊廓成駒屋』だ。

私はまず単行本版の「あとがき」の日付に目を止めた。「平成元年四月八日」。つまり平成に入ったばかりの頃だ。神崎氏が調べを始めたのはその十数年前、昭和末のことだ。

その頃はまだ、名古屋にあった中村遊廓の関係者が生きていた。「文庫本のあとがき」にこうある。「本書に登場いただいた誰もが、話したことは全部書いたらいい、といってくれた」。そこから三十年近い歳月が経ち、「皆さんが亡くなった」。

一番強力な証言者は中村遊廓時代は仲居をしていて、その後トルコ風呂（ソープランド）の経営に転じた「お秀さん」だ。

そもそも神崎氏がこの旧遊廓に出会ったのは偶然だった。

昭和五十二（一九七七）年五月、ある陶芸家と名古屋で会うことになり、約束時間は午前十時だったのだが、六時に名古屋に着いた。

駅の廻りをぶらぶらしていたら、西側、中心部と逆の「奇妙な町並み」に足を踏み入れた。それが旧中村遊廓街だった。そこである建物（旧成駒屋）を解体しようとしていた男と出会い、彼の好意（？）によって中に残されたものを貰い受けることが出来た（神崎氏の専門の一つは民具の調査だ）。

そうして収集した約八十種、四百六十点の民具はきわめて貴重なものだった。

遊廓を外側から（客として）描いたものはあっても内側からのものは殆どない。

次は当事者たちに当らなければ、と思って中村を何度目かに訪れた時に入ったうどん屋のおばさんから紹介されたのが「お秀さん」だったのだ。

最初「お秀さん」は「とりつく島がない状態」だったが、神崎氏の熱意が本心であることがわかり徐々に口数が増えて行く。

収集した資料に成駒屋の『名簿』があった。

その中から三人の女性を追跡の対象と選び、唯一、消息がつかめた人が松山で営んでいた居酒屋に行く。

カウンターのなかに「初老の女性が一人」。しかし神崎氏はその女性に話を「切りださなかった」。

「あえて話を聞かなくても、遊廓世界を知る手だてはほかにいくらでもあるはずだ」。

そののち、「お秀さん」の所を訪れると、「お秀さん」は、「名古屋の駅の裏へヨッちゃんがずっと出とるらしい。それで、〝岐阜のおばちゃん〟といわれて結構な顔らしい」という二～三年前に聞いた噂を思い出してくれた。

「ヨッちゃん」というのは消息不明の二人の内の一人岐阜県出身の脇田ヨシだ。神崎氏は早速、その夜、名古屋駅裏に向う。（17・02・02）

近藤浩一路『漫画 坊っちゃん』岩波文庫

夏目漱石の『坊っちゃん』を読み返したくなったのだが、手元に見つからなくて、三軒茶屋に買いに行った。

まずブックオフを覗いたら、岩波文庫版と新潮文庫版がありいずれも二百六十円だった（百円コーナーにはなかった）。結局、文教堂で角川文庫版（三百十円）を買った。

読み返したくなったのは岩波文庫の新刊、近藤浩一路著『漫画 坊っちゃん』を読んだからだ。左側の頁に漫画が、そして右側の頁に文章が載っている。

文章は漱石の作品をもとにした近藤浩一路のオリジナルだが、その微妙な違いを知るためには原作が必要だ。

そして改めて原作を読んでみた。

問題児であった「坊っちゃん」のことを唯一かばってくれる「お清(きよ)」という婆やがいる。ある時、「お清」から貰った三円を、蝦蟇口(がまぐち)と一緒に便所に落としたら、「お清」は拾い上げて井戸端で洗ってくれた。

『漫画 坊っちゃん』では、「よく洗って火で乾かした一円紙幣三枚、『これでいいでしょう』と清は言ったが、かいで見ると臭かった」とあって、その横に、便所から拾い上げて井戸で洗ってくれたガマ口を差し出す清に、臭いと鼻をつまんでいる（ただし顔は笑っている）少年の絵が。

ただし原作ではこのあとにこういう数行が続いている。「ちょっとかいでみて臭いやと言ったら、それじゃお出しなさい、取り換えてきてあげますからと、どこでどうごまかしたか札の代わりに銀貨を三円持ってきた。この三円は何に使ったか忘れてしまった。いまに返すよと言ったぎり、返さない。今となっては十倍にして返してやりたくても返せない」。

つまり、原作は、お清さん亡きあとの時制による重層的構造を持っている。

それに対して漫画版は省略がきいている。このあと角川文庫版にして十頁分ぐらいのカットがあって、次のシーンは坊っちゃんの四国への出立を清が駅で見送る所だ。原文にある、「なんだかたいへん小さく見えた」という言葉は漫画版にはないが、その分、絵で見事に表現されている。

『坊っちゃん』と言えば上司や同僚たちの渾名が有名だ。狸（校長）、赤シャツ（教頭）、山嵐、さらには野だいこ。彼らのヴィジュアルが楽しめる。

中でも、「大層顔色の悪い」英語の教師うらなり。「大抵顔の蒼い人は痩せてるものと相場がきまっているがこの人は蒼くふくれているから不思議だ」。「うらなりの唐茄子ばかり食った報いでこんなに蒼くふくれたんだろう」という、うらなりの顔、大相撲の尾車親方（元大関琴風）の現役時代でなく今の顔に似ているので、一人で受けてしまった。

それから原作では十頁ほどの「バッタ事件」が九回分も続くのは漫画版の見所だが、文章表現と絵画表現の違いが分って興味深い。

（17・02・09）

群ようこ『老いと収納』角川文庫

今から二十年ぐらい前、群ようこの時代というものがあった。

その頃はまだ、いわゆる長者番附がオープンで、群ようこは文筆部門の常連だった（同じ『本の雑誌』出身者である椎名誠より稼いでいたのではないか）。

普通ベストセラー作家は小説中心に売れるのに、群ようこのベストセラーはエッセイだった。そこが新しかった。

新潮文庫のオリジナル（書き下し）の日記の初版の部数が三十万部だと聞いてとても驚いたことがある（あれは噂だったのか本当だったのか）。

私も当時、何冊か読んだ。

ベストセラー作家だから、群ようこはそれなりの浪費（買い物）もしていたようだが、それ以上に印象に残っているのは母親と弟から食い物にされていたことだ。

新刊案内で角川文庫から文庫書き下しで『老いと収納』が出ることを知った私は三軒茶屋の本屋の角川文庫コーナーで『欲と収納』を買い読んだ。

とても読みごたえあった。

そして群ようこが相変らず母親と弟から食い物にされていることを知った。

面白い本を読むとその感想を語りたくなる私は、数年前に群さんを取材したことのある妻（フリーライター）にその内容について語った。

すると彼女はそのすべてを知っていた。取材する時に読んだ本に書いてあったと言った。

えっ、原稿の二重売り！　まさか、と思って奥附けをチェックしたら平成二十六年一月二十五日初版発行とあり、私の手にしたのは同二十七年十月五日発行の八版だった。

しかもタイトルも『老いと収納』ではなく『欲と収納』だ（何故新刊コーナーに積んであったのだろう）。

改めて三軒茶屋に行き、『欲と収納』を買った書店で『老いと収納』を探したけれどなかった。

道路（246）を渡ったもう一つの書店でようやく購入出来た。

群ようこは前と同じマンションに住んでいて、書き出しはこんな感じだ。〈「あーあ、早く捨てなくちゃ」と、ぐだぐだいいながら、長年、部屋の中にたまった雑多な物を眺め、そしてため息をついていた日々であったが、その重い腰を上げざるを得ないときがやってきた〉

二〇一六年一月上旬からマンションの大規模修繕工事が行なわれるからだ。

『欲と収納』の最大の読み所は自分と母親のため込んだ膨大な着物の扱いだったが、この『老いと収納』にも「着物関係」という章がある。しかし、「母のところからどっと手入れがされていない着物類が届き」と書き始められるようにその筆致は淡々としている。その「淡々」が実は老いということなのかもしれない。

その熱量の違いを知るためにもまず『欲と収納』から読む必要がある。

（17・02・17）

古井由吉
『半自叙伝』河出文庫

歴史というのは三十年ぐらい経ってその風景が具体的に見えてくるものだが、それは文学史の上でも同様だ。

古井由吉
『半自叙伝』

だから、日本文学においていわゆる純文学が完全に終わったのが今から三十年前だと、私はわかった（その頃、純文学出身と思われていた村上春樹と吉本ばななが大ベストセラー作家となっていったのは象徴的だ）。

何を言いたいのかというと、要するに、「内向の世代」の作家たちが最後の純文学作家なのだ。

その「内向の世代」の作家たちの中でも、もっとも純文学度が高いのが古井由吉だ。

二種の文学自叙伝（一九八二年に書かれたものと二〇一二年に書かれたもの）をまとめたこの『半自叙伝』に目を通してそのことをつくづくと思った。大学（東大独文科）時代のことを古井氏はこう回想している。

〈学究とやらになるには、記憶力が弱い。ずいぶん熱心に読んでいても、本を閉じたとたんにふっつりと、何のことであったか、思い出せなくなる〉

本質的なことが語られている。つまり作家としての。

小説家になる前に、古井氏はヘルマン・ブロッホの長篇小説『誘惑者』の名訳者として知られていた。「ほとんど一文章ごとに、これが日本語で越せるものかと頭を抱えこむほどの、難所を控えている」。テレビやラジオはもちろん新聞も取らない生活で、始めてみたけれど、「夜半過ぎまでかけても、原稿用紙一枚も訳せない」。「それが一年あまりで仕上がった」。

さらにロベルト・ムージルの中篇「愛の完成」と「静かなヴェロニカの誘惑」を訳した。前の作品よりも「一段と難解で、文章も精緻にして微妙」だったが、訳しながら「恍惚感のようなもの」を味わった。「原作と私の日本語との間（はざま）の領域に、そのつどつかのまながら生じる、共鳴の感触のようだった」。

訳し終えた時、同人誌『白描』の締め切りが迫っていて、書き上げたのが小説ともエッセイとも言える散文「先導獣の話」だった。

その翌年、一九六九年四月、戦前から活躍する伝説の編集者八木岡英治から電話があった。八木岡氏が學藝書林で編集していた文学全集『現代文学の発見』の別巻に「先導獣の話」を入れないかということだった（いわゆる商業誌にはまだ一篇も発表していなかったのに）。そしてこの作品によって古井氏は、目のきく文芸編集者たちからまさに「発見」されるのだ。

それを機に翌年三月、学生運動で騒しい立教大学を退職し筆一本となる。

今回気づいたのだが、同じ時に立教大学から東京大学に移った蓮實重彥は自筆年譜で〝ハスミ節〟と呼ばれる文体は学生相手の「団交」から生まれたと書いていたが、二人の間に交流は？

（17・02・23）

三木卓

『K』 講談社文芸文庫

私が文学に目覚めた時、一九七〇年代半ば三木卓という文学者はとても順調に見えた。

既にH氏賞受賞詩人であり、作家としても一九七三年に芥川賞を受賞した。昔からの文芸誌だけでなく『すばる』『海』『野性時代』といった新しい雑誌にも作品を発表した。

心筋梗塞で倒れたのち、還暦過ぎて『図書』に連載されて二〇〇二年に岩波書店から刊行された『わが青春の詩人たち』は優れた文学自叙伝だった（この作品によって私は三木卓が『日本読書新聞』や河出書房新社の編集者だったことやのちに草思社を創設する加瀬昌男から仕事を廻してもらっていたことを知った）。晩年も順調だと思った。

だから私は『群像』二〇一二年二月号に一挙掲載された長篇小説「K」を読んだ時、とても驚いた。Kというのは彼の妻のことだが、かつて『すばる』に載った「作家の仕事場」というグラビア頁を見て私は三木卓が妻子と別れ一人暮らしだと思っていたからだ。

しかし三木卓は長く一人暮らしは続けていたものの妻とは別れていなかったのだ。「K」はその妻と出会い、一人暮らしに至る理由、そして妻の発病と死を描いた作品だ。

普通に考えたらKはとてつもない悪妻だ。

一緒に飲んだ次の約束の時、彼女は「風呂敷につつんだ丸い大きなものをかかえて」、彼の貸家に転がり込んだ。

そして二人の生活がはじまったのだが、数日後、事件が起きる。出勤に向う時、彼が、「そろそろ、風呂に入りたいねえ。今夜、わかしといてくれないか」と言ったら、怒って家出してしまった。翌日に戻って来て、そのまま暮らして行く内に結婚することになった。

事件が起きたのは最初の給料日だった。「全額をKにわたした。額は、一万二、三千円だと思う。父親がいつも母親に、給料袋ごとわたしているのを見ていたからである」。その金でKは自分の上下のスーツを買ってしまった。彼女の実家は青森の裕福な商家だったから金銭感覚が麻痺していた。娘が出来、しかもその娘が破傷風になったら（それを描いたのが映画化された「震える舌」）、二人だけの世界に閉じ籠って行った。

自らも詩人であるKは彼が小説を書くことを好まず別居することになった（そのくせ大晦日には帰宅させ年越しそばを所望する彼を無視して年の明けぬ内から豪華な御節料理を食べさせようとする）。

そのKがガンになった。

この正月料理や牛肉の大和煮など食べ物のシーンがとても印象に残る。

Kの二度目の手術のあと、娘と二人で町の洋食屋に入り、「焼きたてのジュージューいうハンバーグを、冷えたビールでやった」。その時突然「涙があふれてきた」。「焼きジャガイモにバターを溶かしこみながら、泣きつづけた」。

その涙の理由は？

（17・03・02）

J・L・ボルヘス／鼓直訳
『アレフ』
岩波文庫

ボルヘスが岩波文庫に入った時、私は意外な感じがしたが、八冊目になると、なるほど岩波文庫は収まりが良いなと思った（しかし『アレフ』は、帯にもあるように、『伝奇集』とならぶ代表作なのに何故今まで文庫化されなかったのだろうか）。

意外な感じがしたのは、ボルヘスが、少なくとも私にとって、現役作家だったからだ。世界文学を私が一番熱心に読んだのは大学生時代つまり一九七八年から一九八二年にかけてだ（大学院に進学したら専門である英米文学が中心になってしまったが）。

そしてその時代、もっとも勢いのある世界文学はラテン・アメリカ文学だった。ボルヘスはガルシア・マルケスやバルガス・リョサらと並らんで、年は彼らよりずっと上の一八九九年生まれでありながら現役だった。

一九七九年には国際交流基金の招きで来日し、多くの文学者たちと懇談し（確か当時の皇太子夫妻、今の天皇皇后とも懇談しているはずだ）、その記録は様々な雑誌や新聞で紹介された。

ボルヘスの数多くの短篇小説の中で私が一番好きなのが、この短篇集のタイトルとなっている「アレフ」だ。

時間と空間がボルヘスの作品の大きなテーマだが、「アレフ」は、『ボルヘスとわたし』（ちくま文庫）で、「永遠の、時間に対する関係が、アレフの、空間に対する関係に相当する」と述べているように、空間の物語だ。

ベアトリス・ビテルボが亡くなったのは一九二九年二月の蒸し暑い朝だった。「私」は亡くなった年から毎年彼女の誕生日である四月三十日に、彼女の父といとこ（カルロス・アルヘンティノ・ダネーリ）の住む屋敷を訪れ、四年後には夕食を共にするようになった。

そして一九四一年の四月三十日、図書館に勤務しているダネーリの作った下手な詩を聞かされる。二週間後、ダネーリから電話がかかり、ダネーリの家主が開いたサロン・バーで一緒にミルクを飲もうと誘われ、手直しされた詩を聞かされる。

ダネーリは言った。新作詩集には派手な序文が必要だから、有名な文人で亡きベアトリスとも知り合いだったアルバロ・メリアン・ラフィヌルに頼んでもらえないか、と。「私」は引き受けたものの、無視していた。ダネーリからの電話が気になって半年ぐらい経ったある日ついにかかってきた。彼は、ひどく興奮していた。屋敷が取り壊されることになり、そうなると地下にある〈アレフ〉も消えてしまう。

「私」がその屋敷に行き、ベアトリスの「色褪せたポートレート」を目にした時の「私」の訴えに初読時の私は衝撃を受けた。何故なら「私」はこう口にするのだから。「私だよ、ボルヘスだよ」。

ではボルヘスが眼にした〈アレフ〉とは？

（17・03・09）

吉本隆明／江藤淳
『吉本隆明 江藤淳 全対話』
中公文庫

私は文芸誌で連載を幾つかしたことがあるから文芸評論家という肩書きをつけられたりする。だが、そう呼ばれると少し居心地が悪い。

何故なら私はいかなる文芸評論家からも影響を受けていないからだ。たしかに私は福田恆存の影響を受けて、卒論も書いたが、それは思想家としてだ。私が大学生の頃、福田氏はもう同時代の文学について発言しなくなっていた。

そう、文芸評論家とは、少なくとも日本の場合、同時代の文学について何かを語って行く人なのだ。私の学生時代、その2トップが吉本隆明と江藤淳で、柄谷行人と蓮實重彥がそれに続いた。

同時代文学への発信の例として文芸時評がある。

本来の文芸評論家とは文芸時評が上手でなければならない。すなわち、作品を「読める」人。偉そうな理論は口にするけれど作品そのものを「読めない」評論家たちが多かった（今もいる）。

のち、平成元年に江藤淳の『全文芸時評』上・下が新潮社から刊行された時、江藤淳が「読める」人であることを知ったが、私の家は毎日新聞を取っていなかったからリアルタイムでは目を通していない。それから吉本隆明はある時期まで普通の新聞や『海』以外の文芸誌には登場しなかった。

つまり私は二人の良き読者ではなかった。

しかし対談（この文庫本に収録されている最後の二つ――初出は『海』一九八二年四月号と『文藝』一九八八年冬季号）は熱心に読んだ。

二人は右（江藤淳）と左（吉本隆明）だと思われていたのだが、不思議なほど意見が一致していた。「グルリと一まわりばかり違って一致して」いた。

戦争が終わった一九四五年と三島由紀夫が亡くなった一九七〇年が日本の歴史の大きな転換期であったという点で二人の認識は共通している。しかしそれ以降の文学のサブカル化を吉本隆明が受け入れるのに対して江藤淳は受け入れない。だから吉本が龍と春樹のダブル村上を認めるのに対し江藤淳は認めない。

二人が共通して評価するのが高橋源一郎だ。

その高橋源一郎と内田樹（二人は同学年）の「解説対談」が載っている。

ただしその対談が行なわれたのは二〇一〇年七月二十九日で、この文庫本のために改めて対談してもらいたかった。

なぜなら一九四五年、一九七〇年に続く大転換となった年は二〇一一年だから。

一九八〇年代始めに文学者の間で反核・反原発運動が起きたことをふまえて、吉本隆明は、（原発は）「これは文明の歴史のある過程の中で人間の知恵が生みだしたものです」と述べて、反原発運動を批判し、それは三・一一のあともブレなかった。そういう吉本隆明に対して、高橋源一郎はどう思ったのだろう。

（17・03・16）

小沢信男
『ぼくの東京全集』
ちくま文庫

いやぁ、凄い文集が文庫オリジナルという形で刊行された。

小沢信男の『ぼくの東京全集』だ。

帯の言葉を書き写す。「一人の作家が書き続けた65年分の東京文集」。「65年分」だぞ「65年分」。

今年九十歳になる小沢信男だからこそ可能な（それにしても二十五歳で文筆家デビューとは早熟だ――小沢信男は稀勢の里ではないけれど早熟にして晩稲なのだ）一冊だ。こんな本を目にしたことがない。まさに空前絶後だ。

巻頭に収められているのは雑誌『現代芸術』の創刊号（一九五八年）に載った「東京落日譜――徽章と靴」だ。

昭和二十年三月十日の東京大空襲の二日後に旧制中学の友人と二人で焼け跡を見て歩いた時のルポルタージュだ（小沢氏があえてこの作品を巻頭に置いた所に「今」という時代への批評性を感じる）。

彼らはたくさんの屍体を目にする。

印象的なのは神田ニコライ堂近くの映画館で見た小津安二郎の『戸田家の兄妹』のあるシーンについて語るくだりだ。その映画は没落した資産家の話で、その元資産家戸田家の母娘が、「他家で女中のような用事をさせられる哀れさを描いて」いるのだが、彼らが注目したのはそのことではなかった。「花などで飾られた食卓の上には、大小さまざまな器に、寿司や果物や、とっさには見渡しきれない御馳走が、惜しげもなく残されていた」。眼玉がぐらぐらしてきた。

一番古い文章は『江古田文学』一九五二年八月号に載った「新東京感傷散歩」だ。

新宿御苑（タイトルは「おたまじゃくし」）や渋谷（「鐘」）や隅田公園（「牛」）などが登場するが、一番重要なのは日比谷公園での思い出を描いた「鶴」だ。

ある日小沢青年は日比谷公園で同世代の女性とデイトする。

〈会話のとぎれ目に、少女は、ふいに「わたし、あしたからお勤めするの」と、つぶやくように言ったのである。「酒場なの」私は二、三度念を押し、「ふうん」と感心したような溜息をつき、それから奇妙な沈黙に墜落した〉

タウン誌『うえの』に発表された「上野わが青春」はこう書き始められる。

〈男は三十代には老けたなァと思い、四十になるとまだ若いぞと思うものだと、いつかなにかで読んだか聞いたかした。四十代の感想はまだわからぬとして、三十代については、つくづく実感がある〉

そして先の女性（K子）とのその後の顛末が語られる。K子が川口の人と結婚したのちK子の友人だったM子と付き合い、M子は、「学校へ入り直すわ」と言い、そのM子が受ける日大芸術学部を「私」も受験する。

そして『江古田文学』に載った「新東京感傷散歩」が批評家花田清輝に認められ小沢青年は文筆家となって行くのだ。

（17・03・23）

サライ編集部編
『昭和のテレビ王』
小学館文庫

大橋巨泉、永六輔とテレビの初期から活躍した人が亡くなった去年（二〇一六年）はテレビ史の上で一つの歴史となる年だった。

永六輔に至っては初期も初期、実験放送の時から関わっていた。その実験放送の劇は人間でなく人形劇だった。何故なら「当時のライトの強さは物すごいもので」、「生身の人間はライトの熱に耐えられ」なかったから。

永六輔は、しかし、ある時からテレビに距離を置くようになった。彼は言う。「初期のテレビは先が見えないからおもしろかった。でも、先が見えてくるとつまらないってことあるじゃないですか」。「先が見えない」ということは「悠長な時代」だったのだ。

昭和三十六年にＮＨＫで放映が始まったドラマ『若い季節』で森光子は三木のり平と夫婦役だった。ところがリハーサルの日も翌日の本番の時も三木のり平はスタジオに姿を現わさなかった。代役は西村晃がつとめた。「ところが何回目かあたりに、のり平さんが戻ってきて、いつの間にか、西村さんからのり平さんに替わっちゃったんですよ」。

『てなもんや三度笠』でスターとなった藤田まことはそれに続く『てなもんや一本槍』と『てなもんや二刀流』の失敗により、三年ほど苦しい時期が続いた。

それが『必殺仕置人』の中村主水役でカムバックする。その前作『必殺仕掛人』の主役は緒形拳だった。何故藤田まことが抜擢されたのか。

当時の時代劇は有名作家原作のものは主役をスターが演じた（『必殺仕掛人』の原作は池波正太郎）が『必殺仕置人』は「4〜5人の作家」のオリジナルだったからスターには頼めなかったのだ。

常にテレビの眼を意識していた長嶋茂雄は造語の名人で、「メイク・ドラマ」や「メイク・ミラクル」だけでなく「燃える」というのも彼の造語だった。昭和三十六年五月三十日の大洋ホエールズ戦で二対一で負けていた八回表に逆転三ランを打った試合後のインタビューで口に出た言葉だという。

寺内貫太郎役で役者デビューしたのは作曲家の小林亜星だが、当初その役はドリフターズが超売れっ子だった時の高木ブー、さらにはフランキー堺の予定だったが、高木やフランキーだったらあそこまでのヒット作にならなかっただろう。同様のことが声優の野沢那智の場合にも言えて、彼が大ブレイクした『0011ナポレオン・ソロ』のデビッド・マッカラムの声は愛川欽也のはずだった。

テレビに「初めて出たのは16歳のころ」と言うのは昭和十六年生まれの石坂浩二だ。つまり出演期間とテレビの歩みとほぼ重なる（私が彼の存在を知ったのは昭和四十年のNHK大河ドラマ『太閤記』の石田三成役だ）。その石坂浩二主演（共演浅丘ルリ子）の昼ドラ『やすらぎの郷』（脚本は倉本聰）がもうすぐ始まる。

（17・03・30）

岡田睦
『明日なき身』講談社文芸文庫

岡田睦の『明日なき身』（講談社二〇〇六年）がボーナストラックを加えて講談社文芸文庫に入った。単行本版には「ムスカリ」、「ぼくの日常」、「明日なき身」、「火」の四篇が収められている。

初出（『群像』二〇〇四年六月号）で「ムスカリ」を読んだ私は凄い作品だと思い、続いて「ぼくの日常」（『新潮』二〇〇四年八月号に発表時のタイトルは「生活」）に目を通したら、すっかり岡田睦にはまってしまった。

そして当時私が編集委員をつとめていた文芸誌『エンタクシー』のI編集長に、岡田さんの小説を、と依頼して二〇〇六年に頂戴したのが「火」で、その前年の『群像』九月号に「明日なき身」を発表していたのだ。

岡田睦（昭和七年生まれ）の文学的キャリアは長い。慶應義塾大学文学部フランス文学科を卒業する時ＮＨＫのアナウンサーの実技テストに合格するも、「一生、他人の原稿を読んで暮らすなぞつまらない」と入社することなく、しかし二十代で芥川賞候補となった。時代は高度成長期だったから、定職につかずともライター仕事や家庭教師などで充分生活出来た。

だが三度の結婚に失敗し、住んでいた家は妻の物だったので追い出される。

「ムスカリ」の冒頭近く。

〈〝セイホ〟——生命保険ではなく、生活保護もそう称ばれている。そこから支給される部屋代の枠内で、当町に移住した。妻の代理人の土建屋に恫喝され、離別して一戸建て団地の家を立ち退いた〉だから今は、「ロフトという、中二階のような所で寝起きしている」。

〝セイホ〟と年金だけでは金が全然たりない。NTTに続いて東電からも停止がつげられる。冬の夜は長く寒い。そして事件が起きる。「火」の書き出し。「去年の十二月三十一日。大晦日だから、覚えやすい」。

風邪が治らず、洟をかんだティッシュペーパーがたくさんある。そのティッシュをダンボール箱（底には新聞紙が敷かれている）に入れて火をつけた。暖かくなってきた。ところが……。「あれ。ダンボール箱そのものの炎が上がっている」。

そして彼は青梅にある施設に入れられる。

この四年後に発表された（つまり文庫版のボーナストラックである）「灯」の書き出し。「また施設に住んでいる。最初の施設から数えると、四ヵ所目になる。ここは静岡県沼津市」。ドアは分厚く、間口は二、三メートルしかない。

それからさらに五年、六年が過ぎた。岡田睦の消息を知る人はいない。去年ある会合で岡田さんと学生時代からの知り合いである作家の坂上弘さんに会った。岡田さんの消息を尋ねようとしたら、逆に、坂上さんの方から尋ねられてしまった。文庫末の略年譜の末尾にも、「消息不明」とある。

（17・04・06）

加藤貴校注
『徳川制度　補遺』　岩波文庫

岩波文庫は毎月全点送られてくる（ありがとうございます）。だから普通だったら手にしない新刊にも目を通す。

この『徳川制度』補遺もそうだ。『徳川制度』全三巻（上中下）はそれぞれぶ厚かったが、この補遺も負けずおとらずぶ厚い。全部で八百頁以上ある。

ただし本文は四百五十頁ほどだが、読み始めるとこれが面白い。扱われている項目を紹介すれば「鎖国始末」、「柳沢吉保」、「商人鑑」、「幕末の陸海軍」などなどだ。「文身」というのは何だろうと思って、その項目の最初の頁を開いたら、「文身（ほりもの）は野蛮の遺俗として、旧幕時代にありても、少しく文字を解するものの賤しみ恥し所なりき」とあった。

その「文身」すなわち刺繍にも二種あった。

〈鳶人足・人入れ稼業の下にある奴どもは、彫り方最も緻密なるを好み、片腕十両という高価にて、総身出来上がり三十五両より四十両を定めの相庭（場）と心得ぬ。また駕籠舁どもはただ見栄えよきを主とし、彫り方の淡泊なるを欲したるが故に、従って価も賤く、片腕三両、総身出来上がり十五両以上、二十両止まり位の者多かりしとなり〉

刺繍は鳶に付きものだったが、江戸四十八組の内、「江戸第一い組の頭取」伊兵衛だけは代々刺繍を入れなかった。特に「天保より嘉永」の間つとめた伊兵衛は七代目団十郎を思わせる男振りと合わせて、「真の伊達はここにこそ」と言われた。

一番面白い項目は「社界魔」だ。

要するに悪事を働く人間、掏摸と窃盗だ。

しかしこの二種の「社界魔」はとても仲が悪かった。「同じく他人の財物を掠めながらも、牛は牛づれ、二者決して混同することなし」。

掏摸には三種ある。

仮にこれを甲乙丙とする。

「甲は、掏摸の功労経しもの、すなわち親分ともいうべきものにして、その数東京府下において四十余名あり」。「乙は、未だ老功の界に入らざれども、すでにその筋のために顔を知られ、姓名を探偵帳簿に載せられたるものをいう。その数府下に数百名あり」。「丙は、素人より始めてこの社界に入りたるものをいう。故にその数もとより算なし」。

続いて著者は東京と地方との関係を述べるが、意外なことに東京の方が少ないという（多いのは大阪、名古屋そして静岡だという）。同様のことは詐欺師に言えた。

〈東京に詐欺師多きを見て、東京人に詐欺を働くもの多きように考うるは、普通一般の想像なれども、案外にも詐欺師は東京慣れたる田舎ものに多く、東京人に少なし〉

これは今でもあてはまることだろうか（しかし今こんなことを口にしたら確実に炎上してしまうだろう――まぁ私はツイッターをやらないからつぶやけないけど）。（17・04・13）

高田文夫
『誰も書けなかった「笑芸論」』
講談社文庫

まず書き出しの一文を引く。「あれは二〇一二年の四月一一日」。そうか、あれから五年経ったのか。その日、二〇一二年四月一一日、高田文夫は不整脈で突然倒れ、心肺停止八時間となった。夕食の準備をしていた妻が気付き、救急車が呼ばれ、自宅から一番近くの駿河台日大病院に向かった。夜の八時前だったから医者もたくさん残っていた。そういう奇跡が重なって一命はとりとめた。

タイトル通り、まさに『誰も書けなかった「笑芸論」』に目を通し、こういう記録を残すために高田氏は甦ったのだと思う。

初出の時は雑誌（『小説現代』）が送られて来る度に、まっ先に読み、単行本も二度目を通した。四度目となる今回も同じように味わえた。

ここで回想される笑芸人は、森繁久彌、三木のり平、青島幸男、渥美清、林家三平、永六輔、古今亭志ん朝ら十三名、そして脱線トリオとコント55号、ハナ肇とクレージーキャッツ、ザ・ドリフターズ、真打ちとしてビートたけしだ。

高田氏しか知り得ない面白エピソードが満載だ。

少年時代、高田氏の家の近くに森繁久彌が住んでいた。高田家で飼っていた雑種犬が子犬を三匹生んだ。二匹は近くにもらわれていったが、あと一匹をどうしよう、と母親に尋ねたら、「シゲさんちの庭にそっと置いてきな」、と答えた。「うちの御飯より、シゲさんちの方がいいもの食べられるよ。金持ちの家の方が犬も幸せになれるよ」。そして二週間後に見に行ったら、「森繁久彌がエサをやり、嬉しそうに育てていた」。

二十九歳の時（昭和五十三年）、映画のロケ現場で渥美清を取材した。インタビューを終えて立ち去ろうとしたら呼び止められて、「お兄さん、売れるよ！」と言ってくれた。

若き日、憧れの永六輔に、弟子入り志願のぶ厚い手紙を書いた。すると、「私は師匠なし、弟子なしでここまで来ました。今後も弟子を取るつもりはありません。お友達としてならおつきあいしましょう」という返事が来た。それから十五年経って、ビートたけしブームの中で高田氏が有名になったら、「今からでも遅くはありません。僕の弟子になって下さい」というハガキが来た。

ビートたけしとの出会（MANZAIブームが起きる前、一九七〇年代末）も運命的だ。その段階で高田氏は放送作家としてそれなりの売れっ子だったが、それを越える存在ではなかった。しかし、たけしと共に高田氏も大ブレイクして行くのだ。

それから、時々つぶやかれる本音にドキッとする。その一例。「私の同世代で仲の良かったクリエーター達が、次々といなくなっていくのは寂しい。昭和三〇年代のあのキラキラとした文化を、四〇年代の力強い大衆芸術達を、肩を叩きあって語りあえる人達が居なくなっていくのが悲しい」。
（17・04・20）

高橋和巳
『わが解体』 河出文庫

高橋和巳は何度か復活する。

一九九六年（阪神大震災やオウム事件のあった翌年）、没後二十五年ということで河出書房新社から「高橋和巳コレクション」全十巻の文庫が刊行された。

そして今また復活のきざしが覗える。

やはり河出から「世界とたたかった文学」と副題のついたムック『高橋和巳』が刊行されたたし、『悲の器』、『邪宗門』、『憂鬱なる党派』に続いて『わが解体』が文庫化された（三度目の河出文庫化だがそういう例は珍らしいのでは）。

私は一九七七年に高校を卒業し、一浪して大学に入学したのだが、私の大学時代は河出の『高橋和巳全集』全二十巻の刊行期とちょうど重なる。

当時、早稲田大学生協の書店でよく河出書房のフェアをやっていて、三十五パーセント割引きの時もあり、その目玉が『高橋和巳全集』で、パラパラと開いてみたこともあったが文体について行けず、買うことはなかった。同じ頃に読んだ林達夫と久野収の対談集『思想のドラマトゥルギー』（平凡社）で林氏が、「僕は高橋和巳の小説は人が言うほどには買えないんだ」と語っているのを目にして、そうだそうだ、とうなずいた（もっとも、それを林氏が明治大学の大学院で口にしたら女子学生から凄い剣幕でなじられたという）。

そして『わが解体』だ。大学時代に河出文庫で読んで、恐怖心を感じたが（シラケ世代と言われていたが少なくとも私の通っていた早大の文学部では学生運動の火種は残っていた）、二度目の今回はその種の恐怖心は薄れて、高橋和巳に対して前以上の憐れみをおぼえた。

高橋和巳が明治大学助教授を辞職して京都大学文学部助教授となったのは一九六七年六月、三十五歳の時だ。その頃書いた「楽園喪失」（楽園というのは文筆業のことだ）というエッセイで高橋和巳はこう述べていた。

〈私はしかし若返ったという気がする。家はなお鎌倉にあって、学校から三分ばかりの北白川というところに下宿して、三食とも学生食堂で飯を食っているからかもしれないが、気分ははなはだ書生的であり、しかも作家専業時代には考え得ない規則正しい生活に、胃腸をはじめ頭脳の調子もまことによろしい〉

その二年後。『わが解体』で彼はこう書いている。

〈京都大学に赴任したとき、私は母校の学風に対する信仰に近い幻想をもっていた。そしてわずか二年後のいま、確かに私を育ててくれた母校への思想的訣別の文章を綴ろうとしている〉

今振り返ると一九六八年から七〇年にかけて日本で一種の内戦が起き、その戦争による文学者の犠牲者が高橋和巳と三島由紀夫だった。

『わが解体』はまさに「わが解体」で、その単行本が出た二ヵ月後、一九七一年五月三日、高橋和巳はガン（原因はストレスだろう）で亡くなる。

（17・04・27）

神吉拓郎
『たべもの芳名録』 ちくま文庫

かつての直木賞作家にはある系譜があった。山口瞳、野坂昭如、井上ひさし、色川武大、田中小実昌、村松友視、常盤新平。神吉拓郎もその系譜だ。

彼らは皆、小説だけでなくエッセイも上手だ（小説もエッセイもよくする作家は実は少ない）。その神吉拓郎のエッセイ集が久々に文庫本で読める。『たべもの芳名録』だ。

昭和三（一九二八）年東京に生まれ、旧制麻布中学出身である神吉さんの食に関するエッセイは麻布中学の先輩である吉行淳之介や山口瞳のそれと同様の味わいがある。

つまり、ガツガツしていない。控え目で、寸止め感がある。その寸止め感をもの足りなく感じる人もいるかもしれないが私はそういう人と世界を共有しない。

巻頭に収められた「鮓が来そうな日」の書き出し。

〈うらうらとして、何をするにも勿体ないような日というものがある。

こんな日には、家の中をうろうろ歩き廻って、家人から邪魔がられたり、窓から雲を眺めたりして過すのが一番である〉

すなわち、「終日無為」という言葉通りの日。こんな日は、「或る楽しい予感がすることがある」。「北国さん」や「西方さん」から鮓（五目ずし）が届きそうな気がして、予想通り実現する。そして連想を内田百閒の随筆で知った岡山のすしへと向ける。

〈岡山のすしは、お祭ずしとか、うおじまずしとも呼ばれるらしい。魚島というのは、鯛や鰆のしゅんのことで、晩春の頃である。ただそう呼ぶのは他の土地の人で、岡山の人は、このすしのことを、単に、すし、と呼んでいるらしい〉

鯛や鰻、鮎、蟹、ふぐ、松茸などについても語られるが、神吉氏はいわゆるグルメではない。普通の味を捜し求めているだけだ。

例えば神吉氏はレストランや洋食屋で出す「投げやり」なサラダが嫌いだ。

〈血の気もないような白っぽいレタスに、匂いもないトマト、薄切りの玉葱かピーマンが乗った上から、得体の知れないドレッシングがかかって、水切りもなにもあったもんじゃないびしょびしょの、それでもサラダだろうか〉

「蕎麦すきずき」である店のカツソバが紹介されている。

その店には温かいカツソバと冷たいカツソバがあるけれど、お勧めは〝冷やし〟だ。町の気安い蕎麦屋だから値段も安い。

〈飯田橋から神楽坂へかかって、すぐの左側、翁庵。くれぐれも申し上げますが、カツソバは、〝冷やし〟に限ります〉

私の勤めていた当時の『東京人』編集部はこの店の近くにあったから、〝冷やし〟カツソバは私も好物だった。神吉さんと〝冷やし〟カツソバについて語り合った当時が懐しい。（17・05・18）

杉森久英『滝田樗陰』中公文庫

日本を代表する編集者といえば文藝春秋の池島信平、新潮社の斎藤十一、さらに古くは博文館の大橋乙羽がいる。

しかし、一人に絞れば、それは、中央公論社の滝田樗陰（一八八二―一九二五）だろう。直木賞作家であり自身が中央公論社の編集者でもあった杉森久英の『滝田樗陰』（中公新書昭和四十一年）がこのたび文庫化された。

その新書本に目を通したのは学生時代だが、こんな箇所に私は赤線を引いている。

「滝田樗陰がいったん惚れこんだ作家に対する熱中ぶりは独特のもので、彼は原稿を受け取ると、すぐその本人の前で読み、気にいった個所があると、声を張り上げて朗誦してみせて、感激したという」

「彼はある人に惚れ込んだとなると、利害得失を忘れて、その人に接近し、ただ奉仕することだけを喜びとするのであった」

「樗陰の編集者としてのえらさは、好き嫌いがはっきりしていて、自分の取り上げた作家はどこまでも面倒を見る点にあった」

そういう樗陰だから、出来の悪い原稿（小山内薫）や締切りを守らない人（里見弴や久保田万太郎）には怒り狂った。その一方で、まだ若手だった広津和郎に、「お目にかかり、御用談したきことあり、御来社ください」というハガキを出した時、広津が、「用事があるなら、そちらから出かけてくるべきである」という返事を寄こすと、「この若い作家の気概を大いに讃嘆して、さっそく二人曳きの人力車に乗り、赤城下の広津氏の下宿を訪問し、非礼を深くわびたうえで、寄稿を依頼した」という。

樗陰が編集していた当時の『中央公論』は前半が公論（論説）欄で巻末が創作欄だったが、樗陰は吉野作造や大山郁夫らの論説や夏目漱石や谷崎潤一郎らの創作に目がきく編集者だった。

論説と小説の二つに目がきくのはたいしたものだが、樗陰が凄いのはそれだけではない。その「中間」の頁、「説苑（ぜいえん）」と呼ばれる欄も充実していた。

その欄の筆者は村松梢風、生方敏郎、松崎天民、田中貢太郎、青柳有美、横山健堂といった人たちで、その欄がなければ私の『探訪記者松崎天民』（筑摩書房）は生まれ得なかったかもしれない。

ところで樗陰と言えば人力車で知られる。

この本の初めの方で杉森氏もこう書いている。

〈「滝田樗陰の人力車がはじめてうちの前にとまったときの嬉しさは、わすれられないね」何人もの老大家が、なつかしそうにいうのを、私は聞いた〉

ところがこの文庫版に収められた西村春江の「父・滝田樗陰の思い出」によれば、ある時、事故が起き、車引きの「善さん」が樗陰の身を庇って怪我をしたら、「それからはフッツリと人力車をやめて」、電車で会社に通うようになったという。

（17・05・25）

高橋呉郎

『週刊誌風雲録』

ちくま文庫

既に戦前から出ていた『週刊朝日』や『サンデー毎日』などの新聞社系週刊誌は別として、いわゆる出版社系の週刊誌が登場するのは昭和三十年代に入ってで、ブームとなるのは今の天皇と皇后が御成婚された昭和三十四年前後のことだ（つまり出版社系週刊誌もう還暦なのだ）。

昭和八年生まれの高橋呉郎は昭和三十三年暮れ、まだ学生の身でありながら、創刊されたばかりの『女性自身』のアルバイト記者となり（紹介してくれたのは種村季弘）、伝説のルポライター草柳大蔵と出会う。場所は築地の水路に浮かぶ〝かき舟〟。『女性自身』の編集部とライターたちの忘年会が開かれていたのだ。

〈当夜の記憶は草柳氏につきる。雑談の合間に、デスクが仕事の話をはさむと、そのつど、間髪を入れずに応答する。それも通り一遍の受け答えではなかった。週刊誌ジャーナリズム論を展開するかと思えば、一転して、「女性自身」の特集は、いかにあるべきかを論じる。ときに応じて、当意即妙のタイトルまでつけた、企画の具体案が出てくる〉

まさに八面六臂だが、それまで週刊誌の仕事をバカにしていた高橋青年は覚醒した。「つかい走りでもいいから、せめて草柳氏の仕事ぶりを近くで眺めてみたいと思いはじめた」。

そして年が明けて正社員に採用されるのだが、その三年後、昭和三十七年秋、もう一人の重要人物と出会う。梶山季之だ。

のちに梶山のプライベート資金で創刊された文壇ゴシップ誌『噂』の編集長も務める高橋氏はこう述べる。「草柳氏とはちがった意味で、私は梶山氏にも影響を受けた。それを通り越して、私の編集者生活が梶山氏とそっくり重なってしまった時期さえある」。

東大系の有力同人誌『新思潮』のメンバーだった梶山は文学志向が強かったが、そのストーリーテラー性が同人たちから不評だった。しかしその資質によってルポライター（トップ屋）として大ブレイクするのだ。

最初の出版社系週刊誌は昭和三十一年二月に創刊された『週刊新潮』。当時の同誌はアメリカの週刊誌『ニューヨーカー』をモデルにしたと言われるが、その頃の同誌の「タウン」欄はたしかに『ニューヨーカー』のそれに良く似ている。その理由が本書によって明らかになる。

〈私の編集者時代、映画会社や民間放送の現場関係者に取材したさい、相手が「週刊新潮」のメモ帳をつかっているのを、何度も見かけた。ここにも〝タウン要員〟がいるなと思ったものだ〉

文春新書としてこの本が最初に刊行されたのは十一年前だが、内容は少しも古びていない。「スクープ第一主義は立派な編集方針である。が、それが習性になると、準々スクープの類を大スクープのごとくに謳い上げる」。大砲は大砲だからこそ威力があるのだ。

（17・06・01）

黒鉄ヒロシ

『色いろ花骨牌』

小学館文庫

私の父は異常なほどの麻雀好きだった。八十歳過ぎても、週末、知り合いの家で徹マンしていた。その反動というわけではないが、私は麻雀を殆どしない（殆ど、というのは結局憶えられなかったからだ）。

しかし私がもう一廻り年上だったら麻雀をやりたかった。そして伝説のサロン（もともと旅館だったその場所を吉行淳之介はそう呼んだ）「乃なみ」に行ってみたかった。

黒鉄ヒロシが初めて「乃なみ」で麻雀を打ったのは二十代前半の時、つまり一九六〇年代の終わりだ。

ある日、マンガの先輩である福地泡介から「麻雀のメンバーが今夜足りないんだけど、クロちゃん、やる？」と誘われた。

きっかけは芥川賞作家の近藤啓太郎だった。ある出版社主催の麻雀大会に出席した時、二つしか便器のない男性用トイレで隣り合わせになった。そして、「あ、クロガネと申します、あの、福地泡介さんとは、よく麻雀、なさるんでしょう？」と挨拶した黒鉄氏に、近藤啓太郎は、「ああ、ポー介の友達かい、今度、『乃なみ』に遊びにいらっしゃいよ」と答えた。

福地氏から聞かされたメンバーに黒鉄青年は驚いた。吉行淳之介と芦田伸介（テレビの大人気ドラマ『七人の刑事』が終了したばかりの頃）だったから。

その二人をはじめとして、阿佐田哲也（色川武大）、園山俊二、柴田錬三郎、秋山庄太郎、そしてもちろん近藤啓太郎（「乃なみ」の主）らの思い出が語られて行く。

芦田伸介からはハワイとゴルフも教えられた。ハワイのオアフ空港の税関へと移動するバスの中。日本からの団体婦人観光客で満員だった。そのオバハンの一人が、目の前で吊り革を握っている芦田伸介を指さして、「あら、コレ、この、ホレ、シンスケ、えと、ナニシンスケだっけ？」と口にした。

〈「えと、えと、あ！　ミナミシンスケだ！」

芦田さんはバスの振動に合わせて首を少し倒して瞑目し、弱く「カックン」的な所作をしてみせたのだが、あの動きすら人によっては重厚になることを知って、ぼくは感心した〉

芦田伸介以上にニヒルだったのが柴田錬三郎だ。普段なら終了時間の制限をしない柴錬が、ある夜「三時で、どうだ」と珍しく時間を切った。明日の朝が早い黒鉄氏も同意したが、結局四時まで打った。黒鉄氏の予定というのは関西で収録するテレビ番組『アップダウンクイズ』に出演するためだった。その番組にはスクリーンに映る人影を見て当てる「シルエットクイズ」があったのだが、何とその時のゲストが柴錬だった。

ところで、「乃なみ」と関係なく出会った人が一人だけいる。初代尾上辰之助だ。そしてその辰之助の思い出語りが本書の白眉である。（17・06・08）

中島義道
『東大助手物語』

新潮文庫

私は学問は好きだが、私の通っていた早稲田大学文学部のエセアカデミズム及び教員や院生たちのセコさに耐えきれず、大学院修士課程修了後博士には進まずドロップアウトした人間だ。

しかし中島義道の『東大助手物語』を読んで、東大(駒場)の研究室はもっとトンデモない所であったことを知った。

昭和二十一年生まれで、現役で東大の文Ⅰ(法学部に進むコース)に合格し、途中留年したのち教養学科の「科哲」に進み本郷の大学院に合格したものの修論を提出せず私費でウィーン大学に留学(その地で妻となる人に出会う)した中島氏が駒場の助手に採用されたのは三十七歳の時。

ウィーンにいた時に日本から訪れた東大の糟谷教授の引きによるものだった。しかしこの糟谷教授がまさにトンデモない人物だったのだ。

しばしば理不尽な怒り方をする(だがアカデミズムでの出世のカギは彼の手に握られているから逆らえない)。

そういう教授のことを中島氏はクールに見ている。「教授はいま五四歳であるが、研究者としてここ二〇年はブランクがあるのではないか? 若いころはヘーゲルもウェーバーもフッサールも器用にわかる学者として、評価されていたらしい。だから、東大に呼ばれたのだ」。「だが、その後は? まったく何もないのである」。学科の紀要に載せた論文は、「論文ではなく単なるエッセイであった」。

そういう視線に教授も気づいていたから厳しかったのかもしれないが、自宅の庭の芝刈りに来い（しかもドイツに行っている留守中ずっと）などというエピソードをはじめとして、常軌を逸している。当時の東大駒場は佐藤誠三郎、菊地昌典、見田宗介、中村隆英、村上泰亮、衛藤瀋吉、西部邁、舛添要一など錚々たるスタッフをかかえていたが、その種の文化エリートたちならではのイヤな感じに満ちている。

当時、若き浅田彰（彼も今年還暦を迎えた）はニューアカデミズムのヒーローだった。その浅田彰をめぐる対話。「浅田彰って奴が京都にいるだろう？　とにかくメチャクチャだなあ」。「今後、あんな軽薄な奴がのさばるのかなあ？　たまらんな」。「まあ、若気の至りだろう。いつまで続くのだろう」。

東大の中でももっとも優秀な（と言われる）人間が集まるのは法学部だが、その中でも一番優秀な「学生は、教授が目をつけていて、大学院には進まずに、学部卒から直接助手に抜擢される」。そして二、三年で助手論文を執筆し、その論文によって助教授に昇進する。「東大法学部には優秀な人材が多いから、他の領域（例えば官僚や法曹界）に流れてしまうのを避けるため、こうした破格な昇進を約束する」のだという。だから、博士号を持っている教授はむしろ馬鹿にされる。

唾棄すべき世界だ。

（17・06・15）

折口信夫

『古代研究Ⅵ』 角川ソフィア文庫

角川書店（株式会社KADOKAWA）は時代と共に刊行物がどんどん変って行くのに柳田国男と折口信夫に対するリスペクトを失なっていないのが偉い。

文庫本の「柳田国男コレクション」は全十九巻に達し、同じく文庫版の折口信夫の『古代研究』全六巻が完結した。

柳田より十二歳若い明治二十（一八八七）年生まれの折口は、そのイメージとは裏はらに、近代人だった。

だから、「神は死んだ」と言ったニーチェ同様、折口も、日本の国から「カミ」が消えつつあったことを自覚していた。その上で、では果して「カミ」は（そうイメージされていたものは）何であるかを追求して行く。

「万葉びとの生活」で折口はこう言う。

〈政治史より民族史、思想史よりは生活史を重く見る私どもには、民間の生活が、政権の移動と足並みを揃えるものとする考えは、きわめて無意味に見える。この方面からも、万葉人（びと）を一纏めにして考えねばならなかったのである〉

そういう万葉人にとって「ほとんど偶像であった一つの生活様式がある」。「それは、出雲びとおほくにぬしの生活である」。

そして大国主命について、いわば「神々の宗教の神学体系」について詳述したのち、折口はこう言う。

〈この話を進めていて始中終（しょっちゅう）、気にかかっていることがある。私の話振りが、あるいは読者をしておほくにぬしの実在を信じさせる方へ方へと導いていはすまいか、ということである〉

つまり、「おほくにぬしの肉体は、あるいは一度もこの世に形を現さなかったかも知れぬ」。「しかし」、と折口は言葉を続ける。「拒むことの出来ないのは、世々の出雲人が伝承し、醞醸（うんじょう）して来た、その優れたたましひである」。

政治史には興味ないと折口は言うが、「万葉びとの生活」は優れた政治論でもある。

〈すべての生活を規定するとどのつまりが、村であるとすれば、村々の間に、相容れぬ形の道の現れて来るのも、ごく、自然な筋道である。手濡らさずに、よその村の頭をうち負かした智力のぬしが、至上の善行者と考えられるのも、もっともである〉

『万葉集』を代表する歌人と言えば山上憶良や山部赤人や柿本人麻呂だが折口は高市黒人を高く評価する。

「万葉集研究」で折口はこう述べる。「自然描写をはじめて行うたのは、黒人である。人麻呂には、それに達したものはあっても、まだ意識しての努力ではなかった」。さらに、「叙景詩の発生」でこう述べている。「黒人は静かに自身の悲しみや憧れる姿を見ていた人である。抒情詩人としてはうってつけの素質である」。

巻末に全巻の「総索引」が載っているのが便利だ（第V巻にある「すたすた坊主」って何だろう？）。

（17・06・22）

文藝春秋編

『泥水のみのみ浮き沈み　勝新太郎対談集』

文春文庫

私が『東京人』をやめてフリーの編集者となった一九九〇年代初め、本を中心とした読書は続けていたけれど、私の人生で一番、雑誌を読まない時期に当っていた。

九〇年代半ばを過ぎると献本誌が増え、中身はともかく、目次などでその内容は把握した。

何が言いたいのかといえば、『文藝春秋』にこれほど面白い対談が不定期連載されていたことを知らないでいたのだ。

勝新太郎の対談相手は白井佳夫にはじまり、最後は中村玉緒だが、特に面白いのは三國連太郎と森繁久彌だ。

三國の三番目の妻は勝新の「神楽坂の幼友達」で踊りの名手だった。

そういう縁もあって勝プロダクションの第一回作品『座頭市牢破り』に出演してもらった。

文藝春秋編
『泥水のみのみ浮き沈み　勝新太郎対談集』

勝新が驚いたのは三國の台本に様々な記号が書きこまれていたことだ。それに対して三國が、「僕はね、凡庸役者の最たるものだから、いろいろ試行錯誤するわけですよ。つまり、あんたみたいに天才タイプじゃないのよ」、と言うと、勝新は、「何言ってんの、冗談じゃないよ」と答える。そして三國は、笑いながら、「あなたが天分の持ち主だっていうことは、女房を替えないところが既に天分のしからしむるところではないかと思うのよ」と言い、妻を五度も替えたのは、「人間を抱え込むだけのオーラが僕にはないんだよね」、と自己分析する。

大相撲で若貴が活躍していた頃で、ちょうど場所中で、別室で相撲中継が放映されていた。その別室で相撲を見ていた勝新が「もうすぐ、貴花田ですよ」と言い、三國が「そりゃ、見なきゃ」と答え、二人で移動したら勝新は、「（貴花田が出る直前に、ソファでいびきをかいて眠り始める）」。

三國以上に奔放な女性関係を持っていたのが森繁久彌で、その種の話も面白いが（多くの共演者たちと関係を持った森繁も淡島千景には手をつけなかった――「なぜ手をつけないか。初めて一緒に出た時にね、この子いい子だな、こういう芝居の勘の強い子とは何回も一緒に出るだろう。じゃあ、こいつには手をつけないようにしようと」）、それ以上なのは芝居談義だ。

五十の力が必要な芝居で若い役者が四十の芝居をしたら、あとの十はキャメラや音楽で埋まる。「そこでシゲさんが五十の芝居やったら、見るほうはもどしちゃうよね、食べすぎて」と勝新が言うと、森繁は、「それはいい話だね」と相槌を打つ。

別の意味で面白いのがビートたけしとの対談だ。

たけしは勝新の前で神妙だが、つい勝新に芸とは何かを語ってしまう。すると勝新は、「お前、俺にものを教えるのか。楽しいだろ、俺にものを教えるってことは」と答え、「勝・新対談」という一人対談を始め、それをたけしは「素直に」聞く。（17・06・29）

竹内光浩／本堂明／武藤武美編『語る藤田省三』岩波現代文庫

嬉しい不意打をくらった。

『語る藤田省三』が、単行本を飛び越えて、つまり文庫オリジナルで刊行されたのだ。

私は大学時代に新刊で『精神史的考察』（平凡社）に出会って以来の思想家藤田省三の読者だ。

晩年は体調不良に悩まされていた（そういう体力の中で毎年『みすず』新年号の読書アンケートに記された藤田の熱い言葉を愛読した）が、藤田が七十五歳で亡くなった年（二〇〇三年）、岩波の雑誌『世界』に七回連載された「語る藤田省三」も雑誌が出るたびに近所の図書館に行き、コピーした。

単行本になるのを待てなかったのだが、単行本一冊分になる前に藤田は亡くなった。

今回、それに様々な藤田の語りを加えて（「我らが同時代人・徂徠——荻生徂徠『政談』を読む」は七十頁以上ある）、ついに一冊になったのだ。

初出時に私が感じたのは、同じ丸山眞男門下で一番文学的だと思われていたのは保田與重郎の影響を強く受けた橋川文三であるはずなのに、むしろ藤田の方が文学的だったことだ。森鷗外「現代思想（対話）」、尾崎翠『第七官界彷徨』、ジェイムズ・ジョイス『若い芸術家の肖像』、サミュエル・ベケット『ゴドーを待ちながら』などなど。

例えば藤田省三がここまで深くベケットを読み込んでいるとは知らなかった。「僕はイギリスから帰ってきて半年くらいはベケットと共に寝、ベケットと共に起きていた。寝転がって読むと実に気分がぴったりくる。一九六〇年代にはベケット的シチュエイションはなかった。だから六〇年代末に訳を出したのは、わかったふりをして訳しているだけ。全くの輸入文化だ」。

日常語で書かれているベケットの英語はわかりやすい。しかし、「ベケットが日常語で書いているのに、訳者たちは翻訳語にしてしまう。原文は簡単な語。訳が難しいのは訳者の日本語の知識が試されるから。訳者は日本語を知らない」。

ベケットの先輩であるジョイスで重要なのは、『若い芸術家の肖像』冒頭の、「こうして彼はいまだ知られない技に心を打込む」の特に「知られない技」という文句にあると藤田は言う。つまり、「知られている」技だけを集めるのは参考書を読んでつなぎ合わせて行くようなもので、少しも頭の養分にならない。

冒頭、一九六九年四月に法政大学で行なわれた「現代とはどのような時代か」という講義は少しも古びていない。ますます意味を持っている。藤田は言う。テレビによる「視聴覚文化時代の空間の圧倒的な同時性は、逆に歴史的に生成されてきた諸価値のもつ時間性をいよいよ希薄化させる」、と。「時間的に形作られた諸価値の多様性」すなわち歴史を失なってしまう。その歴史は二度と取り戻せないのだ。

（17・07・06）

中川可奈子編／京都工芸繊維大学美術工芸資料館監修『チェコ ポーランド ハンガリーのポスター』青幻舎

私が好きだった書店ブックファースト、銀座店に続いて渋谷店まで閉店してしまったので悲しい。いや、悲しいだけでなく仕事に影響が出ている。

と言うのは、この連載で取り上げた文庫本の半数ぐらいはブックファースト渋谷店で購入したものだから。

五反田で古書展が開かれるのは三カ月に二回ぐらいのペースだが、先週末が丁度その時に当ったから、六月二十四日土曜日、出かけた。そして駅横のビルの上にあるブックファースト五反田店を覗いた。

文庫本の新刊コーナーをひととおり見渡したあとで美術書コーナーに移動した。

すると文庫サイズのこの本を見付けた。驚いた。こんな新刊が出ていたとは（奥附を開くと二〇一七

中川可奈子編／京都工芸繊維大学美術工芸資料館監修
『チェコ ポーランド ハンガリーのポスター』

年六月十三日発行とある)。

学生時代から私は東欧諸国の文化が大好きだ。

前号のこの欄で紹介した『語る藤田省三』で藤田は、文化の中心を担う人は「辺境」や「異国」から現れる、と述べていたが、かつての東欧諸国はまさにその通りだ。

ここに登場するポスター作家の内、私が知っていたのはポーランドのトマシェフスキただ一人だが、どの作家も素晴らしい。

この時期の社会主義圏の芸術作品はどれも凡庸な社会主義リアリズムばかりだが、デザインはその看視外にあったからアヴァンギャルドでポップだったりする。つまり社会主義リアリズムの対極にある。

社会主義リアリズムの一つに個人崇拝があるが、ここに登場する映画ポスターにはそれがあてはまらない。

『ピンク・パンサー』のポスターに主役のピーター・セラーズは登場せず、クラウディア・カルディナーレも上半身しか描かれず、下半身はピンクの豹だ。『黒いチューリップ』のアラン・ドロンも上半身のみだが、それどころかその横に顔と髪の離れた彼の肖像が……。可愛らしいのはヒッチコックの『鳥』。何百いや何千という鳥に襲われる恐怖を描いた映画なのに、ポスターは一羽だけ(しかも鳥ではなく猫に見える)。

ただし、同じ東欧でもポップアート的なハンガリーの作品では全身像が描かれる。例えば『シシリアン』のアラン・ドロン（もっとも、『勇気ある追跡』は主演のジョン・ウェインではなく共演者のキム・ダービーが描かれているが）。

日本映画のポスターも面白い。『春琴抄』の山口百恵は全然似ていないけれどこれはこれでありだと思わせる。素晴らしいのは『裸の島』のポスター。もちろんここでも主役と脇役の逆転はあって、『五人の賞金稼ぎ』では主役の若山富三郎ではなく伊吹吾郎が描かれる（伊吹吾郎と言えば『やすらぎの郷』の出番はあれだけなのだろうか）。

圧巻なのは二十点にも及ぶサーカスのポスター（ポーランドの作品）だ。

（17・07・13）

吉田健一
『わが人生処方』中公文庫

亡くなってずいぶん経つのにむしろ生前より人気が出る作家がいる。

この場合の人気とは例えば文庫本のことだ。

井伏鱒二の存在感と比べて、同様の作風を持ちながら、木山捷平のそれは薄かった。

しかし今文庫（講談社文芸文庫）で読まれているのはむしろ木山の方だ。

同様のことが小林秀雄と吉田健一についても言える。

講談社文芸文庫の吉田健一は二十冊を越え、没後四十年に当たる今年、中公文庫が次々と新編集のエッセイ集を刊行している。

このエッセイ集に収められている「鬢糸」の書き出しに目を通していたらドキッとしてしまった。

〈この間、髭を剃つてゐる時に鏡を眺めて、自分も本式に年を取つて来たと思つた。髪に白髪が混つてゐて、その上に二日酔ひの朝だつたので皮膚から光沢がなくなり、皺も深く刻み込まれて、来年は五十になる人間そのままの顔がそこにあつた〉

吉田健一は文筆の始めから老成した人のイメージがあったが、今の私より十歳も若い時があったのだ（当り前の話ではあるが）。

その驚きは「年輪」のこういう書き出しと重なる。

〈或る非常に尊敬してゐる外国の文士の経歴を百科事典で調べてゐたら、――その名前はどうでもいいのであるが、――いつの間にかこつちの方がその文士が死んだ時の年齢よりも二つ年上になつてゐたことが解つて変な気がした〉

芥川龍之介は三十五歳で死に、太宰治は三十八歳、三島由紀夫は四十五歳（この三人は自殺）、夏目漱石は五十歳で死んだ。森鷗外は六十歳で亡くなるが、吉田健一が亡くなった六十五歳になった時私はどんな気持になるだろうか。

書き出し話を続ければ「住み心地に就て一言」は、「何か連載ものを書いてゐると、大概その一回分はこの群馬県の村で書くことになる」と始まり、えっ群馬県と思いながら解説対談「夕暮れの美学」に目を通していたら娘の吉田暁子（相手は松浦寿輝）が北軽井沢と語っている。北軽井沢を群馬県の村と書く所が吉田健一のシブさだ（江藤淳なら軽井沢と書くだろう）。

この対談で吉田暁子はまた吉田健一が『サザエさん』や『エプロンおばさん』、『伊賀の影丸』、『おそ松くん』、『天才バカボン』さらにはテレビの『ひょっこりひょうたん島』が大好きだったと述べている。家の中でイヤミの真似をして「……ざんす」などと口にしていたという（吉田健一のシェーする姿は決まっていたことだろう）。

赤塚不二夫が好きな作家に三島由紀夫がいた。

三島と吉田はかつて「鉢の木会」の仲間だった（他のメンバーに大岡昇平や福田恆存ら）。しかしある時期から二人の仲が悪くなった。赤塚不二夫をめぐって二人が対談していたらどうなっていただろう。

（17・07・20）

野口冨士男
『感触的昭和文壇史』講談社文芸文庫

素晴らしい作品が文庫化された。野口冨士男の『感触的昭和文壇史』。

初刊は昭和六十一年だから三十二年目にしての文庫化だ。この三年後に平成となるわけだから、まさに「昭和文壇史」。

ただしポイントとなるのが「感触的」だ。

例えば、のちに雑誌『風景』を生み出すことになる文学グループ、キアラの会を回想した、こういうシーン。

キアラの会ははじめの十年間はまったく遊びの会で、芝居や相撲を見て、料亭で芸者遊びをしたり熱海や箱根へ一泊旅行した。

〈三島は相撲などにまったく興味がなかったらしく、立ち上ったら教えてくださいねと私に言って、仕切り直しの間は新聞を読んでいた〉

続けて野口氏は、「彼のことだから、ポーズもあっただろう」と述べているが、まさに三島らしいエピソードだ。

この長篇の連載が『文學界』で始まったのは昭和五十八年一月号。

大学五年生だった私が大学院に進もうとする頃だ。毎月むしゃぶり読んだ（同じ頃『文學界』に大岡昇平が「成城だより」を連載し昭和六十年八月号では当時の新進作家村上春樹の大特集を組んだ）。

しかしどこまで理解出来たかはわからない。以降、何度も繰り返し読んだ。そして今回も新発見があった。

「文芸復興」というのは昭和文学史の常識だ。それまで席巻していたプロレタリア文学が退潮し、昭和八年、『文學界』『行動』『文藝』の三誌が創刊され、いわゆる「文芸復興」が起きる。

実は当時、原稿料収入だけで生活出来る作家は八十名弱で、その過半は大衆作家だった。そして原稿料の出る文芸誌は『新潮』だけだった（総合誌『中央公論』に作品を発表出来るのは大家だけだった）。そこに原稿料の出る文芸誌が三誌も創刊されたのだ。

その年、昭和八年、野口氏は『行動』の編集者となる。

この連載の開始時からちょうど五十年前のことだが、それを野口氏はつい昨日のように語る。そのリアリティが凄い。

と書きながら、今年（二〇一七年）はビートルズの『サージェント・ペパーズ・ロンリー・ハーツ・クラブ・バンド』の発表五十年に当たる。その年、一九六七年、ビートルズはストーンズのメンバーやエリック・クラプトンらをバックに従えてニューシングル『愛こそはすべて』のレコーディング風景をテレビで世界同時生中継した。日本ではＮＨＫが放映した（司会は鈴木健二）。その映像を私はつい昨日のように憶えている。つまり私は歴史を記憶する最後の世代だ（私より年上なのに安倍首相は何故あんなにペラッとしているのだろう）。

野口氏がこの本を書き始めた年（七十二歳）に私がなった時、その五十年前、一九八〇年はどのように見えるのか。

（17・07・27）

石割透編
『芥川追想』　岩波文庫

芥川竜之介が自殺したのは昭和二（一九二七）年七月二十四日。つまり今年は没後九十年に当たる。それに合わせて（？）岩波文庫に次々芥川の新編集物が収められて行くが、今月は『芥川追想』が刊行された。

わずか九十年前なのに文学の世界がこれほど豪華だったとは。何しろ回想しているメンバーが凄い。菊池寛、志賀直哉、谷崎潤一郎、佐藤春夫、萩原朔太郎、島崎藤村、正宗白鳥、さらに内田魯庵（慶応四年生まれ）までいる。

つまり当時現存した文豪の中で登場していないのは幸田露伴と永井荷風ぐらいだ（と思って『断腸亭日乗』を開いてみたら、「余芥川氏とは交なし、かつて震災前新富座の桟敷にて偶然席を同じくせしことあるのみ」とあった）。

しかし面白かったのは改造社の編集者だった横関愛造の「名人芸を尊ぶ人」と中央公論社出身の作家諏訪三郎（半沢成二）の「敗戦教官芥川竜之介」、特に「敗戦教官芥川竜之介」だ。

芥川竜之介は東大の英文科を卒業したのち横須賀の海軍機関学校の教官となった。

その時の教え子の一人に篠崎礒次大佐（土浦の海軍予科練の開設者であり真珠湾突入時の航空母艦「蒼竜」の幕僚で終戦時は厚木飛行場の司令）がいて、諏訪三郎は雑誌に芥川の思い出を発表した数日後に彼から手紙をもらった。そして直接会って話を聞いた。

当時の英語の教材は「勝利を謳歌する軍国主義的なものばかり」だったが、芥川の教材は、「すべてが敗戦の物語であり、衰亡の歴史」だった。

陸軍だったら憲兵隊に拘引されていただろうが、海軍はリベラルで、しかも教頭が理解ある人だった。

芥川は言った。「君達は、勝つことばかり教わって、敗けることを少しも教わらない。ここに日本軍の在り方の大きな欠陥がある」。もちろん敗けてはいけない。「しかし勝つためには、敗けることも考えるべきだ」。さらに、と芥川は言葉を続ける。「戦争というものは、勝った国も敗けた国も、末路においては同じ結果である。多くの国民が悲惨な苦悩をなめさせられる」。

昔の士と今の軍人の違いも口にした。「昔の士は、武士と経済家とインテリが士だったのだ。そこへゆくと、君達は、単に職業軍人にすぎない」。

そういう芥川教官は篠崎をはじめとする学生たちに強く支持された。篠崎は言う。「もしも芥川教官が軍人になったら、すぐれた軍略家、軍政家になっていたと思います」。

芥川竜之介は、「将来に対する唯ぼんやりとした不安」を理由に自殺する。つまり的確に日本の未来を見ていた。

その芥川の文学を「『敗北』の文学」として否定した宮本顕治は文学オンチ、いや政治オンチの凡庸な人だ。

（17・08・03）

久保田万太郎
『浅草風土記』
中公文庫

久保田万太郎の随筆が好きで、時々私は、ソファーベッドで横になりながら、その二、三篇に目を通す。

面白いだけでなく勉強にもなる。しかし久保田万太郎は難しい。内容が、ではなく、言葉使いが、だ。私が知らない言い廻しが頻繁に出て来るから、注が必要だ。

明治二十二（一八八九）年生まれの久保田万太郎が十二、三歳の時、浅草広小路（雷門通り）に「めぞッこ鰻をさいて焼く小さな床見世（とこみせ）があった」。床見世というのは『広辞苑』によって屋台店であることがわかったが、めぞッこは載っていない。たぶん稚魚だろうと思って読み進めて行く（しかし鰻の稚魚をどうやって割くのだろう?）。「四十がらみの、相撲のようにふとった主人が、年頃の娘たちと、わたしより一つ二つ下のいたずらな男の子とを相手に稼業（しょうばい）していた」。

さらに読み進めて行って、えっ、と思った。

〈そのうちどうした理由かそこを止し、広小路に、夜、矢っ張その主人が天ぷらの屋台を出すようになった。いい材料を惜しげもなく使うのと阿漕（あこぎ）に高い勘定をとるのとでわずかなうちに売出し、間もなく今度は、いまの「区役所横町」の徳の家という待合のあとを買って入った。――それがいまの「中清（なかせい）」のそもそもである〉

中清は明治三年創業の浅草の老舗だと多くのグルメガイドで紹介されているが、実は明治三十年代半ばまでは屋台の鰻屋だったのだ。

運座という言葉を御存じだろうか。知らなかったから『広辞苑』を引いた。すると、「出席者が俳句を作り、秀句を互選する会合」とあった。

久保田が中学四年生で、「ちょうど俳句のおぼえはじめ」の時、本所深川で運座が行なわれていることを知り、級友と一緒に参加した。すると、「五十人近くあつまったその晩の人たちをものの美事に蹴散らして、ふんだんにおのおの景物の葉書をせしめ」た。

中には有名な先生もいたが、彼らの作る句は「月並すぎるほど月並」だった。それに対して少年たちは「頓着」がなかった。

こういうこともあった。題は「地芝居」で、「地芝居や野風に消ゆる面明り」という句が選ばれた。それを先生（正岡子規も兄事したことがあって「博識を以て天下に鳴っている先生」）が、「つらあかり」ではなく「おもあかり」と読んだのだ。

久保田は東京中央放送局（ＮＨＫラジオ）の演劇・音楽課長を務めるが、浅草の舞台見て歩きも収録されている。彼は柳家金語楼が好きでない。「ものを知らないからいやだ、臆面がないからいやだ……」。

彼が『三田文学』でデビューした頃『早稲田文学』に反自然主義的小説を発表した作家田中介二が新国劇の舞台に立っているのを目にして驚く。

（17・08・10）

ビートきよし
『もうひとつの浅草キッド』
双葉文庫

ビートきよしの自伝『もうひとつの浅草キッド』を読んでビートきよしがかなり冷静な観察者であることを知った。

昭和二十四（一九四九）年山形に生まれたビートきよし（本名兼子二郎）は高校二年の時に単身上京、スターを夢見て、入学金さえ払らえば殆どの人が合格出来る〝タレント養成所〟に入り、すぐに映画の仕事が舞い込んだ。

それはピンク映画で、つまり、いきなりベッドシーンを演じさせられた。ただしそれは若松孝二監督の作品だったから今となっては貴重な体験だ。

そうやって二年が過ぎ、来る仕事はピンク映画の脇役ばかりだった。

そんな時、養成所の先輩から彼が軽演劇の芝居に出ている浅草ロック座に遊びに来いと誘われ、それを機にロック座の一員となる。

当時のロック座の座長は伝説の喜劇人深見千三郎（ビートたけしも一番尊敬していた彼は五十九歳の時浅草のアパートの一室で焼死する）だった。

深見の激しいシゴキに耐え、ようやくコントをおぼえはじめた時、ロック座は人手に渡り、深見はフランス座に移り、きよしもそれに従う。

移って半年ぐらい経った頃、昭和四十七年夏、四階の楽屋に行こうとエレベーターに乗ったら、「見たことがない若い男がいた」。新しいエレベーター係だ。「ちょっと拗ねたような青白い顔をして、ちょっと見インテリ風」の同い年ぐらいの男に、「おはよう」と声をかけたら、「ちょっと神経質そうな顔をしたそいつは、こちらを振り返るでもなく、目線だけを軽くこちらに向けて、ちらっと頭を下げた」。それがのちのビートたけしとの出会いだった。

やがて二人は深見に命じられてコントを始めたが、コントより漫才の方が売れることに気づき、きよしは松鶴家の一門の漫才師になった（芸名は松鶴家二郎）。名古屋の大須演芸場のレギュラーになったものの、相方を失ない、探していた時に思い出したのが「フランス座にいた〝あいつ〟だった」。しかし、その「あいつ」は、「そんなのいいよ、俺は」と言って、なかなか引き受けてくれない。そこから先が本書の読み所だが、漫才ブームで大ブレイクしても、「世間で言われてるほど〝天下を獲った〟なんて気持ちは、当時のウチらにはなかった」。

ビートきよしがさらに冷静なのは、たけしの仕事が増えて行った時だ。「相方のほうが仕事が多いのはそれは相方の才能であって、それをどうこう言っても仕方がない」。

そういうきよしをたけしも認めている。巻末に収録されている「ツービート対談」で、たけしは、「洋七とシャレで漫才やったことあるんだけど、成立しないの」、「お互いのリズムが合う人じゃないとダメなのよ」と言っている。

見事なコンビだったのだ。（17・08・31）

麿赤兒

『完本 麿赤兒自伝』

中公文庫

そうか、麿赤兒の『大駱駝艦』は今年四十五周年になるのか。

となると、彼と『状況劇場』を結びつけて考える人はもはや少数派かもしれない。一九五八年生まれの私はその少数派だ。

もちろん、当時の『状況劇場』を見に行くには子供過ぎたが、唐十郎と麿赤兒という『状況劇場』のツートップは不思議な名前だなと、恐怖心半分記憶していた。

早稲田大学を中退した演劇青年だった麿は毎日のように新宿の伝説的喫茶店風月堂に通った。いつも同じ席に坐った。その席からだと客の出入りがわかるからだ。

ところがその日はその男が入って来たことに気づかなかった。つまり、「突然、俺の左側面から背のズングリした肩幅の広い男がヌッと現れた」。身構えて、男と目を合わせた。「ゆで卵をむいたような皮膚に、大きな澄んだ目が異様な光を放って」いた。この店でその男を見るのは初めてだった。そして男は言った。「失礼します。私、カラジュウロウと申します。これを読んでいただけませんか」。

それは『月笛葬法』と題する未完の戯曲だったが、目を通したら異常に興奮してきた。

中学高校と演劇部に属していたからベケットやイオネスコやジャン・ジュネやハロルド・ピンターらの現代劇に目を通していたが、それを越える衝撃だった。

唐と並らんで麿に大きな影響を与えた人物に出会ったのも風月堂がきっかけだった。ある時、その店で、旧知の美人に声を掛けられた。現代舞踏をやっている彼女は麿に、「あなた、お金ないんでしょ、アルバイトしない」と言った。そのバイトとは池袋のキャバレーの金粉ショーだった。

それがきっかけとなって、その数週間後、目黒にある土方巽の稽古場に連れていかれた。土方と麿とのやり取りが面白い。

〈唐突に「キミはヌスミグセはないかね」と冗談とも本気ともつかぬ顔で訊き、またジロリと俺を見据えた。妙に正直に「あります」と俺〉

唐十郎の芝居の言葉に衝撃を受けた麿だが、劇団をやめることにしたのもその言葉がきっかけだった。「唐の言葉は饒舌すぎるように思えだしたのだ」。つまり、「唐の言語操作は抜群にうまくなってきていた。が、その操作が何やら上すべりしているようにも俺には感じられた」。麿はしばしば舞台でトチルようになった。

そして一九七一年十月の『あれからのジョン・シルバー』を最後に状況劇場を離れ、よりソリッドかつ柔軟な身体表現を目指して一九七二年、大駱駝艦を立ち上げる。大駱駝艦の艦長は社長でもある。その社長振りを描いた「王道外道北海道、金粉舞い散る集金旅行」と「豊玉伽藍落城記（手形乱発社長の末路）」は捧腹絶倒の面白さだ。

巻末の大森立嗣・南朋との親子鼎談は文庫オリジナルだ。

（17・09・07）

池田俊秀『エロ本水滸伝』 人間社文庫

ネットのおかげで雑誌が売れなくなったと言われている。

しかし一番強い影響を受けたのはエロ雑誌だ。ヴィジュアルで売っていたエロ雑誌が無料のネットにかなうはずなく、今や、ほぼ壊滅状態だ。

実はエロ雑誌はコラムやルポなどの読み物頁が充実していて、そこから成長していったライターも多い。

そういうシステムがもはや成り立たなくなってしまったのだ。

産業としての映画や古本屋あるいは音楽が衰微して行く時、それに反比例するかのように、それに関連する本が充実する。

それはエロ雑誌についても同様で、ここ数年エロ雑誌に関する読みごたえある回想集が次々と刊行されている。

八月のある日、神保町の東京堂書店で阿久真子『裸の巨人——宇宙企画とデラべっぴんを創った男山崎紀雄』(双葉社)と池田俊秀『エロ本水滸伝』(人間社文庫)を見つけた。

『エロ本水滸伝』は八月一日発行で、つまり、出て少し経っている(渋谷のブックファーストがあればすぐに見つけられたのに)。

そしてこの本は最近のエロ雑誌回想とは異なっている。

著者の池田俊秀（一九四八年生まれ）は芸術生活社編集局や講談社『別冊少年マガジン』編集部を経て、一九七六年十二月にセルフ出版（後の白夜書房）に入社し、雑誌『ズームアップ』編集長として活躍する。

『エロ本水滸伝』はその当時の回想記だが、初出は巨乳専門雑誌『ギャルズD』（連載時のタイトルは「極私的エロメディア懐古録」）だ。しかし一九九六年三月号をもって池田氏が病に倒れ未完に終わってしまった。

それが二十年の時を経て一冊にまとめられた（「水滸伝」とある通り池田氏が存命ならこの倍以上の長さがあっただろう）。

池田氏がエロ雑誌と関係を持ったのは「ひょんなことからアバタ顔の編集者に出会った」からだ。

〈当時のエロ雑誌のなかで、ひときわ過激な光彩を放っていた『ニューセルフ』の編集長S氏である。僕は何となく気の合った彼の口車に乗せられ、迂闊にもS氏の会社に入社して『ニューセルフ』の編集を手伝うはめに陥った〉

しかし半年足らずで『ニューセルフ』は発禁、廃刊となり、S氏が新雑誌『ウイークエンドスーパー』（のち『写真時代』）の、池田氏が『ズームアップ』の編集長となるのだ。

『ウイークエンドスーパー』（『写真時代』）の執筆者は当時のサブカルのオールスターだが、『裸の巨人』でその「S氏」こと末井昭は、「あの頃は、カラーで十六ページくらい裸の写真があれば売れてたから、あとは何をやってもいい」と述べている。しかもその「裸の写真」はビニ本を切り抜いたものだというのだ。

全盛期『写真時代』は三十五万部も売れていたという。（17・09・14）

細野晴臣
『HOSONO百景』 河出文庫

ここ数年映画雑誌特に『キネマ旬報』の充実振りは凄い。

連載がとても面白いのだ。加藤武の〝芝居語り〟「因果と丈夫なこの身体」は終わってしまったけれど（一冊分は充分ある）、入れ替るように佐藤純彌の「映画よ憤怒の河を渉れ」が始まった。不定期連載「せんだみつおが見上げた昭和の巨星列伝」も楽しみだ。

大物のさりげない連載もある。

例えば細野晴臣「映画を聴きましょう」。

そのタイトルにあるように映画のサウンドトラックについての連載コラムだが、最新号（九月下旬号）は「印象的な映画のシーン20選」だ。これがまた味わい深く、つまり、あとをひく。

と思っていたら、新刊『HOSONO百景　いつか夢に見た音の旅』（河出文庫）を見つけた。元版が出たのは二〇一四年三月で、当時製作中のソロ・アルバムの「裏テーマは〝忘却〟なんです。実際、最近は齢を取ったせいで非常に物忘れが激しくなってきた」と細野氏は言う。つまり老人力（©赤瀬川原平）がついたのだ。それからさらに三年半経ち細野氏は今年七十歳となる。

イタリア映画『ミラノの奇蹟』（ヴィットリオ・デ・シーカ監督）を見たのは、「小学生の頃、テレビで放送されて夢中になった」。ビデオでもDVDでも見なおしたこの映画の中で、「職のない人たちがバラックに集まって暮らしている場面が特に好きでね。寒さに震えている彼らは、雲の切れ目から日光が射してできた日だまりに、おしくらまんじゅうをするように集まって暖まるんです」。

一方『キネ旬』のコラムでは、「中学生の時、TVで観て好きになった」、「印象に残るシーンは、寒い冬の広場で、貧しい人々が太陽の光を求めて移動するシーン」と述べている。

この微妙なズレがシブい。

「西海岸にずっと幻想を持っていた」細野氏がバッファロー・スプリングフィールドに影響を受けたことは知られているが、その原点にはビーチボーイズがあった。知り合いのお兄さんがサーファーで、サーフィンに連れて行ってもらったのは驚きだ。もっとも、自分には向いていないと思い（サーファーたちはサーフ・ミュージックなど聴いていない）、一日で諦めた。

驚きといえば、かなりのカーマニアであることも。「初めてクルマを運転したのは大学生の頃。留年した五年生のときに、今はもうない赤坂教習所にのんびりと通って免許を取った」。最初は父が買った中古のコロナ。自分で初めて買ったのは赤いビートルの中古。それからボルボ、アルファロメオ、ローバー……。いずれも故障が多かった。
この時期、ニューアルバムのレコーディング中だったと述べたが、『キネ旬』の近況欄によると、「今秋に約6年半ぶりとなるオリジナルアルバムをリリース」。楽しみだ。

（17・09・21）

中野翠
『この世は落語』 ちくま文庫

二〇〇七年から二〇一二年にかけて雑誌『諸君！』や『ちくま』に連載されて、二〇一三年三月に単行本化された中野翠の『この世は落語』が文庫本になった。

優れた落語本であるのはもちろん、クロニクルとしても貴重だ。

「先日、話題の日本映画を見て唖然となった」と中野さんは言う。私は新作日本映画をあまり見ないから作品名はわからないが、その映画の「話の芯になっているのは若い男二人」で、この二人の感情表現が「泣く」「凄む」の二種類しかないという。その二種の感情表現しかない男として、中野さんはこうつぶやく。

〈私はかねがね亀田ファミリー（これこそ、泣くと凄むの二連発）および日本テレビ『エンタの神様』出身タレント（例えば……まちゃまちゃ、桜塚やっくん）の魅力のポイントが理解できずに苦しんでいる〉

まさに十年ひと昔だ。

十年ひと昔といえば、二〇〇七年夏、世間を騒がせたという『L&G』という会社のことを私は全然憶えていない。

〈テレビニュースで「L&G」の波和二会長の姿を見て、私の胸はときめいた。イイ顔（ファッションも）してるじゃないか。いかにも「喰えないおやじ」。深海魚の顔だ〉

中野さんはさらにその十年前に世間を騒がせた『KKC』事件を思い出す。

〈その「KKC」の会長も「いかにもー」のイイ顔をしていたなあ……と思っていたら、今回の「L&G」の幹部には「KKC」の元幹部がいたという〉

それから二〇一一年。「三月十一日のその時、私は居間のソファで本を読んでいた」「今まで経験したことがない大きな、そして長い横揺れだった」。揺れがおさまって部屋を振り返って唖然とした。本、CD、食器、そしてガラクタ・コレクションが部屋中に散乱していたから。中でもゾッとしたのは、『五代目古今亭志ん生名演大全集』（木製ボックス入りCD全55巻）がベッドの上に転げ落ちていたことだ。もしベッドで寝ていたなら……。

そういう時に気持ちを落ち着かせてくれるのは落語だ。八代目桂文楽の落語を聴く（志ん生、文楽と並び称されたのに最近は志ん生ばかりもてはやされている）。

中野さんらしいなと思ったのは「一億円だの二億円だの、いや千万円単位でも構わない。一発ドーンと宝くじにでも当たらないものかなあ——と思ったことは何度もある。数え切れないほどある」に続く一行。「けれど実際に買ったことは二、三回しかない」。

キャリア三十年に及ぶ売れっ子文筆家でありながら中野さんは賞とは無縁だ。そのヒントはこういう一節にある。「多くの人が名誉とか得とか思えることが、私には何だかひたすら恥ずかしく、受け容れることができなかった」。さすが翠ねぇーさん。シブいな。（17・09・28）

アントワーヌ・メイエ／西山教行訳『ヨーロッパの言語』岩波文庫

タイトルは地味だしぶ厚い。

素人には歯がたたない専門書かと思って読みはじめたら、これがすらすら読める（巻末の「訳者解説」でこの本の刊行直後にメイエがある学会誌に発表した一文を紹介し、その書き出しは「本書はなんら専門的なものではない。むしろ言語学者ではない人々にも読まれるように書かれている」とあるが、その通り）。

この本の初版が刊行されたのは、一九一八年。翻訳のテキストとなった第二版が刊行されたのは一九二八年。すなわち、第一次世界大戦後ヨーロッパ大陸の版図が大きく変り、それは言語情況にも影響した（していた）。

なるほど、あるいは、えっそうだったのと思わせることが次々と登場する。

えっ、そうだったのの一例。

「アーリア人」という言葉はナチスドイツと結びつく。しかしメイエはこう言う。〈インド北西部のインド人あるいはペルシア人をアーリア人と呼ぶのは正しい。しかしこの名称をスラヴ語、ゲルマン語、ロマンス語を用いる人間に当てはめるのは、この単語を何のいわれもなく拡張することになる〉

しかし、「アーリア人」のそういう使われ方は「数奇な運命を経た後に、現在は幸いにして廃れつつある」とメイエは言う。

当時アイルランド独立運動が熱気を帯びその中心にいた文学者にウィリアム・バトラー・イエーツやジェイムズ・ジョイスらがいた。

メイエは言う。「アイルランドでは民族精神が情熱にまで至っているにもかかわらず、民族主義者の大部分は英語を常用語としている」。そうか、ジョイスは『フィネガンズ・ウェイク』によって英語を脱構築し、新たな言語ジョイス語を作り上げようとしたのか。

もっとも支配力の強い言語はフランス語だった。「フランス語は学校の言語である。大革命以来、すべての教育は共通語で行われ」、「初等教育の開始段階で正確なフランス語を知らない子どもは、弱点を抱えることになり、学校生活を通じて苦しむことになる」。

「また、フランス語は軍隊の言語である」。すべての指揮命令はフランス語で行なわれるから「この共通語をある程度知らなければ、どれほど低い階級であっても昇進することはできない」。

そしてメイエはこう述べる。「つまり近代国家という装置は、誕生のときに個人をとらえ、死ぬまで個人を抱えこむもので、共通語の使用やその知識を押し付けるのだ」。凄いね。ホブズボーム（「創られた伝統」）やベネディクト・アンダーソン（「想像の共同体」）に先じている。

メイエは英語の発音のやりにくさを批判しているが、「訳者解説」によると彼の英語の発音は「標準的発音から相当に逸脱して」いて、講義に参加した聴衆は理解することに困難だったという。

（17・10・05）

吉田健一『父のこと』中公文庫

ある週刊誌で不定期連載の旧制高校対談の司会を行なっている。不定期というのは、旧制高校出身で一番若い人でも八十五歳を越えているから仲々人選が難しいのだ。

しかし対談は充実している。

出席した人々の教養のレベルが高く深いのだ。そして旧制高校出身者でなくても八十歳以上の人たちは読書家で世間知を持っている。

私が時々絶望的な気持ちになるのは、今の政治家たちにその種の教養人がまったく見当らないことだ（中で例外は自民党の谷垣だったが引退を決めたという）。文春砲と新潮砲に直撃された二人の女性代議士は共に東大法学部卒だというが全然教養を感じさせない。そういう時に文庫オリジナルの新刊で『父のこと』に出会った。

吉田健一の言う「父のこと」とはもちろん吉田茂のことだ。巻頭に収録されている「父の読書」はこう始まる。

〈父は英米風の読書家であるというのが、一番早道であるように思う。日本では文学者や学者でも、自分の専門に属する本だけを読んで、他はいわゆる修養書か、読物の類しか手に取らない〉

英米風の読書家である吉田茂は違った。伝記や歴史書、漢籍だけでなく随筆集や小説集も原語で読んだ。「中でも意外に思ったのは、英国の新進作家クリストファ・イシャーウッドの傑作『ノリス氏汽車を乗り換える』があったことである」。

イシャーウッドは吉田健一も大好きな作家だったから「父がこの小説を何と思ったか」知りたかったけれど、「感想を聞かずにいるうちに家が焼けた」。しかも吉田健一がこう書いた三年後（昭和二十七年）、他ならず健一自身によって『山師』と題して訳出された。

一番読みごたえあるのは百五十頁を越える親子対談（「大磯清談」）だ。

一九三二（昭和七）年頃、ニューヨークで、外交通で知られるある人と会った。第一次世界大戦の敗戦で「メチャメチャになっ」たドイツを例にあげ、その人は言った。「もし日本がだな、世界戦争に参加したら、このドイツと同じような目にあうだろう。しかし、反対に、参加せずに、そのままでいたら、自然に世界の一等国として生長してくる。これはキミたち、断じて戦争してはいけないよ」、と。

吉田はその教えを守り、戦争に反対し、職を失ない、戦争が終る年、憲兵隊に引張られた。だが、「幸い独房に入れてくれた」。「なぜって、ボクら、勲一等持っておったからね。優遇してくれた」。

終戦で東久邇宮内閣が生れ、外務大臣に任命された時、終戦のキーパースンだった鈴木貫太郎（終戦時の総理大臣）にこう言われたという。「戦さは勝ちっぷりもよくなきゃならないが、負けっぷりもまた大事なのだ。しっかりしろ」。

そのあと相撲を例に持ち出すのが私は嬉しい。

（17・10・12）

木田元『哲学散歩』 文春文庫

高齢化社会が進み医療が整備されたことによって哲学者の中村雄二郎や詩人の大岡信のように長い寝たきり状態ののち（つまり現役でなくなってから）亡くなる人が増えている（私の恩師と言える山口昌男先生もそうだった）。

そういう中で、哲学者の木田元（一九二八年生まれ）は二〇一四年八月に亡くなる直前まで現役だった。

その遺著『哲学散歩』が文庫化された（「はじめに」の日附けは二〇一四年六月だ）。

私が一番熱心に哲学書を読んだのは大学二年三年の時だ。

二つあった演習授業の一つはサルトルの『存在と無』（教壇に立っていたのはその訳者である松浪信三郎）、もう一つが丁度岩波文庫に入ったばかりのプラトンの『国家』だった。

サルトルの『嘔吐』は愛読書だったけれど『存在と無』は歯がたたなかった（少しでも近づこうとして木田元の『現象学』［岩波新書］に手を出したがやはり難しかった）。

それに対して『国家』は、既に『ソクラテスの弁明』をはじめとするプラトンの数冊に目を通していたので、読みやすかった。

ソクラテス、プラトンと来たら次はアリストテレスだが、難しそうなので断念した（アリストテレスの学徒たちを逍遥派と呼ぶが表題にある「散歩」はここから取られているのだろう）。

読んでもいないのにアリストテレスは威厳ある人というイメージがあった。だから、この本で引かれているディオゲネス・ラエルティオスの『ギリシア哲学者列伝』の一節、すなわちアリストテレス「の下肢はか細くて、眼は小さく、派手な衣服をまとい、指輪をはめ、髪は短く刈りこんでいた」に驚いてしまった。しかも、「発音するときに舌もつれすることがあった」というのだから。これは赤塚不二夫や山上たつひこのマンガの世界を越えている。

木田元と言えばハイデガー、そしてハイデガーと言えば『存在と時間』だが、ヤミ屋ののち農林専門学校に通っていた木田青年が東北大学の哲学科に進んだのも『存在と時間』を読みたかったからだ。入学後、猛スピードでドイツ語を学び、その年の秋から原書を読みはじめ、半年で、この大著を読み上げた。そのあとのセリフが凄い。「実に面白かった。たしかに人間生死の重大事が語られているらしい。残るページの少なくなるのが惜しくなるほど面白かった。だが、それと同時に、自分にはこの本の肝心なところがまったく分かっていないということも分かった」。

カッシーラーの『シンボル形式の哲学』(岩波文庫全四巻)の翻訳を仕上げたのは、「着手したところで早世してしまった友人の仕事の後始末」だった。その「友人」生松敬三との対談集『理性の運命』(中公新書)は学生時代の私の愛読書だ。

(17・10・19)

獅子文六『ちんちん電車』河出文庫

ちくま文庫の頑張りにより獅子文六が売れている(新宿の書店でチェックしたら同文庫に獅子の小説が十冊も収められている)。

実は私は獅子の小説にはあまり目を通していないが(たしか三冊)、随筆は好きだ。

この『ちんちん電車』は単行本で読み、最初に河出文庫に収録された時(二〇〇六年)も購入した

（何故この欄で取り上げなかったのだろう）。

ちんちん電車とはかつての都電のことだ（大正九年生まれの私の父は玉電・世田谷線のことをちんちん電車と呼んでいた）。

獅子がこの長篇エッセイを『週刊朝日』に連載したのは昭和四十年から四十一年にかけて、つまり東京オリンピックの直後だ。

以前は、「都電なんて、バカバカしくて、乗れない」と思っていたが、今や、運転手も客もイライラしているバスや不愉快な「タキシ」や「車内が汚い」のに混雑している国電（現JR）よりも好き、「一番好きである」。

その都電に乗って品川から上野を経て浅草まで行くルポルタージュ・エッセイだ。

小学校（幼稚舎）から大学まで慶応に通ったから、「泉岳寺—札の辻」、「芝浦」といったエリアは昔からのなじみだ。

両国国技館で大相撲を見ていると森永キャラメルが特別な存在で嬉しそうにそれをなめている老人をよく目にするが、その理由がわかった。三田の近くに森永製菓の工場が出来て、「私たちが飴チョコと呼んでいた菓子が、キャラメルという本名を名乗り、俄然、流行菓子になって」いったのだ。

東大生の佐野学（のち日本共産党の指導者となる）と羽田の方を散歩していた時、佐野はキャラメルを二箱ぐらい食べたという。

なくなった店も多いが残っている店もある。例えば上野の池の端の「鳥栄」。

〈この店は、池の端の誇りであるのみならず、東京のあらゆる料亭のうちでも、亀鑑みたいなものである。小さな、見かけの悪い家だが、鳥がウマい以上に、商売の心意気を持ってる〉

一年前から予約しなければ行けない超人気店だが、常盤新平さんに何度か連れて行っていただいた。オヤッと思ったのが、新橋のこの一行。「学生の頃に、よく友達と通った〝今朝（いまあさ）〟というスキヤキ屋が、橋善よりも、もっと手前にあったが、今は、その名を冠したビルが建ってるだけである」。私は十年ぐらい前に今朝ビルに入っている「今朝」ですき焼きを食べたことがある（一回閉じてまた再開したのだろうか）。

荒川線を除いた都電が廃止されて行ったのは昭和四十二年十二月から四十七年十一月まで。獅子文六が亡くなったのは昭和四十四年十二月十三日。つまり獅子は都電と運命を共にしたのだ。

挿絵を担当しているのは吉岡堅二と六浦光雄で六浦は私の大好きな挿絵画家だ。

（17・10・26）

ヨハン・ゴットフリート・ヘルダー／宮谷尚実訳『言語起源論』講談社学術文庫

前々回のこの欄で書いたように大学時代私は哲学の本を熱心に読んだ。

しかしデカルトを中心とした合理主義的哲学には疑問がわいて来た。

世界や人間の考え方はそのように割り切れるものなのだろうか。もっと複雑ではないか。

そういう時に出会ったのが〝デカルトの敵〟と言われていたイタリアの哲学者ヴィーコだった。

きっかけは大学三年の時に受けた英文科の演習授業だった。教壇に立っていたのはケンブリッジ大学出身のF先生。

二十世紀の主なイギリス作家の代表作について講義して行くのだ。それはジェイムズ・ジョイスの『フィネガンズ・ウェイク』を扱った時だ。F先生は言った（もちろん英語で）。「もし先週取り上げた『ユリシーズ』を難しいと思うなら『フィネガンズ・ウェイク』はもっとずっと難しい」。あれから四十年近い月日が流れているのに、私の耳元には今だこの「もっとずっと難しい（ファーモアディフィカルト）」というF先生の声が聞えてくる。続けてF先生は言った。「もし『フィネガンズ・ウェイク』を理解したいならイタリアの哲学者ジャンバッティスタ・ヴィーコの『新しい学』を読まなければならない」。

ヴィーコの『新しい学』は中公の「世界の名著」に入っていたから古本屋で購入したけれど、理解出来なかった。

しかしそのあとで読んだアイザィア・バーリン（私の一番好きな思想史家）の『ヴィーコとヘルダー』（小池銈訳・みすず書房）によってヴィーコの面白さが伝わって来た。その著書でまた私はドイツの哲学者ヘルダーにも興味を持った。ヘルダーの主著『言語起源論』の翻訳は法政大学出版局から刊行されていて購入したが、これまた歯が立たなかった。

そのヘルダーにふたたび興味を持ったのはバーリンのインタビュー集『ある思想史家の回想』（み

すず書房一九九三年）に目を通した時だ。

ドイツ・ナショナリズムの祖と言われるヘルダーはナチスの生みの親と見なされ戦後低い評価になった。

しかしそれはまったく誤解だとバーリンは言う。

「ヘルダーは、征服ということの価値に熱烈に反対します。ある国民の他の国民にたいする優位性という考え方に反対します。『私の国はあなたの国より優れている』という命題は、攻撃的ナショナリズムの根源ですが、それはヘルダーにとっては虚偽です」

ヘルダーが重要視したのは、「共感による理解、洞察力」そして「感情移入」だという。

私は三十数年振りで『言語起源論』を読みはじめた。

いきなりこういうフレーズ。「生理学が魂の仕組みを説明できるほど進歩したとしよう」。そしてそのあとの「しかしそれは」に続く一節に興奮してしまう。

（17・11・02）

J・L・ボルヘス／木村榮一訳
『語るボルヘス』岩波文庫

ナボコフとボルヘスという十九世紀末生まれの作家は私が文学に目覚めた頃、まだ現役だった。

一九七七年に亡くなったナボコフに対し、一九八六年まで生きたボルヘスはまさに同時代の作家だった（私が大学生の時に来日した）。

そのボルヘスが一九七八年（私が大学に入学した年だ）にブエノスアイレスで行なった五回連続講演が文庫化された。

ナボコフが長篇型であるのに対し、ボルヘスは短篇型で、この五回講演も翻訳で百頁ちょっとしかない。

しかし中身はつまっている。

冒頭の「書物」で印象的なのはヨーロッパの各国を象徴する文学者がおよそその国らしくない人物ばかりだというエピソードだ。

イギリスを代表する文学者ならサミュエル・ジョンソンなのに、「なぜかシェイクスピアを選んでいます」。「しかし、考えてみればシェイクスピアはイギリスの作家の中でもっともイギリス人らしくない人物です」。物事を控えめに言うのがイギリス人の特質なのにシェイクスピアは「隠喩を誇張するきらい」がある。

ドイツ人の特質は狂信的になることだが、その国を象徴する作家は狂信とは無縁なゲーテだ。フランスのユゴー、スペインのセルバンテスについても同様の考察を加える。

なるほどと思ったのは「探偵小説」だ。

探偵小説の生みの親のエドガー・アラン・ポーはまた「探偵小説特有の読者も生み出したので

す」。「探偵小説を手にするとき、われわれはすでにエドガー・アラン・ポーによって作り出された読者になっているのです」。だが最初にポーの探偵小説を読んだ「読者は驚嘆の声を上げ、当時のほかの人たちもきっと同じように驚愕したことでしょう」。

この講演が行なわれた当時、アメリカでは探偵小説というジャンルは衰退していた。「その原因は探偵小説の根底にある知的な要素が失われてしまったからです」。

蒙を啓かれたのは「エマヌエル・スヴェーデンボリ」だ。

スヴェーデンボリ（スウェーデンボルグ）は霊界交流で知られるトンデモ系の人として私は認識していたが、かなりまともで論理的な人である事を知った。ただし一カ所、オヤッと思った。〈スヴェーデンボリの著作はヒンズー語や日本語を含む数多くの言語に翻訳されていますが、奇妙なことにあまり大きな影響を及ぼしていません〉

私の実家のあった世田谷区赤堤にスウェーデンボルグ派の教会があった（今もある）。

ふたたび「書物」に戻れば、「書物は消滅すると言われていますが、私はそんなことはあり得ないと思っています」とボルヘスは言う。「忘れられるために読まれ」る新聞と違って「書物は記憶されるために読まれ」るから。

五十代半ばでほぼ全盲になった「記憶の人」ボルヘスの言葉だけに説得力がある。（17・11・09）

宮城谷昌光

『随想　春夏秋冬』

新潮文庫

歴史小説は殆ど読まないから私は宮城谷昌光の小説は一作も読んだことがない。

しかし文章は大好きだ。

つまりエッセイは目に入るかぎりすべて読む。

だから私は宮城谷昌光が作家になるまでのことに詳しい。

この文庫本に目を通してそれを復習した（初めて知った事実もある）。

小説家になろうと思っていたから学生時代まったく就職活動をしなかった。

見かねた友人が小さな出版社の経理の仕事を世話してくれたが、ソロバンをいじるのは中学以来である宮城谷青年は一年足らずで退職し、帰郷する。

翌年春ふたたび上京し、大学時代の恩師（卒論指導教官）をたずねる。

「恩師」というのは英文学者の小沼救（はじめ）（作家としてのペンネームは小沼丹）のことだ。

すると小沼氏は彼の友人でやはり作家でもある吉岡達夫が編集長をしていたある出版社を紹介してくれた。

最初は営業職だったが秋になる前に編集に移った。

そして藤原審爾の連載小説の担当になった。それを知った友人や先輩が彼にむける「まなざしに憐憫の色」があった。つまり藤原は超遅筆だったのだ。しかも大の野球好きだった。かなり強力な草野球チームを持っていた。ある時、藤原の家に原稿をもらいに行ったら、迎えてくれた藤原夫人が、「宮城谷さん、今夜は、だめよ。あれ、あれ――」と言ったので、指さす方を見たらテレビで巨人阪神戦を放映していた。

小沼の他にもう一人、恩師と言えたのがやはり早稲田大学教授（フランス文学者）の新庄嘉章だ。ただし新庄と出会ったのは大学を卒業したあと。同人誌に入っていた宮城谷青年はその同人誌を多くの人に送ったが、殆ど反応はなく唯一、ハガキをくれたのが新庄だった。

そのハガキには、「会いたいから、研究室にきなさい」とあった。

新庄は『早稲田文学』に口ききしてくれたのだが、結局、宮城谷青年はものにならなかった。それから歳月が流れ、中年と呼ばれる年になって宮城谷氏は作家デビュー出来た。すると新庄から「お便り」をもらったという。

小沼、新庄に続く第三の先生はこの本で初めて知った。

古い校舎で「国語」の授業を受けることになった。生徒の数は多くない。教授は年を取っている。しかもテキストは「連歌」という地味なものだ。ところが、「講義を、一回、二回、三回と聴くうちに」青年の「心のなかに変化が生じた」。連歌の面白さをこれほどやさしく説ける「この教授は、尋常な人ではない」。

その教授の名を「稲垣達郎」だと知って私はとても驚いた。

稲垣と言えば近代日本文学の大御所だ。その人が連歌の授業を行なったとは（私も受けたかった）。

（17・11・16）

『師父の遺言』 集英社文庫

松井今朝子

この本のタイトルにある「師父」とは武智鉄二のことだ。

帯に「稀代の演出家」、「昭和の怪人」、「反骨の鬼才」とあるが私が彼のことを知った当時、かなりいかがわしい人だと思った。自民党田中派から立候補したり、『白日夢』を「ホンバン映画」としてリメイクしたりする。

しかし彼に関する本やテレビ番組（坂田藤十郎が彼の思い出を語るＮＨＫの番組でとても見ごたえあった）によって、彼が芸事に対する凄玉であることを知った。

松井今朝子はその武智鉄二に若くして見込まれた。自分の後継者に、とまで言われた。

松井今朝子が初めて武智鉄二を知ったのは花登筺原作のテレビドラマに出演する役者としてだった。花登と武智の名前は結びつかないが一時期花登は武智の演出助手を務めたのだという。結びつかないと言えば武智は日劇でクレージーキャッツらの出演するボードビルの演出も手がけた。

松井氏を武智鉄二に紹介したのは早稲田大学の恩師内山美樹子だった。

アカデミズムの世界に違和をおぼえていた大学院三年目を迎える時、「武智鉄二先生にお会いしてみる気はありませんか?」と内山氏が言った。一九七五年に武智が早稲田大学で行なった講義のテープを起こしてもらえないかというのだ。

実はそれは内山氏の作戦だった。「武智先生は何せああいう方だから、あなたのような人はきっとコリゴリして私たちの元へ戻ってくるはずだと、ほかの先生方もみんな仰言ってたんですけどねえ……」。

そして大学院を卒業後、松竹を経てフリーになったのは一九八二年、二十八歳の時だった。同じ頃武智から電話がかかってくる。「今日は松井さんにしかできないお願い事がございまして」。その「お願い事」とは木下順二の所への「お使い」だった。

上演台本が残っていない歌舞伎『傾城仏の原』(「上本(じょうほん)」と呼ばれる詳しい筋書き本を松井氏は早稲田大学の図書館で発見しコピーしていた)の台本を木下順二に書いてもらいたかったのだ。

しかし木下は、「僕はそういう仕事はやりませんから」とにべもなかった。その旨を武智に電話で報告したら、「ああ、木下先生はそう仰言ると思ってました。だから僕は、代わりに松井さんに書いてもらうつもりだったのよ」と言った。さすがは武智鉄二。松井氏の才能を見抜いていたのだ。ある時は中村扇雀(現藤十郎)に向って、「この人を僕の跡継ぎに育てようと思うので、よろしくお願いいたします」と言って深々と頭を下げた。

武智の女性遍歴を述べた箇所で二番目の妻「文藝春秋新社の編集者だった西村みゆき」が登場する。彼女はその後『銀座百点』編集部を経てある文学賞を受賞するのだが盗作問題で消えてしまう。まだ御存命だろうか。

（17・11・23）

蓮實重彦『ハリウッド映画史講義』ちくま学芸文庫

私が大学生時代、一九八〇年前後、蓮實重彦の映画批評が一世を風靡し、いわゆる〝ハスミ節〟で映画を論ずる著者が増えたが、彼らに絶対書けない本が『ハリウッド映画史講義』だ（こういう作品を読むことが出来る日本語に感謝したい）。

ハリウッド映画史といっても通史ではなく五〇年代作家に焦点を絞る。

一九四八年テレビの受像機の数は全米で十万台を数えたにすぎないが、二年後には二〇パーセント近くの家庭が所有する。「週平均で八千万から九千万人いた映画人口は、そのため一挙に六十万人にまで低下する」。

しかも赤狩りと独占禁止法判決が重なる。独占禁止法によって製作部門と営業部門の分離が義務づけられ撮影所が直営の映画館を持てなくなった（この辺が単にテレビの登場で斜陽化していった日本の映画

蓮實重彦
『ハリウッド映画史講義』

産業と異なる)。

つまりハリウッドは「驚くほどの勢い」で荒廃して行き、その時期にデビューした五〇年代作家たちは皆独特の暗さを持っている。「B級映画」の正確な意味もこの本によって初めて知った。

同じ映画会社の「A地域」に建っていたのが新撮影所で「B地域」に建っていたのが旧撮影所。製作費が全然異なる。東映で言えば京都(太秦)がAで東京(大泉)がBということになるのだろう。

この本を手にして二十数年、その間に何度も読み返したが、「B級の帝王」であるジョゼフ・H・リュイス監督の『拳銃魔』(『ガン・クレイジー』)を渋谷の映画館シネマヴェーラで今年初めて見た。

〈限られた少額の予算、撮影期間の決定的な短かさ、出演料の高くない二流のスターといった否定的な条件を、貧しさの側にではなく単純さの側へと積極的に転化させてしまう大胆さが、彼の映画に生なましい瞬間を導入することになるからだ〉

まさに蓮實氏の言う通りだ。

この映画をリメイクしたのが『俺たちに明日はない』だが、オリジナルの方が百倍ぐらい素晴らしい。

それは一九三四年に出来て一九六六年に廃止された「ヘイズ・コード」に関わってもいる。「ヘイズ・コード」は直接的な性描写や皆殺しのシーンを禁じていた。『俺たちに明日はない』の主人公は不能者だった。それが彼が犯罪をおかす理由だった。『拳銃魔』の主人公も同様だが、ガン・クレイジーである彼も、命あるものは撃てないということで暗示していた。だからこそ最後のシーンが素晴らしい（『俺たちに明日はない』のラストはまったく凡庸だ）。

やはり「B級の帝王」で（「セットは一つあれば充分だろう」、「シナリオなど書くには及ぶまい」、「一ページの筋書きがあればそれでこと足りる」と述べ）ゴダールにも影響を与えたエドガー・G・ウルマーの特集も四年前にシネマヴェーラで見た。

（17・11・30）

吉行淳之介
『わが文学生活』 講談社文芸文庫

日販が出している文庫新刊案内でこの『わが文学生活』がリストアップされているのを目にした時、アレッ、とっくに文芸文庫に収められているのではないか、と思った。

しかし、しばらくして、それは『私の文学放浪』であることに思い至った。

だけどタイトルには見おぼえある。

そうだ、「解説」で徳島高義も書いているようにかつて潮出版社から出ていた編年体の単行本未収録文集全十二巻の通しタイトルだ。

となるとこの本は？

吉行淳之介は昭和五十八年四月から六十年一月にかけて『吉行淳之介全集』（講談社）を刊行した。

その月報に載っていたインタビュー及び大村彦次郎、徳島高義（二人共吉行の担当編集者だった）との対談をまとめたのがこの『わが文学生活』だ。

『SMセレクト』で知られる三世社という出版社があった。その三世社に吉行が在籍していたと言われているが、そのつながりがわかった。

吉行が終戦直後雑誌『モダン日本』の編集部にいたことは良く知られている（その若き同僚に今世田谷文学館で文学展が開かれている澁澤龍彦がいた）。

その『モダン日本』がつぶれて「紙屋」が「新しい金主」となり、『別冊モダン日本』が創刊された。しかし金主が「紙屋」から「ゾッキ本屋」になり、その新しい金主が新太陽社という社名を変更しろと言い出した。「で、その新しい金主が『三世社』とつけた」。なぜ三世社かと言えば、「親子は一世、夫婦は二世、主従は三世だ、だから三世社だという（笑）」。

宮城まり子とのことを『週刊新潮』でスキャンダラスに書かれ、新潮社と喧嘩した時、舟橋聖一から陣中見舞が届いた（ちなみに舟橋はケチで知られていた）。その陣中見舞すなわち熨斗袋を開けたら十万円入っていた。女性が関係しているトラブルだから陣中見舞をくれたのだ。舟橋聖一は、「軟派という伝統を守る、ということをいつも考えていた人」だった。

吉行淳之介と言えば「夢の人」だ（少年時代からずっと色付きの夢を見ているという）。時に怖い夢を見る（「恐い」でなく「怖い」が吉行のボキャブラリーだ）。

「玄関から門の間のスペースが全部土俵になってて、ヤクザが相撲大会をやってる（笑）。外へ出るためにはそこを通らなければいけない。醒めてしまえばばかばかしいんだけど、そのときには真剣に悩んでいる」。

そのヴィジュアルを想像すると笑ってしまう。

吉行淳之介はタイトル名人としても知られ、中でもコラム集『贋食物誌』はそのベスト3に入るだろう。ところが初出紙（「夕刊フジ」）の時のタイトルは「すすめすすめ勝手にすすめ」だったという。ワースト1だ。

（17・12・07）

石川桂郎

『俳人風狂列伝』 中公文庫

最近の中公文庫の充実振りは目を見張るものがあるが、今月も石川桂郎の『俳人風狂列伝』が出た。

石川桂郎は町田で理髪業を続けながら、石田波郷の門下となり俳句雑誌の編集長をつとめる一方、作家としては横光利一に師事する（作品集『剃刀日記』は名著）。町田市民文学館に行けば彼の名前と作品の一節の入った一筆箋が購入出来る。

「風狂」の中には種田山頭火や松根東洋城、尾崎放哉、西東三鬼といった名を知られている人も混じっているが、無名の人（忘れられた人）の方がやはり面白い。

石川桂郎
『俳人風狂列伝』

例えば岡本癖三酔。明治の大実業家である岡本貞烋の息子である超高等遊民である彼のことをこの本（角川選書版）で知り、あまりにも対照的な親子なので、文藝春秋から出ていた雑誌『ノーサイド』一九九四年八月号、特集「異色の『父と子』100組」で紹介し、さらに『父系図（おとこけいず）』（サブタイトルは「近代日本の異色の父子像」）廣済堂出版二〇一二年では一章をこの父子にあてている。

癖三酔について石川桂郎は書いている。

〈世の中には横のものを縦にもしない横着者がいるが、癖三酔のはそんな生やさしいものではなかった。門外不出十五年を守り、十町四方をまれに人力車で見て廻ることはあっても、大抵家にとじこもり、そればかりか自分の部屋から一歩もでようとしない〉

食べ物や人間の好き嫌いも激しかった。例えば麻布十番にあった洋食店「山中屋」の松茸ライスが気に入ると、「明けても暮れても松茸ライス、もうこの季節に松茸はありませんよ、と断わられるまで松茸ライスなのである」。

久し振りで再読して印象に残ったのは田尻得次郎と相良万吉だ。どちらも優秀な成績で学校を出ながら、乞食同然の暮らしをしていた。

職を転々としていた田尻が農協で働いていた時、取り引き先のＧＩへの「通訳も二世もいない日」があり、ＧＩが怒りだした。すると田尻が「流暢な英語を使いはじめ、たちまち円満な取り引きが交わされた」。筋肉労働者だった田尻は「主要な事務員に抜擢された」が、異常に酒好きだった彼はしくじりをおかしてしまう（そのあとの石川桂郎と田尻のやり取りがこの本の読み所の一つだ）。

一高を中退したのち中外商業新報や岩波書店などに勤務した相良万吉は本当の乞食になった。二人の息子を連れて初めて横浜桜木町駅前に筵を敷いたのは昭和二十七年五月だった。当時の句の一つ。「風船を曳いて乞食の子なりけり」。

そのあと有楽町、銀座、新宿、池袋、上野、浅草などに筵を敷いた。時に百円入れる人がいたが千円くれた人もいる。『文芸戦線』の同人長野兼一郎その人と知ったからだ。「俳句乞食」を自称した彼は自殺未遂をしたのち死んだ。

（17・12・21）

大槻ケンヂ

『サブカルで食う』 角川文庫

大槻ケンヂの『サブカルで食う』が凄く面白かった。

サブタイトルは「就職せず好きなことだけやって生きていく方法」だが、私の高校時代から大学時代すなわち一九七〇年代後半から八〇年代前半までのことを思い出す。

当時、〝就職しないで生きていく〟をテーマに晶文社から単行本のシリーズや雑誌『宝島』の特集が組まれた。

その頃はサブカルチュアーがメインカルチュアーに取って替ろうとしていたが、まさかそののち、サブカルチュアーがサブカルへと変化（分裂？）し、それで生活出来る人が生まれるとは思っていなかった。

筋肉少女帯のボーカルとして知られる大槻ケンヂはロックミュージシャンと言われているが、それは偶然だった。

少年時代の大槻ケンヂは勉強もダメ、運動もダメ、楽器も出来ない内気な肥満児だった。

きっかけは中学で出会った内田雄一郎（のちに筋肉少女帯のベーシスト）だった。中学に入学してマンガ『ギャートルズ』のドテチンに似ているということで「ドテチン」というあだ名をつけられた大槻少年は暗い三年間を送ることを覚悟していた。

ふと前の席を見たら、男子が机にバットマンの絵を描いていた。しかもDCコミック版のすごくリアルな絵だ。

それがきっかけになって内田と出会い、一緒に漫画を描くようになったが、「何か違うなぁ」と思っていた時、当時（八〇年代初め）流行っていたピコピコ音のバンドを組むことにした。しかし誰一人楽器が出来なかった。

〈缶の灰皿と角材、竹踏み健康器と角材、そんなものを持ってガンガン叩いて、ウワ〜！　とか叫んで……もう原始人の音楽ですよ！〉

高校は内田くんと別の学校に進んだのだが、内田くんの先輩にバンドをやっている人がいて、その人に「原始人の音楽」を聴いてもらったら、すごく気にいってくれた。

その先輩とは後のケラリーノ・サンドロヴィッチで、この出会いで運命が大きく変った。

大槻青年が賢かったのは、「自分がまともな職業につけるとはとても思えなかったので」、「学校の勉強よりも自分学校を作って自習した方が絶対に役に立つ」と考えたことだ。カリキュラムの中心にあったのは映画と本で、「質より量」で数をこなした。

その種の人が陥りがちなのは「観る側のプロみたいになってしまう」ことだが、その点にも大槻氏は自覚的だ。

腹をかかえてしまうエピソードが幾つも語られる。

〈ある時、宇都宮隆さん、吉田栄作さん、嶋大輔さん、僕っていうメチャクチャな組み合わせの撮影現場があったんですが、初対面の彼らと何にもない6畳くらいの部屋に2時間閉じ込められた時の居心地の悪さって分かりますか?〉

皆、いい人だっただけによけいつらかったという。

（17・12・28）

二〇一八

大庭萱朗編

『田中小実昌ベスト・エッセイ』

ちくま文庫

ちくま文庫はラインナップは素晴らしいのに品切れになるのが早過ぎる。だから『田中小実昌エッセイ・コレクション』全六巻もいつの間にか新刊書店の棚から消えた（「いつの間にか」と書いたけれど奥附をチェックしたら完結してからもう十五年も経っているのだ）。そのちくま文庫にコミマサさんが戻って来た（同様の一巻本、続いて色川武大が予定されている）。私はコミマサさんのエッセイ集をコンプリートしている。つまりそのほぼすべてに目を通している。この一巻本の目玉は「やくざアルバイト」だ。土田玄太名義で『文藝春秋』一九五〇年七月号に発表され、コミマサさんの没後『ユリイカ』に再録された。

つまり、文体はいわゆるコミマサ節ではなく、内容もハードボイルドだ。二十五歳にしてこのような文章が物に出来るとはコミマサさんは天才だ。逆に言えばその天才性を年齢を加えて行くに従ってこわして行ったのだ。

東大生だった田中青年は大学に行かず「ヤー公」になる。「ごく大ざっぱな定義を試みるならば、ヤー公はゴロツキとまともな人間との中間的な存在ということになる」。

ヤー公である彼の「親分（オヤジ）」は古木三造といった。

その「オヤジと私それに正ちゃんと言う私と同年の男」と三人で、「Iの街」（池袋だと思う）南口マーケットを歩いていた。「商売（バイ）」の帰りで、「どこかで一杯ひっかけるつもりだったのである」。その時、オヤジがパンパンにつかまった。幾つかの言葉のやり取りののち、パンパンが後からどしんとオヤジの背中を突いた。「チビで、細くて、その上老いぼれのオヤジは、不意だったので前につんのめった」。田中青年がオヤジを抱き起している時、正ちゃんが「そのパン助をひっぱたいた」。するとI「錣広のソフトに茶のホームスパン、ギャバジンのズボンにラバソールといったティピカルなヤクザルックの男が何かわめきながら正ちゃんに突っかかった」。

正ちゃんは酒も飲まないし、女も嫌いだが、喧嘩は大好きで、また、異常に強い。相手も中々手ごわかったが、そこは正ちゃん、綺麗に一本背負いを決めた。すると「五六人が正ちゃんをとり囲んだ」。

「私もいよいよ助太刀をしなくてはならぬと考えながら、でもふんぎりがつかずに突立っていた」。その時、「男の手に、白い物が光るのを見て、私は衝動的に飛込んだ」。「私は誰彼の差別無く、体でつっかかって行った」。「右手首に熱いものを感じた。服が破れて血が流れている」。

結局、「私と正ちゃんは逮捕」されてしまう。

田中小実昌と言えば飄飄のイメージがある。しかし、若き日にこういう修羅を経験してこその飄飄だったのだ。

（18・01・18）

網野善彦／鶴見俊輔

『歴史の話　日本史を問いなおす』　朝日文庫

間もなく平成が終わろうとしているが、気がつけばあっという間だった。鶴見俊輔と網野善彦の対談集『歴史の話』に目を通していてそう思った。

この対談集は『朝日ジャーナル』平成四（一九九二）年五月十五日号・二十二日号と『月刊Asahi』平成五年五月号に載った二つの対談によって構成されている。

雑誌『東京人』をやめてぶらぶらしていた私がフリー編集者として『月刊Asahi』の特集頁を作るようになったのは平成四年の春のことだ。当時、やはり朝日新聞社の出版局で刊行されていた週刊誌『朝日ジャーナル』は休刊直前だったが、同誌に出入りしていたフリー編集者中川六平さんと私は急速に親しくなっていった。

だから、この本の網野善彦による「まえがき」のこういう一節に私は反応してしまう。

〈中川六平氏のお誘いで、全く一面識もなかった鶴見俊輔氏との対談をお受けしたのは、じつは鶴見氏が同じようなこだわりをお持ちだろうと考えたからにほかならない。古今東西にわたって該博な知識をお持ちで、人生経験も豊かな鶴見氏のお話に対し、そのお仕事についても不勉強で、狭い知識しか持たない私が、よく対応できたとは到底思えないが、二回にわたる対談を通じて、さきのような問題（「日本」の実体のこと——引用者注）をふくめて、私自身は非常に多くを学ぶことができた〉

中川さんは鶴見俊輔の信奉者で、普通程度の興味しかなかった私に、絶対に話が合うから会えや会えや、と言って、鶴見さんが東京の常宿としていた山の上ホテルに案内してくれた。

中川さんはまた独自の勉強家で、その頃、沖縄をはじめとする「海の日本」(正確には琉球と日本は別なのだが）の問題に夢中になり、網野善彦の面白さを発見して行った。

中川さんは私によく、ツルミさんがツルミさんが、と口にしたが、同じぐらいの頻度でアミノさんがアミノさんが、と口にするようになった。

だから私はこの対談集が生まれて行くのを身近かで知っていた。どの回の時だか忘れてしまったが、深夜、練馬の網野さんの家のポストにゲラを送り届ける中川さんに付き合ったのち、西荻窪に出て、寿司居酒屋で朝まで飲んだこともある。

二人の対談は、鶴見の、戦争を「体験している人は、国民の二割になったといいます。私たちはもう〝少数派〟ですね」という言葉に対する、網野の、「そうなのですか。もうそうなってしまうのですね」という答えで始まる。

それから四半世紀経ち、こういうディープな対談の載る媒体はなくなり、その仲介役である中川六平（二〇一三年九月に六十三歳で没）のようなフリー編集者も消えた。

(18・01・25)

『西東三鬼全句集』 角川ソフィア文庫

去年の秋、「文庫新刊案内」をチェックしていたら十月下旬に角川文庫で『西東三鬼全句集』が出ることを知った。

そして、その時期から新刊書店に行くたびに角川文庫の新刊コーナーをチェックしていたのだが見つけられないでいた（三軒茶屋の文教堂と渋谷のブックファーストが閉店してしまったのが痛い）。

その『西東三鬼全句集』を神保町の東京堂書店で見つけた（奥附を開いたら十二月二十五日に初版発行とあった）。

西東三鬼の句で一番有名なのは「水枕ガバリと寒い海がある」だろう。

私がこの句を知ったのは高校生の時だが、つげ義春のマンガ「ねじ式」と重ねて記憶された。この文庫本には三鬼による「自句自解」が収録されていて、そのトップがこの句だ。

〈昭和十年の作。海に近い大森の家。肺浸潤の熱にうなされていた。家人や友達の憂色によって、病軽からぬことを知ると、死の影が寒々とした海となって迫った〉

その次（大学生の時）に私が知った句は、「おそるべき君等の乳房夏来（きた）る」だ。当時、女性の日焼けは色っぽいとされ、肌の露出が増えていった頃だ。しかし三鬼の意図する所は違う。

〈薄いブラウスに盛り上った豊かな乳房は、見まいと思っても見ないで居られない。彼女等はそれを

知っていて誇示する。彼女等は知らなくても万物の創造者が誇示せしめる〉

三鬼は新興俳句派に属し、「季語は内容する詩を高める場合にのみ登場する」。

何度読んでも意味がとれなかった句がある。例えば「柿むく手母のごとくに柿をむく」だが、これも「自句自解」に収録されていた。

〈或夜女が黙って柿をむいていた。この女は凡そ母性型に遠いのだが、その手は果物の追憶のために、私の母のように見えた〉

しかし、「ところてん濹東綺譚また読まむ」の「ところてん」と「濹東綺譚」のつながり具合は何度読んでもわからない。

三鬼は明治三十三年五月十五日生まれだが、昭和三十三年に作られたという「誕生日五月の顔は犬にのみ」という句に昭和三十三年五月八日生まれの私は強く反応してしまう。この年（昭和三十三年）は戌年だが、句の「犬」はそれとかけられているのだろう。

二カ所ほど注がついていて、その内の一つ、「汗舐めて十九世紀の母乳の香」の前に、「一夜、草田男氏笑つていう、『一九〇〇年生れの三鬼は一九世紀、一九〇一年生れの我は二〇世紀』と」とある。

もう一つは、「顔天使前向き耕人うしろ向き」の「顔天使」に対する注だ。それは「中世の画家が、天使に首以下は無用として、顔に翼生えたる天使を描きしを言う」だと。そうか、ヴァルター・ベンヤミンの「歴史哲学テーゼ」で紹介されるパウル・クレーの「新しい天使」はそれを描いた絵だったのか。

（18・02・01）

薬師寺克行

『村山富市回顧録』岩波現代文庫

政治家の回顧録を集中して読んだ時期がある。

その時もっとも読みごたえあったのが村山富市の回顧録だった。

一九九〇年代に入って、それまでのいわゆる「55年体制」が崩壊した。

自民党が政権を手離し、一九九三年に細川護熙の連立政権が成立し、翌一九九四年四月には羽田孜政権となり、それを機に社会党が連立から離脱し、社会党と自民党が手を結ぶというウルトラCによって村山内閣が生まれる。

この回顧録に目を通すと村山富市は政治的野心のうすい人であることがわかる。むしろ、そういう人だったからこそ、この動乱期に総理大臣になれたと言える。

動乱の絵を描いたのは小沢一郎だった。

一九九二年十二月に自民党を離党した小沢は、連立政権を作るために色々と策を弄した。社会党嫌いだったが社会党を取り込まなければならないから、当時の社会党委員長山花貞夫に接近した。閣僚のポストをエサに連立に誘った。しかし連立グループで最大の人数を持つ社会党の党首が一大臣になることはおかしいと村山氏は注意したが、山花氏はそれを無視した。この時に社会党は事実上消えたのだ。

連立政権成立の一月後、一九九三年九月、村山は社会党の委員長に就任するが、政権からは無視された。時々開かれる「政府与党首脳会議」にも誘われることはなかった。「小沢一郎氏らがその必要はないといって反対したらしい」。

事が起きると小沢一郎は常に社会党のせいにしたが、その小沢に社会党書記長の久保亘らはついて行こうとした。「政局が動く背景に必ず小沢氏が存在する。ある意味では不思議な力を持った人だな。そんな男になぜついていこうとするのかと思ったね」。

村山政権で最大の出来事は一九九五年一月十七日の阪神大震災だ。

その朝六時、村山氏は公邸でＮＨＫのニュースを見ていた。

〈トップニュースは山花氏らが国会の会派を出るというニュースだった。神戸の映像は映っていなくて、地震のあった京都など二～三か所が報道されていた。震度は5とか6とかいっていた〉

神戸の方が被害は大きかったのだが、通信機器が壊れて連絡が出来なくなり、ぜんぜん情報が入ってこなかった（ネット社会の今では考えられない話だ）。

首相の対応を当時マスコミは激しく批判したが、例えば東日本大震災の時の菅首相の対応と比べて、かなり筋が通っている。

消防庁長官にこういう指示を出した。「必要だと思うことはあなたの判断ですべてやってくれ。法律がなくてもやってくれ。法律はあとから改正すればいい。最後の責任は内閣が持つ」。たのもしい総理大臣だったのだ。

（18・02・08）

永栄潔

『ブンヤ暮らし三十六年』

新潮文庫

私は基本的に幸福な人生を送っているが、中でも幸福だった時代を三期あげろと問われれば、一九九〇年代前半、朝日新聞社の出版局にフリー編集者として出入りしていた頃は確実に入る。

今の朝日新聞出版という会社はどうしようもないレベルの会社だが、私が関係していた頃の出版局は素晴らしかった。梁山泊だった。

大学時代は友人たちから右翼と呼ばれていた私は反朝日的人間だったが、出版局の人と知り合って驚いた。

中でも一番の驚きがこの本の著者永栄潔さんだった。

永栄さんのいた『月刊Asahi』の編集を手伝っていた私は山本夏彦や谷沢永一の愛読者である永栄さんとよく酒を飲んだ。朝日新聞社の人は裏表ある人が多かった。出版局の人間はその率は低かったが、やはり裏表ある人もいた。

永栄さんはまったく裏表なかった。

ある時、永栄さんと飲んでいて、永栄さんみたいに非朝日的人間って珍しいですよね、と私が言ったら、永栄さんは真面目な顔をして、えっツボちゃん、僕ぐらい朝日的な人間はいないと思っているんだけれどね、〝ジ・アサヒ〟と答えたので、おなかの中で吹き出しそうになってしまった（永栄さん

永栄潔
『ブンヤ暮らし三十六年』

は本気でそう信じていたのだ）。

朝日新聞をやめた人間の回想集（批判文）にはうらみつらみの強さが感じられるが、永栄さんのこの本にはそういうイヤなにおいがない。

いわゆる「暴露」めいたことも語られるのだが、何故かすがすがしい。

のちに『ＡＥＲＡ』の創刊編集長となる富岡隆夫が経済部長だった時、永栄さんは経済部にいた。某商社の新任広報部長から連絡があり、経済部長に会いたいと言った。それを富岡氏に取りついだら、「そいつは常務か」と富岡氏は言い、「部長です。ただ、かなりのところまで行くと思います」と答えたら、富岡氏は怒声を発した。

「お前なあ、朝日を舐めとんのと違うか？　なんで朝日の経済部長が、二流商社の部長に会わんといかんねん！」

一九五八年生まれの私が物心ついていった時、朝日は既に朝日的だったが、実はそれ以前は違った（林房雄や江藤淳らが文芸時評を書いた）。

そういう論調を変え、いわゆる朝日的にしていったのが「二木会」だった。

永栄さんがその会の存在を知ったのは『月刊Asahi』の時だから既に平成に入っていた。学習院大学の河合秀和教授の元を訪れたら、「一九六〇年代から七〇年代にかけて、河合さんらの少壮学者と朝日のデスク連が月に一度、勉強会をしていたと話された」。「社命で持たれた勉強会」で朝日の目指す方向を固めて行ったという。内部資料は残されていないのだろうか。（18・02・15）

西成彦編訳

『世界イディッシュ短篇選』

岩波文庫

イディッシュ文学があると知ったのは大学生時代だ。

私が大学に入学したのは一九七八年だが、その年のノーベル文学賞を受賞したのはアメリカ在住の作家I・B・シンガーだった。その段階では私はまだイディッシュ語の存在を知らなかったが、大学四年の時に新刊で読んだ坂下昇『アメリカン・スピリット』（講談社現代新書）で知った。

そうそう、先日大相撲で優勝した栃ノ心の故郷グルジュア（ジョージア）を知ったのもその本によってだ。「ソ連のグルジュア（人口百万）は今もイディッシュを公用語とする共和国である」。

イディッシュ語で発表したシンガーの作品を英語に訳していたのは彼の二年前（一九七六年）にノーベル文学賞を受賞したソール・ベローだった（凄い組合わせだ）。

だからシンガーの作品が何冊か訳（英語からの重訳）され、私も読んだ。中でも忘れられないのはイディッシュのキーワードである〝シュレミェール〟を主人公にした「馬鹿のギンペル」だ。

それから、映画に夢中になりはじめた中一時代に出会ったミュージカル作品に『屋根の上のヴァイオリン弾き』があったが、その原作であるショーレム・アレイヘムの小説もイディッシュ語で書かれていることを知った。

しかしイディッシュ語から直接訳された作品にはなかなか出会えないでいた。

そこに西成彦編訳による『世界イディッシュ短篇選』が出た。西氏はポーランド文学が専門でゴンブロヴィッチに関する優れた著作がある。ポーランド語で執筆したゴンブロヴィッチと違い、同じポーランド生まれでありながらシンガーはナチスから逃れてアメリカに亡命したからイディッシュ語で書いた（ポーランド時代からイディッシュ語のジャーナリストだった）。

ところで、先ほどから私はシンガーと表記しているが、これはグルジュアをジョージアと呼ぶ英語読みで、正確にはジンゲルであることを教えられた。そのジンゲル（イツホク・バシェヴィス・ジンゲル）の作品が二つ（「シーダとクジーバ」と「カフェテリア」）が収められていて、どちらも寓意性を持った素晴らしい作品であるが、リアリズム的に読める「カフェテリア」を紹介したい。

舞台はニューヨークだ。

〈わたしがこの一帯を縄張りにするようになって、もう三十年以上になる。三十年といえば、ポーランドで過ごした時間よりも長い。街角のひとつひとつ、建物のひとつひとつに思い出がある。ここ二十年、ブロードウェイの山の手に建物が新築されることは少なく、すっかりこの土地に根を下ろしたような錯覚におちいっていた〉

「わたし」は「長短の小説や論説記事の締切」や「講演予定」に忙しい文筆家だ。その彼があるカフェテリアで愛読者だという女性と出会う……。

（18・02・22）

荻原魚雷編

『吉行淳之介ベスト・エッセイ』 ちくま文庫

高校一年生の時から吉行淳之介のエッセイを愛読している。角川文庫だった。以来、角川文庫はもちろん、文春文庫、講談社文庫、同文芸文庫（ランダムハウス講談社文庫などというレアな文庫の三巻本も揃っている）、さらにはこの文庫本の元となったちくま文庫の『吉行淳之介エッセイ・コレクション』全四巻など二十冊近い文庫を持っていて、時々適当な一冊を選んで、三篇か四篇の作品に目を通す。

だからこの『吉行淳之介ベスト・エッセイ』に収められた文章にも何度も目を通しているはずだ。しかし、初めて知ったこともあったので驚いた。

それは「私の文章修業」で明されたエピソードで、初出（『週刊朝日』一九七八年七月二十八日号）の時から目を通していたのにそのエピソードはスルーしていた。

吉行氏は書いた原稿が「返却されてくることを」「歓迎しない」。その場合は庭に掘った穴で燃やしていた。

だから、引越した家に大きな煖炉を作った。しかし、「この煖炉には、もう一つの意味が隠されている」というのだ。

〈前の家にいるころ頭の調子が狂ってきて、雨の日に傘をさして庭の穴の中でセビロを燃やしたりし

たので、それを気味悪がった同居人の配慮によってつくられたものである〉

「同居人」というのは女優の宮城まり子のことだが、吉行淳之介はそういう狂気をかかえた人物だったのか。

『風景』一九六三年十二月号に発表された「営業方針について」で、「十年ほど前、一年間におよそ十二の短篇を文芸雑誌に書き、清貧の生活を送ったことがあるが、それでも幾許かの借金ができた」と書いているが、正確にはこれは、「驟雨」で芥川賞を受賞した翌年、一九五五年のことだ。吉行は、「貧乏は人間の精神によくない影響があるという意見」の持ち主だったから、「マスコミ関係の仕事を」しなければと思っていたら、「幸運にもその仕事の注文」が来た。一九五九年、創刊間もない『週刊現代』に連載された小説「すれすれ」だ。その翌年には『週刊サンケイ』に「浮気のすすめ」を、さらに初めての新聞小説「街の底で」を東京新聞夕刊に連載する。

純文学作家でありながら吉行は流行作家でもあったのだ（「文学を志す」で彼は「本もののマイナー・ポエットとして『大成』したい」と述べているのだが）。

彼はまた追悼文の名手でもあって、若き日、雑誌『モダン日本』の部下だった澁澤龍彥の追悼文（「昭和二十三年の澁澤龍彥」）は一九八七年八月七日、鎌倉の東慶寺で澁澤の葬儀があった日、肝臓のトラブルで出席出来ないから「そのかわりに」書かれたものだ。

それと並らぶ名篇が「色川武大追悼」だ。最後に目にした色川武大の姿（「大国主神のようだった」）は私の眼にも焼き付いてしまった。

（18・03・01）

葉室麟

『河のほとりで』

文春文庫

作家、特に男性作家は芥川賞系の人よりも直木賞系の人の方がエッセイが上手だ。宮城谷昌光、高橋克彦、伊集院静、出久根達郎、浅田次郎、重松清、山本一力。

平成二十三年下期の受賞者葉室麟もその一人だ。

『柚子は九年で』に続く二冊目のエッセイ集がまとまるのを心待ちしていたのだが去年（二〇一七年）の暮に急逝してしまった。だからこの文庫オリジナルは嬉しい。

急逝、と書いたが、それはまた「夭折」とも言える。

六十過ぎの人に向って「夭折」とは意味を成さないように思えるが、そういう「夭折」の文学者の系譜がある。

例えば隆慶一郎や須賀敦子。

彼（彼女）らは六十歳過ぎて作家デビューしたのち次々と作品を発表し、実働十年足らずで亡くなった。これはまさに「夭折」だ。

葉室麟もまたその一人だ。

そう思ってこのエッセイ集を読み進めて行くと死のにおいがたち込めている。

「もうひとつの『生きる』」という文章で葉室氏は、「生きる」には二つあると述べている。つまり生命体としての「生きる」と、ひとびとの記憶の中に「生きる」こと。

〈こんなことを考えるのは、近頃、知人の訃報をたびたび聞くからだ。今年になって面識のあった方、三人が亡くなった。

歴史小説家の山本兼一さん、直木賞選考委員でもあった大先輩の渡辺淳一さん。さらにもうひとりは亡くなるひと月ほど前に東京から訪れて会食した編集者で、まだ四十六歳の若さだった〉

平成二十年下期の直木賞受賞作家山本兼一の名前は何度か登場する。

同じ時、葉室氏も、そしてやはり時代小説家の北重人も候補だった。

〈五十歳過ぎの歴史時代小説家三人がそろって恋の話を書き、直木賞候補になっていると、ある新聞に書かれた。

初候補のわたしにとっては、照れくさくもあり、晴れがましくもあった。しかし、三人のうち、北さんは直木賞候補の翌年に急逝され、昨年、山本さんも永い眠りにつかれた〉

葉室氏はその二人が作品に込めたものについて思う。何故なら、中年過ぎて「遅咲き」デビューで歴史時代小説を書くにあたって、「それぞれの人生と重なり合う思い入れがあったはず」だから。

それはやはり「遅咲き」の時代小説家藤沢周平について述べたこういう一節と重なり合うだろう。

「あえて言うならば、中年から書き始めた時代小説家の作品は読むのではなく、その語りかけに耳を傾けるものではないか」。

ところで、最初に紹介した文章はこのように続いている。「ひとは亡くなればすべて無に帰すのかと言えば、そうではないと思う。出会ったひとびとの思い出に留まる」。

作家はさらに、文章で「生きる」のだ。


（18・03・08）

梅崎春生／荻原魚雷編

『怠惰の美徳』 中公文庫

ちくま文庫の『吉行淳之介ベスト・エッセイ』に続いてまた荻原魚雷編によるベストエッセイ集が出た。

梅崎春生の『怠惰の美徳』（中公文庫）だ（荻原氏の一番の愛読作家は古山高麗雄だからその編集によるベストエッセイ集を文庫本で読みたい）。

巻頭に「三十二歳」、そして続けて「己を語る」が載っている。「三十二歳」はこう始まる。「三十二歳になったというのに／まだ　こんなことをしている」。「こんなこと」というのは、「二畳の部屋に　寝起きして／小説を書くなどと力んでいるが／ろくな文章も書けないくせに／年若い新進作家の悪口ばかり云っている」、と、こんな感じだ。

そして、「己を語る」で、「及ばずながら、今まで文学を捨てずに私が生きて来たのは、私の内にひそむ過大な自恃の心のせいである」と述べている。

三十二歳なら梅崎春生は大正四（一九一五）年生まれだから昭和二十二年のことだ。と思って巻末の「初出一覧」をチェックしたら共に『文藝』昭和四十一年三月号に発表されたもの。つまり梅崎没後で生前は未発表の原稿だった。

同じ年（昭和二十二年）に『新小説』に発表された「茸の独白」で梅崎は興味深いことを口にしている。

世代的に少し上だが梅崎は「第三の新人」の作家たちと親しかった。つまり私小説家だと見られていた。

しかし梅崎は私小説を否定する。私小説は、「精巧につくられた網のようなもので、たいていの魚はこれで捕えられ、そして料理された」。だが、「現今の魚はもはや此の網から遠く逸脱しているのではないか」。つまり、「別の形の網をつくるより他はない。現今の魚族を捕えるのに最も適当した様式の網をつくらねばならない」。

私は戦後文学の大傑作である「神聖喜劇」をはじめとする大西巨人の小説を「私小説」的に読もうとする人に大西氏が常に激怒していたことを思い出している。

「神聖喜劇」と並ぶ戦争小説の傑作が梅崎春生の「幻化」だ。

その大西巨人と梅崎春生は交差していた。

梅崎に海軍から召集令状が来たのは昭和十九年五月のことだが、その二年前にも召集令状が来たものの即日帰郷となった。それは陸軍の対馬砲兵隊だった。そして梅崎は、「あとで聞いたら、大西巨人も私と一緒に引っぱられ、終戦まで対馬で苦労したそうだ」とつぶやく。

「飯塚酒場」という一章を持つ『極私的東京名所案内』の著者である私に「飯塚酒場」という十頁に及ぶ一文は嬉しい（たぶん飯塚酒場を描いてもっとも詳しい文章だと思う）。戦時中でも飯塚酒場は酒と「品物が潤沢」にあったから行列が絶えなかった。梅崎はその行列のディテールを語る。（18・03・15）

エルモア・レナード／村上春樹訳
『オンブレ』新潮文庫

一月末に刊行された新潮文庫二月の新刊、永栄潔『ブンヤ暮らし三十六年』に決め打ちしていたから新刊平積みコーナーをよくチェックしていなかった。

それからひと月以上して、この文庫本を「発見」した。

エルモア・レナードだって！　久し振りじゃないか。

ミステリーやハードボイルド小説を殆ど読まない私も、いっとき、エルモア・レナードの小説にはまったことがある。

一九八六年に出た『グリッツ』（文藝春秋）の「訳者あとがき」で高見浩は、「一九八四年から八五年にかけて、アメリカの読書界に、ある〝熱病〟が広がった。その名を〝エルモア・レナード・シン

エルモア・レナード／村上春樹訳
『オンブレ』

ドローム〟という」と書いていたが私もまたその〝熱病〟にかかった一人だ。

その〝熱病〟がさめたのち、タランティーノの映画『ジャッキー・ブラウン』の原作として『ラム・パンチ』（角川文庫一九九八年）を読んだ。

それからさらに二十年。エルモア・レナードに再会するとは。しかも村上春樹による「文庫訳し下ろし」だ（新潮社は何故大きく宣伝しなかったのだろうか）。

それだけでも驚きだが、もう一つ驚いたのはこれがウェスタン小説だったことだ（ウェスタン小説が紹介されることが少ないと常に嘆いている目黒考二さんはこの文庫本に気づいただろうか）。

私はもうすぐ還暦を迎えるがたぶん西部劇を楽しんだ最後の世代だろう。

といってもいわゆるマカロニウェスタンではなく、もっと前の西部劇。ジョン・フォードやハワード・ホークス、シブいところではバート・ケネディなどの。

小学生の時私は『荒野の七人』をリバイバル上映で見、中学の時『大脱走』が「ゴールデン洋画劇場」で二度に分けて放映されたからジョン・スタージェスという監督名を憶えた。スタージェス監督は現役で、私が中学二年の時渋谷の映画館でクリント・イーストウッド主演の西部劇『シノーラ』を見た（今回知ったのだがその脚本を担当したのがエルモア・レナードだった）。

「オンブレ」こと主人公のジョン・ラッセルは一人で三人分の働きをするから「トレス・オンブレス（三人の男）」と呼ばれている。

少年時代にアパッチにさらわれ育てられた彼の心はなかなか読み切れない（もう一人やはりアパッチ

系のチリカワ族にさらわれた少女も登場しジョン・フォードの名作『捜索者』を思い起こさせる)。

物語は駅馬車襲撃犯たちとそれを追うラッセルとの間で展開し、それを青年(「私」)が語って行く。最初に「私」はこう言う。「もしどこか読み飛ばしたいような箇所があったなら――たとえばときおり顔を出す個人的内省みたいなものは――どうぞご自由に読み飛ばしていただきたい」

(18・03・22)

山口瞳/小玉武編

『山口瞳ベスト・エッセイ』ちくま文庫

山口瞳に関してこういうアンソロジーを読みたかった。

さすがは小玉武。

小玉氏が何者か、山本周五郎との思い出を語った「会ったのは、たった一度」で、山口瞳はこう述べている。「山本周五郎に会う前年、昭和三十七年四月に、いまTBSブリタニカの重役になっている小玉武がサントリーの宣伝部に入社してきた」。

横浜に住む小玉青年に、『洋酒天国』の編集長だった山口瞳は同じ横浜在住の山本周五郎の原稿をいただいて来るように命じた。ダメ、と言われても毎週顔を出せと。しかしこれは無理な注文だった。山本周五郎が原稿を書いてくれるはずはない。いわば小玉青年への試練だった。

〈ところが、どういうことか、これもいまだにわけがわからないのであるが、約半年後に、山本周五郎は原稿を書いてくれたのである。小玉武の大ヒットだった〉

『週刊新潮』に連載されていた「男性自身」シリーズを中心に編まれているが、とっくの昔に廃刊してしまった『漫画讀本』に寄稿した文章も幾つか収録されている。

その内の一つ、「安かろうまかろう食べ歩る記」にこういう一節を見つけた。

〈ラーメンなら、銀座一丁目東側〝テアトル東京〟横の「東々居」が最高である。ヌード写真をはりめぐらした雰囲気もよい〉

おお、荒木経惟の〝キッチン・ラーメン展〟で知られる「東々居」。山口瞳は〝キッチン・ラーメン展〟を目にしていたのか。と思って初出の日附けをチェックしたら昭和三十八年六月号とある。最初に〝キッチン・ラーメン展〟が行なわれたのは昭和四十五年だ。ということは「東々居」はヌード写真が名物で、それを電通社員だった荒木青年は利用したのだろうか？

驚いたのは「浅草ビューホテルからの眺め」。『新東京百景』の一章で、初出（『小説新潮』）でも単行本でも私は愛読したが、今回久し振りで読み返して、えっ、と思ったのだ。

浅草ロック座で山口瞳はストリップを見ることになった。その小屋の一番人気の踊り子は「ナニが千変万化するという」。

そして当日を迎えるわけだが、思わぬアクシデントが起きた。前日、毎日新聞社九階のレストラン

「アラスカ」で対談が行なわれ、普段食べなれない「こってりした仏蘭西料理を食べてしまった」。だから翌日になっても「胸がムカムカして」、「気分が悪い」。

そんな中、「ガンガンとロックが降りそそ」ぎ、サーチライトが交錯し、ミラーボールがチカチカするロック座に入ったから、倒れて救急車で運ばれた。その時、頭のなかで新聞の三面記事の見出しがチラチラした。

「山口瞳（五九）、ロック座（浅草）で倒れる」

何と五十九歳、つまり今の私と同い年だったのだ。（18・03・29）

ヨハン・ホイジンガ／里見元一郎訳
『ホモ・ルーデンス』
講談社学術文庫

西部邁の遺著『保守の遺言』（平凡社新書）に本屋で目を通していたら、西部氏が電車に乗らなくなった（常にタクシーを利用する）理由が語られていた。

つまり電車でスマホ（ゲーム）に熱中している人々を目にしたくないからだ、と。そして西部氏はホイジンガの『ホモ・ルーデンス』について言及していた。

車中でスマホに熱中している人々を批判するためには同じホイジンガの作品でも『あしたの蔭りの

中で』の方が適切だと思う。スマホによるゲームはホイジンガの口にする「遊び」とは言えないから。もちろん『ホモ・ルーデンス』にも『あしたの蔭りの中で』のキーワード「ピュエリリズム」が登場する。「ピュエリリズム」それは、「簡単に飽きるが、決して満たされることのない陳腐な気ばらしを求める欲望、下品な感覚的興奮、大衆的見世物好みなどだ」。

まさに現代の日本そのものだ。「ピュエリリズム」の「一連の特性は、ユーモアに対する感情の欠如、言葉に激しやすいこと、グループ以外の人に対する極端な嫌疑と不寛容、賞讃につけ非難につけ見境なく誇張すること」だ。

言語学者でもあったホイジンガは世界中の言語における「遊び」の表現を考察し、その考察は日本語にも及ぶ。

〈一般的な遊び、緊張をとくこと、娯楽、気ばらし、物見遊山、休養、遊蕩、賭博、無為、怠けること、仕事につかないこと、などを意味する。またそれは何かを演じたり、何かに扮したり、物真似したりするのにも使われる〉

「注目すべきは」とホイジンガは言う。「回転体やその他の道具の限られた範囲内での自由な動きを『あそび』と呼ぶことだ」。

とても深い考察だ。ハンドルにあそびが必要だ、と言われるが、その種のあそびを英語でもプレイという。ホイジンガはこういう注をつけている。「ここで日本に対するイギリス技術の影響が問題になるかどうか、私はつまびらかにすることができない」。

ところでスポーツも「プレイ」する。実際最初の内は遊戯的要素が高かった。だが、「しだいにより真面目に受け取られていく傾向をたどった」。しかし今や。

〈いくらオリンピックやアメリカの諸大学におけるスポーツの組織化やさらには声高に宣伝された国際競技が頑張っても、いかんせんスポーツを様式と文化の創造活動にまで高めることはできないのだ。それは演ずるものと見ているものにとってどれほど重要なものであれ、所詮は不毛の機能にしかすぎない。そこでは昔の遊びの要素は大部分、死滅してしまった〉

四十年振りの再読で気づいたのはこの本が山口昌男さんに与えた影響の強さだ。つまりこの本によって山口さんはドイツの民族学者フロベニウスを知り、アフリカ研究を志したのではないか。

（18・04・05）

逢坂剛／他

『棋翁戦てんまつ記』集英社文庫

私の生活習慣の中で、ここ数年大きく減ってしまったものに「立ち読み」がある。

といっても体力の問題ではない。環境の変化だ。

私が住む三軒茶屋は駅の近くにかつては四～五軒新刊本屋があって、散歩がてらに「立ち読み」する楽しみがあったのだが、今は駅ビルの中のTSUTAYA一軒だけになってしまった。

そのTSUTAYAで集英社文庫の新刊『棋翁戦てんまつ記』（元本が出たのは一九九五年だが昨今の将棋ブームに乗る形で文庫化されたのだろう）を何気なく手にしたら、いきなり大相撲の話で始まるので購入した。

逢坂剛と船戸与一と志水辰夫と集英社の編集者Y（名物編集者でこの文庫本の「解説」を書いている山田裕樹）の四人で国技館の枡席で大相撲を見る。

横綱旭富士（現伊勢ヶ濱親方）の引退した場所だから平成四年初場所だ。驚いたのは旭富士がまだ三十一歳の若さだったことだ（ちなみに白鵬と鶴竜は今年三十三歳で稀勢の里も三十二歳になる）。旭富士は大学中退後、故郷で漁師をしたのち角界入りするそのキャリアがプロ野球の落合に似ていたから私は二人を重ねて見ていたが落合よりずっと若い年で引退していたのか。

ユニークなのは逢坂剛のキャリアだ。

かつてNHKだけでなく民放の多くも大相撲を中継していた（私も記憶している）。博報堂への就職の決まっていた逢坂青年はNTVにいる先輩からアルバイトの口をかけられた。大相撲中継のサブアナをやってくれというのだ。

だから十五日間、正面の放送席で大相撲を見た。メインアナとゲストの掛け合いも楽しんだ。

〈その中で、なぜか今でも覚えているのは、田中角栄だけである。扇子をぱたぱたやりながら「ま、このぅ」を連発していたのが印象的だった〉

何故このメンバーで相撲を見たのかについては船戸与一が書いている。〈余は近い将来、逢坂剛と相撲を取り、どちらが強いかという積年の問題に決着をつけることになってる。そのときの行司役は志水辰夫。このはなしを聞きつけた早耳小僧のY編集者が三人を両国国技館に招待したのだ〉

気持ちは十代でも肉体は五十代で、しかも「運動不足で高血圧で酒浸りの男が本気で取っ組み合い」をしたらろくなことにならないので将棋で勝負ということになった。

その顛末、七つの戦いと「番外の戦」を描いたのが本書だが、これが目茶苦茶面白い。勝負する当事者（逢坂氏や船戸氏だけでなく夢枕獏や志水辰夫や黒川博行）はもちろん、その観戦記そして注が傑作だ。さらに面白いのが勝負に参加していない北方謙三や大沢在昌のコメントだ（大沢氏のコメントは岡本綺堂の『三浦老人昔話』のような味わいがある）。

（18・04・12）

吉野源三郎

『君たちはどう生きるか』

岩波文庫

『君たちはどう生きるか』がいまだベストセラーの上位を走り続けている。通読してこの欄で取り上げようと思っている内に、新しい学年が始まった。

取り上げるなら今だ。

実は五十年近く前（正確には四十八年前）この作品のある部分を繰り返し読んだことがある。

銀座の松屋とおぼしきデパートの屋上から主人公のコペル君とその叔父が階下の路上と街並みを眺め下しているシーンだ。

〈びっしりと大地を埋めつくしてつづいている小さな屋根、その数え切れない屋根の下に、みんな何人かの人間が生きている！　それは、あたりまえのことでありながら、改めて思いかえすと、恐ろしいような気のすることでした〉

世田谷の公立小学校の六年生だった私の同級生の三分の二は私立や国立中学校を受験したから進学塾に通っていた。

残りの三分の一だった私は勉強を殆どしない少年だったので学校の成績も悪かった。

しかしプライドの強い少年で、一流中学の過去の入試問題を一人で解いていた。

その中に麻布中学もあり、国語の試験で先の一節を含む場面が引かれていたのだ（麻布中学出身の宮台真司先生は憶えておられるだろうか）。

そして興味をおぼえ図書室（いつも入りびたっていた）に向ったら戦後に新潮社から出たバージョンを見つけ、読み始めた。麻布中学の入試にでたのは冒頭部であることを知ったが、その先は難しすぎて挫折した。

私が大学生の時に岩波文庫に入ったことは知っていたが、その頃、私の吉野源三郎に対するイメージは最悪だった。

つまり、岩波書店の雑誌『世界』を戦後民主主義者たちの牙城にした人物として。だから今回初めて通読したわけだが、感動した（盧溝橋事件が起きた一九三七年に刊行されたというがよくこんな反時代的な作品を出せたものだ）。

政治家、特に自民党の政治家は全員この作品を熟読し、その感想を国民の前に提出すべきだ。あるあやまちをおかしたコペル君に対して叔父はこう語る。「どんなにつらいことでも、自分のした事から生じた結果なら、男らしく堪え忍ぶ覚悟をしなくっちゃいけないんだよ。考えてごらん、君がこんどやった失敗だって、そういう覚悟が出来ていなかったからだろう？」。

解説を書いているのが丸山真男であるのが目を引く。

戦後民主主義者である丸山は全共闘の学生たちに研究室を目茶苦茶にされ、ナチスもやらなかった暴挙だ、と怒りをあらわにした。

その東大全共闘のリーダー山本義隆は吉野源三郎の娘の家庭教師で、父親の影響を受けてすくすくと育った彼女は朝日新聞の記者となる。それに対し、父に反抗した息子はあえて日経新聞の記者となる。

（18・04・19）

山田太一
『夕暮れの時間に』
河出文庫

山田太一のエッセイを読んでいると、ある一点を除いて、自分と同世代人でないかと錯覚してしまうことがある。

例えば山田氏は（そして私も）今だに手書きである。

〈手書きの私信が激減するのは、あっという間だった。それは目の前の景色が見る見る概念に変ったような当惑だった。情報量ががたりと減った。手書きの文字なら書き手の性別も年齢も教養も性格も体調だって感じられる。それが一気に無表情になった〉

早大の出身である山田氏は早慶戦の思い出をこう書いている。

〈野球の早慶戦が大変な騒ぎで、勝つと新宿に早稲田の学生が溢れ、のんだくれて看板をこわしたなどというのがニュースになったりした〉

私の学生時代も早慶戦は「大変な騒ぎ」で早大生たちは新宿に繰り出し、コマ劇場横にあった大きな池に次々と飛び込み、時計塔によじ登る人間もいた。特に凄かったのは一九七九年秋の早慶戦のあとだ。一九七九年は昭和でいうと五十四年。

山田氏はこう書いている。

〈私のなつかしい昭和は、自分の十代後半から四十代半ばあたりのことで、それは昭和の二十年代後

半から五十年代半ばということになり、そのころの建物や風景は、すでにもうほとんど残っていない〉

私と山田氏は二十四歳離れているから、さすがに私は昭和二十年代のことは知らないが、私が一番なつかしいのは昭和三十年代後半から五十年代半ばにかけてだ。渋谷に絞ってみても東急文化会館や東急プラザ、あるいは輝いていた時の西武デパートにもう一度足を踏み入れてみたい。それにあの頃は渋谷や新宿の各デパートで古本祭りが盛んに開かれていた。

一番共感を覚えたのは「適応不全の大人から」のこういう一節だ。

〈私にはこのごろのテクノロジーの変化が病的に早く思えてならない。静かにその時々の変化や成果を味わう暇もなく、どしどし神経症のように新発明新ツールが次々現われては現在を否定する。その結果の新製品、新ツールも病的に細かい変化で、なくてもやっていけるものばかりどころか、ない方がよかったのではないかと、少し長い目で見ると人間をこわしてしまうような細部の発明を目先だけのことで流通させてしまう〉

ところで、山田氏と私の最大の違いは戦争体験だ。山田氏は戦中の少年だった。「教師に、アメリカは不当な戦争を仕掛けて来て、残忍で、日本人を皆殺しにしようとしているといわれれば、その通りにちがいないと思っていた」。日本がひそかに開発している強力な新兵器（原子爆弾）が完成したらアメリカは終ると先生が口にした時の「こみ上げるような喜びを忘れられない」。

山田氏は二〇一七年一月に脳出血で倒れ半年ほど入院したが「巻末特別インタビュー」を読むかぎり頭はクリアーだ。（18・04・26）

田邊園子
『伝説の編集者 坂本一亀とその時代』
河出文庫

吉本隆明が吉本ばななの父親であるように坂本一亀も今や坂本龍一の父親として知られる。

今や、と書いたが実は一九八〇年からである。同年五月八日の「成城だより」で大岡昇平はこう書いている（「寺田君」というのは寺田博のこと）。

〈イエロー・マジックのキイボードを操作する坂本龍一とは、寺田君の元河出書房における先輩坂本一亀氏の息子だ、という。「げっ」と驚くのはこっちなり〉

私は坂本一亀の姿を一度だけ見かけたことがある。私が『東京人』の編集者となってひと月ほど、一九八七年十月のことだ。

元新潮社や平凡社の編集者で当時はフリーの立場で『東京人』の編集を手伝ってくれていたYさんに初めて文壇バーに連れていってもらった。

新宿五丁目の医大通り沿いにあったH（のち四谷三丁目に移る）だ。

十人以上坐れるカウンターと小上りが一つで、カウンターの中心には中上健次がいて、彼の一人舞台だった。

その時、三人組の客が入って来て、中上は気配を消した。

三人組は小上りで飲み始めた。しばらく経ったら三人組の一番年配の人が、中上、中上じゃないか、と言った。その時の借りてきた猫のような様子を今でも忘れない。

その年配の人が坂本一亀で、あとの二人は寺田博と当時の『文藝』の編集長だった（後に知ったのだが『文藝』復刊二十五年を記念した坂本・寺田対談の流れだったのだ）。『伝説の編集者 坂本一亀とその時代』の単行本版（作品社二〇〇三年）に目を通した時、あの時の中上の姿を思い出した。

それほど坂本一亀はオッカナイ編集者だったのだ（中上は坂本と直接仕事をしたことはなかっただろうけれどその伝説はさんざん聞かされていたはずだ）。

坂本に恐れをなして入社を辞退してしまった男もいるし、男性ほどでなくしても、田邊園子もかなりしぼられた。「私も、坂本一亀を押し入れに閉じ込めて外から心張り棒をかいたい、と何度か思ったものである」。

しかし文芸編集者として坂本は超一流だった。野間宏『真空地帯』、椎名麟三『永遠なる序章』、三島由紀夫『仮面の告白』、高橋和巳『悲の器』。皆、坂本がいたからこそ生み出された作品だ（ちょっと変った所では小田実の大ベストセラー『何でも見てやろう』がある）。

しかし坂本の不幸は一九六二年、『文藝』の復刊編集長をまかされたことにあった。

単行本やシリーズ物の編集と雑誌の編集は異なる。

しかも当時推理小説がブームだったが、文芸誌を出している他社と違って河出は小説誌を持っていなかったから、その部分も対応する必要があり中途半端なものになった。

田邊にこの本の執筆を勧めたのは息子の龍一だという。

（18・05・17）

T・S・エリオット／深瀬基寛訳 『荒地／文化の定義のための覚書』 中公文庫

学生時代私は福田恆存の強い影響下にあった。

だから福田氏が一番信頼していたイギリス（生まれはアメリカ）の詩人・批評家・劇作家であるT・S・エリオットの作品を熱心に読んだ。

もちろん『文化の定義のための覚書』にも目を通した。

その『文化の定義のための覚書』を三十数年振りで読んだ。

第一次世界大戦のショックでフランスの詩人ポール・ヴァレリーは『精神の危機』を書いた。

第二次世界大戦は第一次世界大戦の時以上に西洋の知識人たちにショックを与えた。

そうして生み出されたのが『文化の定義のための覚書』だ。エリオットは言う。「一民族の文化は、本質的には、その民族の宗教の（いわば）肉化（インカーネイション）ではないかということであります」。

その場合の宗教とはキリスト教のことだ。「われわれが敢てキリスト教文化を最高の文化として語り得るのは、われわれの社会が真に一個のキリスト教的社会である限りにおいて」であり、「わたくしたちのすべての思想がおよそ意義をもつのはキリスト教という一つの背景の前に立っているからであります」。

英文科の大学院でジョージ・スタイナーを修論に選んだから、エリオット以上にスタイナーを熱心に読んだ。

例えば『青髯の城にて』（桂田重利訳みすず書房）という評論集を。『青髯の城にて』の原題は『文化の再定義への覚書』。つまりエリオットの評論をふまえてのものだ。

スタイナーが疑問視するのはエリオットがユダヤ人虐殺の問題に殆ど触れなかったことだ。

〈文化に関する一冊の書物を書きながら、その問題については一言もしないなどということがいったいどうしてできたのか。あの大量虐殺によって、キリスト教の性格そのものが、キリスト教のヨーロッパ史での役割が、すでに問題とされていた時点で、どうしてキリスト教的秩序のための弁明をくどくどしく述べたてることができたのか〉

この評論集をスタイナーが発表したのは一九七一年三月、ベトナム戦争による「ナパーム爆弾の時代」だ。

「新しい野蛮行為は産業革命の手段を採用してはいる」。

〈われわれは脅威的な群集の雑踏にもまれながら生活の大部分を送っている。途方もない数の人間がひしめき合い、しのぎをけずる状況のなかで、人は求める空間も得られず、必要とするプライバシーも奪われる。そこに生まれるものは邪魔者を「一掃」してしまおうとする否定衝動だ〉

スタイナーはさらに、教育が整備普及されても、それによって社会の安定度や政治の合理性が増すことはないだろうと述べている。

半世紀近く前の言葉なのにあまりにも正確だ。

（18・05・24）

刈部山本
『東京「裏町メシ屋」探訪記』
光文社知恵の森文庫

『デウスエクスマキな食堂』という刈部山本が発行する個人誌を愛読していたが、何年も最新号に出会っていない。

というのは私はこの雑誌を新宿の今はビックカメラ・ユニクロとなっているビルに入っていたジュンク堂書店で購入していたからだ。そのジュンク堂が消えてからこの雑誌を見つけられないでいる。

しかし『デウスエクスマキな食堂』のアンソロジーともいえる『東京「裏町メシ屋」探訪記』が文庫オリジナルで刊行された。

私と刈部氏に共通するのはまず立ち食いそば好きであることだ。

天ぷらそばだけでなく他のそばも。例えば有楽町駅改札近くにあった「後楽そば」。「立ち食いそば屋なのに焼きそばが人気で、ムチッとした麺の独特の焼きそばは、近くのニッポン放送の出演者が持ち帰りを利用するほど」。

「後楽そば」は二十四時間営業ではなく二時間ぐらいの休憩時間があった。つまり午前四時頃終了だった。その直前に焼きそばを頼むとさらにジャンクでおいしい、と言っていた女性編集者を知っている。営業最終日には長蛇の列が出来たこの店が今年三月、「JR五反田駅ガード下で再オープン」とあるが私も先日五反田の古書会館に行った時にそれを知って驚いた。

有楽町の高架下といえば東京駅側にミルクワンタンが名物の「鳥藤」がある。

ミルクワンタンってどんな味なんだろうと四十年以上前から気になっていたのだが、一度も入ったことがない。

かつては昼も営業していて、つまり単品でミルクワンタンをオーダー出来たが、今は夜のみの営業で、「席に着いて飲み物を選択すると、後は次から次へと勝手に料理が運ばれ、〆にミルクワンタンが出されるというシステムになっている」。私ははたしてミルクワンタンにたどりつけるだろうか？

えっ、こんな店があったの、という食べ物屋も紹介されている。

かつてはミルクホールだったという日本橋の洋食屋「桃乳舎」（創業は明治二十二・一八八九年）。建物もさることながら、味そして値段も素晴らしい。「ハンバーグは肉汁ジュルジュルの肉感粗挽ゴロゴロ系ではなく、ねっちりとした粘り気のある食感のタイプだが、手作り感溢れる味わい」。付け合わせのスパゲティも、「きちんと炒めなおした形跡が見られ、気持ち焦げっぽく炒まった箇所が口中でも感じられる」。これで値段はワンコイン、五百円だという。

板橋や北区、葛飾区など私の詳しくない地域はとても勉強になる。中でも足立区の綾瀬。

パンダ街道という道を知っているだろうか。ラーメン屋から定食屋、カラオケ、さらには中古車販売などパンダグループの店舗が並ぶ道すじだというが、ラーメン店の入口に等身大のパンダがいる。

（18・05・31）

ヨゼフ・チャペック／飯島周編訳
『ヨゼフ・チャペック エッセイ集』
平凡社ライブラリー

五月二十七日で終わってしまったが渋谷の松濤美術館で開かれていた「チャペック兄弟と子どもの世界」展は素晴らしい展覧会だった（同美術館に行けば図録は買えるし七月一日からは芦屋市立美術博物館で始まる）。

チャペックといえばカレル・チャペックが有名で私も彼の大ファンだが、彼の兄ヨゼフもそれにまさるともおとらない作家で画家であることを知った。

画家として彼は子供や動物、特に子供の絵をよくした（図録を何度眺めても楽しい）。

図録には子供に関するヨゼフの言葉や文章も収められている。

その幾つかを引く。

「子どもたちはいつも遊んでいる。満足することはいちどもないし、これからもずっとそう。かくいう私も満たされることはないと思う」。「本当の目的は、子どものために何かを書いたり、描いたりすることではないと思う。そうではなく、子どもの心をほんとうに理解すること。もちろん、それができるひとはほとんどいない」。「大人のことが理解できなかったぼくは、大人が子どものように生活できていないのはかわいそうに思えた」。

もっともっとヨゼフ・チャペックの散文を読みたいと思っていたら、平凡社ライブラリーの新刊で『ヨゼフ・チャペック エッセイ集』が刊行された。

最後に引いた一文は「丘への道で」に収録されていて、少年が大人になって行くこと（大人になって失なってしまうもの――ヨゼフはそれを守ろうとする）が語られる。

「人びと」、「社会」、「技術と芸術」、「政治と戦争」、「強制収容所からの詩」の五つの章に分かれ、とても身近なことが話題となっている。「進歩とキャンディ」の書き出し。

〈「エッセイを書いてくれないか、九月号に必要なんだ」と言われている。今はまさに七月で、暑くてひたすら汗ばかり流れている。たぶん嵐の前なのだろう。池に入って体を洗えたらどんなにいいことか。何にも考えられやしない〉

で、思いついたのが現代において甘い物（チョコレートやキャンディやボンボン）の消費量が飛躍的に伸びたことだ。それは二つの「非常に重要な要素」があるとチャペックは言う。「その二つとは、映画とスポーツの試合である。この二つの慣習は、キャンディの消費と、現代生活の特徴となっているその消費の増大と激化に著しく貢献した」。たしかに両国国技館に相撲を見に行くと八十歳ぐらいの老人グループが嬉しそうに森永キャラメルをなめている。

チャペック兄弟展に展示されていた年表を眺めて行った時、驚いたのはヨゼフが、一九四五年四月、つまり第二次世界大戦の終結直前、ベルゲン・ベルゼンの強制収容所で亡くなったことだ。第五章は収容所で作られた詩が集められている。（18・06・07）

ファアン・ルルフォ／杉山晃訳『燃える平原』岩波文庫

日本でラテンアメリカ文学がブームとなるのは一九八〇年代に入る頃だが、実際にそのブームが起きたのは一九六二年から六八年にかけてだとホセ・ドノソのそのものズバリ『ラテンアメリカ文学のブーム』（邦訳は東海大学出版会）にある。

その六年の間にカルロス・フエンテスの『アルテミオ・クルスの死』、マリオ・バルガス・ジョサの『都会と犬ども』『緑の家』、フリオ・コルタサルの『石蹴り遊び』、そしてガルシア・マルケスの『百年の孤独』などが刊行された。

しかしその先駆と言えるのがメキシコの作家ファアン・ルルフォ（一九一七—八六）の大傑作中篇小説

『ペドロ・パラモ』（一九五五年）だ。

『ペドロ・パラモ』の翻訳が岩波書店から刊行されたのは私が大学二年だった一九七九年のことでその時ルルフォはまだ健在だった。

健在といってもルルフォは『ペドロ・パラモ』とそれに先立つ短篇集『燃える平原』（一九五三年）の二冊しか作品を残していない。ずっと沈黙を守っていた。ラテンアメリカの作家は筆力旺盛のイメージが強いから例外的だ。

その『燃える平原』が文庫化された。

ルルフォの生まれた一九一七年は、メキシコ革命の年だ。

革命は起きたものの内乱は絶えなかった。

『燃える平原』の諸篇はそういう時代を背景としている。

タイトルに選ばれている「燃える平原」は政府軍と反乱軍の争いが描かれる。

反乱軍は敗走を続ける。「やつらはなおも撃ちつづけた。おれたちは火におびえた穴熊のようにようつんばいになりながらむこう側の崖をよじのぼったが、やつらはおかまいなしに撃ちつづけた」。

しかしいったんはぐれたリーダー、ペドロ・サモラの使いの者が武器を渡しに来たのち、ペドロ・サモラと合流したら形勢が変る。「景気のよかったころみたいにおおぜいの人間がグランデ平原を横切っていくのを眺めるのは、じつに気分のいいものだった」。捕らまえた兵士たちを闘牛に見立てた「闘牛ごっこ」で次々と彼らを刺し殺して行く。

そうやって月日が流れ「小鳩（ピチョン）」と呼ばれる主人公は刑務所に入り（サモラの一味だったことは最後まではばれず諸々の罪に問われたのだが罪の一つに女をかっさらうことがあった）、刑を終えたら、女が待っていた。小さな男の子を連れて。それは「小鳩」の子供だった。

その後の父と子の関係は描かれないが、ルルフォの作品の大事なテーマに父と子問題がある。といってもエディプス的問題ではなくもっとヒリヒリしたもの（ルルフォは六歳の時に父を殺されている）。

それからもう一つ重要なものとして犬の鳴き声があり、その二つが合わさった傑作が「犬の声は聞こえんか」だ。

（18・06・14）

ジャンバッティスタ・ヴィーコ／上村忠男訳『新しい学』中公文庫

イタリアの哲学者ジャンバッティスタ・ヴィーコのことを知ったのは大学三年生の時だ。大学時代に印象に残る授業にイギリス人F先生の現代イギリス文学があった。一人の作家について三回か四回講義を行なった。

ジョイスの回のある時、F先生は、もし君たちが先週の『ユリシーズ』を難しいと思ったら今週の『フィネガンズ・ウェイク』はもっとずっと難しい、と言った。

この時F先生の口にした「もっとずっと難しい（ファーモアディフィフィカルト）」というフレーズが今だ私の耳元にひびいている。

『フィネガンズ・ウェイク』を理解するにはまずイタリアの哲学者ヴィーコの『新しい学』を読まなければならない。そこで語られている歴史の概念、直線的にではなく円環的に進むものとしての歴史を学ばなければならない。

早速その日早大生協の書籍コーナーを覗いたら中央公論社の「世界の名著」シリーズの『新しい学』（清水純一・米山喜晟訳）を見つけ購入し、読みはじめたのだが歯が立たなかった。

しかし興味は消えなかった。

ヴィーコは「デカルトの敵」と言われ、抽象的にではなく具体的にものを考え、語って行く。

その頃私は歴史に興味を持ち始めたが、戦後の日本歴史学に蔓延していた（主にマルクス主義を中心とした）歴史記述がイヤだった（のちにマルクスを読んだら彼は少しも抽象的でなくヴィーコの影響を受けていることを知った）。

私は歴史を具体的に記述するフランスの歴史家ミシュレの愛読者でもあった。

だから私はアメリカの批評家エドマンド・ウィルソンの長篇評論『フィンランド駅へ』が、「ミシュレ、ヴィーコを発見する」で始まるので驚いた。のちに（一九九九年）この評論集はみすず書房から刊行され、その岡本正明訳を引用する。

〈一八二四年一月のある日のこと、哲学と歴史を講ずるフランスの若き教授ジュール・ミシュレは、読んでいた本の訳注のなかに、たまたまジャンバッティスタ・ヴィーコの名を見いだした。ヴィーコにかんする言及にたいへん興味をそそられたミシュレは、何はともあれ、さっそくイタリア語の勉強にとりかかった〉

ヴィーコについての私の関心は続き、私の第一次ニート時代に出た『思想』一九八七年二月号「ヴィーコを読む」（三百四十四頁もある）をむさぼり読んだ。

そして日本におけるヴィーコ研究の中心にいるのが上村忠男であることを知った。その上村氏が『新しい学』を法政大学出版局から訳出刊行したのは今から十年前。それが中公文庫に入った。

「世界の名著」と中公文庫。つまり二種類の『新しい学』。そんな版元、世界中にない。（18・06・21）

佐藤敏章編著『手塚番』小学館文庫

漫画や女性誌や男性誌、特に漫画に関しては小学館と講談社はあまり差異はないが、以前は違っていたことをこのインタビュー集によって知った（インタビュアーの佐藤敏章は『少年サンデー』や『ビッグコミック』の編集をつとめたのち『ビッグコミック』の編集長つまり小学館の元編集者）。『少年サンデー』（小学館）と『少年マガジン』（講談社）の創刊は昭和三十四年春。

企画そのものは小学館の方が早かった。ただし一つネックがあった。『少年サンデー』の創刊編集長だった豊田亀市はこう回想している。

「当時は、アカデミズムの岩波、アミューズメントに強い講談社、エデュケーションの小学館という世間の〝眼〟があったんですよ。小学館のエデュケーショナルな側面を壊してはいけないから、漫画やる場合でも、3つくらい条件があるんですよ」

つまり、下品じゃないこと、デッサンが確かなこと、そして色彩が良いことだ。

「それで選ぶとね、やはり権威があるのは手塚治虫ですよ」という発言は納得が行くが、それに続く言葉が信じられない。「手塚の絶頂期はちょっと前で、絶対的な人気という視点では下り坂になろうとしていた時でしたよ」。手塚は僅か三十歳そこそこで絶頂期を過ぎようとしていたのか。

母や祖父が手塚のファンだったので、私は幼稚園に入る前から「絶頂期」の手塚の単行本を目にしていて、リアルタイムの手塚はスランプで、それを抜け出すのは虫プロの倒産（昭和四十八年）後の『ブラック・ジャック』や『三つ目がとおる』によってだった。

小学館が漫画に手を出す前に手塚は講談社の雑誌『少女クラブ』に連載を持っていた。だから当然『少年マガジン』とも仕事をした。

ただしそれは漫画ではなく『快傑ハリマオ』の構成などだった。当時手塚は『少年サンデー』の専属だと思われていたから。

『少年マガジン』での初めての連載漫画は『W3』だった。

しかしそこで事件が起きる。アニメ化もされる『W3』にはリスが重要なキャラクターとして登場するが、同じくリスが登場するTBSのアニメ『宇宙少年ソラン』の連載も『少年マガジン』で始まった。

激怒した手塚は連載を六回で打ち切り、舞台は『少年サンデー』に変った。『少年マガジン』と手塚の関係を復活させたのは宮原照夫編集長で、全四百巻の『手塚治虫漫画全集』を生み出したのも彼の力だ。

ここに登場する十三人の編集者の内二番目に若いのは『マンガ少年』(朝日ソノラマ)の松岡博治(昭和二十四年生まれ)だが、一番若い人のプロフィールを目にして驚いた。『アドルフに告ぐ』を担当した池田幹生。昭和三十三年東京生まれで早稲田大学卒ということは私とまったく同じ。私もひょっとしたら「手塚番」になっていたのだ。

(18・06・28)

中村武羅夫『現代文士廿八人』講談社文芸文庫

超マニアックなコラム集が文庫化された。

中村武羅夫の『現代文士廿八人』だ。

中村武羅夫の名前を知る人はもはや殆どいないだろう。

明治四十五年から三十年以上にわたって『新潮』の編集長を続けた人物だ。

寺田博編『時代を創った編集者１０１』（新書館）で大村彦次郎はこう書いている。「中村武羅夫の最初の仕事は毎号『新潮』に、作家の訪問記事を書くことであった。多い月には文学者を二十人くらい片っ端から訪問して、匿名の原稿を書き飛ばした」。

その中から二十八人を選んで、明治四十二（一九〇九）年、日高有倫堂から刊行されたのがこの本の元本だ。

つまり、「現代」というのは明治末で、そのリアルタイム感がこの本の読み所だ（中村には亡くなった直後昭和二十四年六月『明治大正の文学者』という回想集があってそちらの方がもっと名著だが回想集にありがちなあとづけの部分があったりする）。

当時の人気作家に後藤宙外がいた。「近来後藤宙外氏の活動はまことに目覚ましいものである。日本の文壇を一人で背負って立った如く……」。ただし、中村の読みは鋭い。「余は、宙外氏が今後創作家として、不朽の作とまではゆかずとも、とうていすぐれたる作物を成し能わざることをここに予言するに躊躇しない」。宙外を、同じ早稲田出身の島村抱月と比較してこう述べる。「宙外氏は抱月氏に比して偉くなく、どっしりとした重みもなく、人物に貫目もないのである」。

しかし、比較という点で興味深いのは夏目漱石と内田魯庵だ。

中村武羅夫
『現代文士廿八人』

まず漱石。

「漱石氏に接した感じは、例えば古めかしい骨董を手にしたときのようなものである。金箔のピカピカしたところも消えて、いったいにどことなく、燻（くす）んで人間が時代離れしている」。

それをふまえてこう述べる。

「漱石氏は床の置き物である。飾っておけば賑やかでもあるし疲れたときちょいと見れば退屈しのぎになる。しかし、魯庵氏はまだ床の置き物ではない。まだまだ時代と交渉ある生活の充分できる人である」。

そして言葉をこう続ける。

「床の間の置き物たる漱石氏が現時の文壇に活動して、現代と交渉ある活動のでき得る魯庵氏が、沈黙を守っているというのは、主客転倒ではあるまいか」。

漱石と並ぶ文豪だった島崎藤村の印象も面白い。

「余は、藤村氏をまだ見ぬ以前嫌いであった。別に理由はない、その人物がなんとなく虫が好かぬ。いわゆる毛嫌いなのである」。

「ところが」、と言葉は続く。「最初会って後は、なおさらに嫌いになった」。この「ところが」の使い方は不思議な味わいがある。そして、三度目か四度目の時に中村は藤村のことが大好きになる。

（18・07・05）

安岡章太郎

『安岡章太郎 戦争小説集成』 中公文庫

十代の終わりに私が一番熱心に読んだ日本の現代作家は安岡章太郎だ。

私の家の最寄り駅は京王線下高井戸で、近藤書店という素敵な新刊本屋があった（銀座にあった近藤書店とは無関係で私の中学の同級生だった近藤君の実家）。

その近藤書店の文庫本の棚で目を引いたのが旺文社文庫のコーナーだ。

その頃、一九七〇年代半ば旺文社文庫の日本文学のラインナップはとても充実していた。

牧野信一や小山清、八木義徳、尾崎一雄、そして木山捷平など。

中でも安岡章太郎は四冊も出ていた。

その内の一冊が『遁走　他三編』で、長い中篇小説（あるいは短い長篇小説）「遁走」を久し振りで読み返した。

やはり傑作だ。

戦争小説でありながら、戦闘シーンはない。上官によるイジメがたびたび描かれるが、それは日常的なものだ（だからこそ戦争の非日常性がよく伝わってくる）。

巻頭に「安岡章太郎従軍年譜」が載っていて、昭和十九（一九四四）年三月、「東部第六部隊に現役兵として入営、ただちに満洲九八一部隊（北満孫呉）へ派遣される」とあり、そこで過した五ヵ月の日々がこの作品のメインだ。

主人公の「加介」はある時「銃口蓋」をなくしてしまう。「戦場でならばともかく、軍隊内で官給品の員数を失うことは、どんなに細かなものにしろ重大な過失である」。

古参兵たちの恰好のイジメの対象だが、「一体、どこを、どのように探せばいいというのだ」。毎日、昼も夜も探しつづけた。

ところが、ほどなくしてその役目から解き放たれた。他の兵士の「撃芯」や「弾倉バネ」が続けて消えたのだ。

これはもはやミスではなく誰か犯人がいる。

その犯人とは……。

「石川は不思議な男だった。ほとんど誰にも理解されないように出来上っているとしか思えない」。たびたび行われる内務検査のとき「うす暗い隅の寝台に一人居残って」いる彼の「そばに近よることは」上官たちもためらわれた。

時計の修理工見習だった彼は機械オタクで、しかし、盗むとすぐに倦きて、片ぱしから便所に捨てた。

その石川が脱走したあげく、国境の憲兵隊にあげられ、そのペナルティーもあって部隊は動員される。ふたたび「従軍年譜」によれば、「八月、胸部疾患で入院。入院の翌日、部隊はフィリピンへ移動し、レイテ島でほぼ全滅した」。

翌昭和二十年三月、内地に送還され、七月、金沢の陸軍病院で現役除隊となるが、東京の家は戦災で焼失し、金沢の旅館にしばらく留まったのち、市川に住む叔父の家で世話になり、終戦を迎える。その叔父との関係を描いた二作「鶏と豪蔵」と「革の臭い」はさすが短篇の名手ならではだ。

（18・07・12）

中溝康隆『プロ野球死亡遊戯』文春文庫

ここ十年近くプロ野球に殆ど興味もっていなかったのだが、二年前から少し復活した。きっかけは北の富士勝昭だ。

なんだよ、それは相撲の話じゃないか、と言われそうだが、まぁ聞いてくれ。中日スポーツで、大相撲の期間だけ北の富士のコラムが連載される。それが凄く面白い。私が読み始めたのはおと年（二〇一六年）の三月場所の時だ。

三月場所は三月半ばから末にかけて開催される。ちょうどプロ野球の開幕直前だ。

おと年のその時期の中日スポーツの一面は連日、元大リーガーである新外国人（キューバ人）ビシエドだった。

だから私はこの愛敬あふれるキューバ人選手（名前も可愛い）についてすっかり詳しくなり（キューバから小舟に乗ってアメリカに亡命したという）、大ファンになった。シーズンが始まったらホームランを連発し、「今日もビシット、ビシエドだ」などという見出しが踊った。今年、新橋のチケットショップで買った神宮球場のヤクルト中日戦は、何と三塁側ダッグアウトのすぐうしろで、ビシエド、と声をかけたら手を振ってくれた。

ここ十年ぐらいのプロ野球シーンにうとい私でも、幾つか記憶していることはある。坂本勇人と長野久義の登場。坂本が順調に伸びていったのに対し長野の影が薄くなってしまったこと。村田修一の不人気人気。そして今シーズンの若きヒーロー岡本和真。

その辺の具体が『プロ野球死亡遊戯』によってよく理解出来た。

二〇〇八年春、坂本は、「なんであいつなんだよ」、「二岡の方が全然いいでしょ」と野次られていたという。つまり、負傷離脱中の二岡智宏のファンから、「嫉妬にも似た怒りを買っていた」。

しかし坂本は実力でそれをねじふせた。二〇一二年には百七十三本もの安打を打った。その年、同じ数打ったのがプロ三年目の長野久義だった。長野は一年目新人王で二年目首位打者、そして三年目が最多安打だった。二〇一二年の「サカチョーは、確かにふたりで未来をワリカンしていた」。ところが二〇一六年、四番長野は最初は「ガチでディスられていたのに、シーズン終盤はほとんど話題に挙がることすらなかった」。

村田修一はよくゲッツーを打った。しかもファンはそれを期待していたという。「あの長嶋茂雄は豪快な三振で後楽園を沸かせ、村田修一はショボいゲッツーでドームの観客を和ませる。これぞ伝統の巨人軍の三塁手である」。

その村田に代って背番号25をつけたのが若手四番打者岡本和真（七月三日現在ホームラン十四本）で、二〇一六年八月四日に書かれた「20歳に残された時間」を二年後の今目を通すと味わい深い。

味わい深いといえば「〝平成の怪物〟松坂大輔がいた時代」という時代（世代）論はさらに。

（18・07・19）

リチャード・パワーズ／柴田元幸訳

『舞踏会へ向かう三人の農夫 上・下』

河出文庫

大学院生の頃、つまり一九八〇年代半ば、現代アメリカ文学にはまった。

英米文学の大学院生だから英語が少し読めるようになっていた。

だから未邦訳の原書にチャレンジしていった。その頃、ヴィンテージ・コンテンポラリーとペンギン・アメリカーナという素晴らしいラインナップのペイパーバックが登場した。当時のアメリカの出版事情に詳しい人ならわかるようにアメリカの新刊はまずダサいハードカバーが出てその一年後に洒落たペイパーバックとなるのだ。それがいきなりペイパーバック（つまり文庫オリジナル）なのだから。

例えばスティーブン・ミルハウザーやグレイス・ペイリーに出会ったのもペンギン・アメリカーナによってだ。

しかし社会人になった頃、一九八〇年代終わり、その熱は去った。皮肉なことにその頃〝現代アメリカ小説のブーム〟が起き、次々と翻訳刊行されていった。

私はそのブームを冷ややかに見ていた。ブームの主流であるミニマリズムは、レイモンド・カーヴァーのものを除いて、物足りなかったから。

そして二十世紀が終わろうとする頃、この『舞踏会へ向かう三人の農夫』に出会い、圧倒された。いきなり圧倒されたわけではない。

私はもともと、タイトルにとられているドイツの写真家アウグスト・ザンダーの作品に強い興味を持っていた。この作品の存在を知ったのはヴァルター・ベンヤミンの写真論によってだ。

イギリスの作家・美術評論家ジョン・バージャーも評論集『見るということ』でこの作品について論じていたが、ちょっと左翼的で不満が残った。私が知りたかったのは三人の農夫が何を見つめているのかだ。

だからパワーズのこの作品を夢中になって読みはじめた。

この作品はみすず書房の雑誌『みすず』に連載された。

始まりはデトロイトだった。デトロイトの美術館で「私」はこの作品に出会う。「三つの何気ない視線に刺された私は、この写真家が大きな発見に行きあたったことをひしひしと感じた」。第四章に登場する一節だ。

しかしこのあたりで私は置いてけぼりをくらった。

この作品は複雑な構成を持っている。つまり三つの物語が交互に語られて行くのだ。

みすず書房にGさんという優れた編集者がいて、柴田元幸編の『パワーズ・ブック』が刊行されることになり、私にも原稿依頼があった。そして私は通読し、圧倒されたのだ。

学生時代にトマス・ピンチョンの『V.』を読んだ時と同様の（いやそれ以上の）驚きだ。

二十八歳でこんなデビュー作を発表するとは。しかもその後も次々と力作を発表し続けているのだから。

（18・07・26）

エリック・ホブズボーム／大井由紀訳
『20世紀の歴史 下』
ちくま学芸文庫

イギリス歴史界の巨人エリック・ホブズボーム（一九一七―二〇一二）に『――の時代』と呼ぶ四部作がある。すなわち『革命の時代』に始まる四部作。その四部作を通読することによって一七八九年から一九九一年に至る歴史を振り返ることが出来る。

その最終巻『両極端の時代』が『20世紀の歴史』と題して刊行された。上下合わせて千二百頁を越える。

とりあえず自分の興味ある所に目を通した。つまり文化や芸術。具体的に言えば上巻に収められた第六章「芸術――一九一四―四五年」と下巻に収められた第十七章「アヴァンギャルド死す――一九五〇年以降の芸術」。特に熱心に読んだのは第十七章だ。

というのは第六章で語られていたことは既に熟知していたのに対し、第十七章の問題は歴史的に近すぎてパースペクティーブが上手く描けないでいたからだ。

意外だったのはソビエトを除く社会主義国での芸術家や知識人の置かれた立場だ。

〈矛盾しているようだが、（社会主義の）第二世界と第三世界のさまざまな地域では、芸術家と知識人はともに名声を得て、それに比した富と特権を享受していた〉

教育の普及が進むと不思議な逆転現象が起きた。イギリスを例にとれば。

〈中産階級になりたくないと思ったら、わざわざシェークスピア劇を観る必要はなかった。ぎゃくに中産階級になりたいのなら、もっともわかりやすい手段は中等教育が課す試験に合格することであり、またシェークスピアに関する問題が試験で出されるわけだから、観劇は避けられない〉

二〇世紀後半、ロックやコミックやテレビといったサブカルチュアーがハイ・アートに取って代った。絵画の上でもポップ・アートが登場した。クラシック音楽でも、「一九五〇年以降に書かれた新しいオペラのうち、国際的に――いや、国内でもいい――繰り返し演じられるようになったものがいくつあっただろうか?」。「一九世紀的ジャンルからの撤退は、小説でも同様に明らかだった」。

ハイ・アートや文学という古典的なジャンルが衰退したのは才能が不足していたからではないとホブズボームは言う。「大量消費社会が世界中至る所で勝利したことである」。

この長編評論集が刊行されたのは一九九四年のことだ。

〈二一世紀の文化史で、二〇世紀後半のハイ・アートの芸術的到達点はどう評価されるか、見当がつくだろうか？　答えは、ノーであることははっきりしている〉

今世紀に入って識字率は上っていった。にも関わらず。

〈一九五〇年代以降、豊かな西側世界では、学識がある階級の子どもたちですら、親世代に比べ、読書に自発的に熱中しなくなった〉

スマホはもちろんパソコンも普及していなかった一九九四年の言葉だ。

（18・08・02）

井伏鱒二『太宰治』中公文庫

檀一雄や野原一夫の回想、あるいは奥野健男による評伝で太宰治のことをかなり知っているつもりでいたが、井伏鱒二のこの本を読んで私が全然無知であったことを知らされた。まず彼（ら）が身を投げた場所。

もちろん玉川上水であるが、私はずっと三鷹のあたりだと思っていたが井伏によれば桜上水だと言う（「桜上水という名前は、いまでも私はその名前をきくと、ひやりとさせられる」）。桜上水といえばかつての私の地元だ。私の通っていた区立中学校は桜上水にあって、国語の授業で太宰の文章を読んだが教師はこの近くで太宰が身投げしたとは教えてくれなかった。

「走れメロス」を初めて読んだのも国語の教科書で、太宰と檀一雄のエピソードを作品化したことは知っていたが、真相はかなり複雑だ。

日記をもとにした「十年前頃」という文章で、昭和十一年十二月二十八日の日記が引いてある。井伏の家で太宰といっしょに将棋をさしていたのだが（日記中で檀は何故か「園」と表記されている）。〈園君、熱海の料理屋の主人を連れ、太宰の行方を求めて来る。園君、いきなり太宰を怒鳴りつける。太宰は園を熱海の宿に残し置き、すでに数日前に帰京していたとのことである。小生、漸く事情に気がついた。但、園君は太宰の仮寓さきに太宰を訪ね行き、しばらく逗留しているうちに、置いてけぼりを喰わされたという次第である〉

料理屋の主人は太宰への立換金百円ほどを請求に来たのだが、彼はとんだくわせものだった。

太宰のいた部屋は井伏が熱海のその料理屋のおかみさんに手紙を書いて紹介してもらったのだが、井伏はこういう一筆を添えた。

すなわち、その小料理屋の主人は飲助だから、「決して親爺さんに太宰を引合せてくれるな」、と。

太宰の妻初代と井伏の着物を質に入れて作った三十五円を主人に渡したら、「これでは足りないと云う。前もって（おかみさんに）、酒をすすめてくれるなと頼んだ甲斐もない。太宰をそそのかして遊びに連れ出したものに違いない」。

井伏は佐藤春夫から借りた五十円（「三好達治が大阪の母堂から結婚のお祝に貰った金の一部」）を持って熱海に行き支払ったら、主人は、金が少し足りないと「大いに不平を鳴ら」した。〈そこで小生すこし気を荒くして、しからばお前さんの細君をここに出せ、云ってきかせることがあると云う。おやじ忽ち閉口して、それは私んちで家庭争議を起すだけのものであるから、勘弁して下さいと云う〉

太宰治は石井桃子にあこがれていたけれど、石井は気づかないでいた。そのことを電車の中で石井に言ったら彼女は、「あたしだったら、太宰さんを死なせなかったでしょうよ」と答えたという。

（18・08・09）

柴田元幸

『ケンブリッジ・サーカス』新潮文庫

柴田元幸は前々々回に紹介した『舞踏会へ向かう三人の農夫』をはじめとしてアメリカ文学の名翻訳家として知られるが、一方で、素晴しい文章家でもある（『生半可な學者』で講談社エッセイ賞を受賞したのはもう三十年近く前のことだ）。

『ケンブリッジ・サーカス』と『バレンタイン』をもとにしたこの文庫本を目にすればそれが良くわかるはずだ。

エッセイと称されているが、私に言わせれば、これは、小説だ。

リアリズムには普通のリアリズム、シュルリアリズム、スーパーリアリズム、マジックリアリズムなどがあるが、この短篇集は〝奇妙な味〟のリアリズム、すなわち、オッドかキュリアスかビザールなリアリズムだ（この三種の内どれが正解なのでしょう――教えてください柴田先生）。

柴田氏は東京大田区の六郷で生まれ育ち、大学の時半年ロンドンを放浪し、大学院の時は本郷に住み、今はまた六郷に暮らしている。

だから舞台の中心となるのはその三つの町（街）だ。

そして、それらの町で、一見普通でありながら、奇妙な人と次々に出会う。

さらに重要なポイントは現在と過去を往還、すなわち柴田少年と時々遭遇するのだ。

スチュアート・ダイベックというアメリカの作家がいる。『シカゴ育ち』、『それ自身のインクで書かれた街』といった作品を柴田氏は翻訳した。

そのダイベックが二〇〇八年秋に来日した。

〈二〇〇八年十月二十二日水曜日午前十時、スチュアート・ダイベックが東京都大田区仲六郷にある僕の家に到着して、僕らはさっそく京浜工業地帯ツアーに出かけたのだった〉

その十五年前、柴田氏はスチュアートが生まれ育ったシカゴ南側の下町ツアーに連れて行ってもらった。その時柴田氏は、「これって僕の育ったところとまるっきり一緒じゃないか」と思った。

柴田少年たちは六郷土手で野球をした（少年は守備も打撃も下手だったけれど）。時々、大人（たぶん失業中の人）が入れてくれと寄って来た。その大人の顔が、柴田氏の目に「シカゴの某作家の顔に」見えて来た。

するとスチュアートは、「ははははは。それは絶対僕だな。間違いない、ここで君たちと野球をしていた気がするよ」と言った。

このあたりの風景は四十年前と少しも変っていない。

〈そう思いながら、あたりを見渡すと、川べりの背の高い葦のなかに埋もれるようにして一人の子供が立っていて、こっちをじっと見ているのが見えた〉

その少年はもちろん……。

ところでかつて幼稚園で使われていた弁当保温器（私はこれが嫌いだった）を発明したのが詩人で翻訳者でもある山崎佳代子のお祖父さんだと知って驚いた。

（18・08・30）

塚原渋柿園／菊池眞一編

『幕末の江戸風俗』

岩波文庫

塚原渋柿園（一八四八―一九一七）といえば明治期に活躍した歴史小説家だが、彼の回想を集めてこういう一冊が出来るとは思ってもいなかった。

文庫オリジナルの編集が素晴らしい。さらに素晴らしいのが詳細きわまる注解だ。そしてありがたいのは索引。

目次を順に紹介して行けば、「五十年前」、「思ひ出る儘の記」、「幕末における武士の風俗」、「幕末の江戸風俗」、「幕末の江戸芸者」といった具合だ。

「五十年前」は明治になった年だ（今年は明治百五十年に当るから百年前に書かれた文章）。その書き出しを引く。

〈歴史は僕に種々(いろいろ)な事を教えてくれた。

その教えたのは、単に政府の交代や、人間の生死(いきしに)の事ばかりで無い。世間のあらゆる事物の進退、消長について説明し、指示してくれた〉

渋柿園は江戸の与力の息子として市谷で生まれた。

地下鉄はもちろん都電（市電）も市谷と日本橋はさほど遠くないが、それ以前は大変だった。「昔しの日本橋」で彼はこう語っている。

〈山の手の外れから下町の日本橋へ来るには、市谷見附を入いり、番町から九段を下り、牛が淵を通って、護持院が原から鎌倉河岸、龍閑橋を渡って、本町から御店のある駿河町、室町、それから右の日本橋だからざッと一里の少々余はあろう〉

つまり市谷から日本橋を往復するのは一日仕事で、その頃の日本橋のことを彼は殆ど知らない。「素読家」という職業があったことを初めて知った。「私塾ともつかず、寺子屋ともつかぬ、今云う何々教授と看板をかけて居る」ようなもので、そこで渋柿園は四書五経と『小学』を習った。

明治の初めの新聞はデタラメだったという。「官軍は大敗北で、会津の軍勢はやがて千住へ入ると云うような記事が書いて」あって、「いやこれは幕府の為め万歳だと」思っていたら、実はその時会津は「落城して」いたのだ。

渋柿園が「横浜毎日新聞」に入社したのは明治七年。

当時は取材が行き届かず、「四頁の新聞を拵えるにも非常な苦心をした」。「書く記事がなかったので四頁目を白で出して、それへ添書して、諸君の思った事を書いて見給えと云う様なものさえ出した」。

当時の二大ジャーナリスト福地桜痴と成島柳北は仲がとても良かったけれど文章に対する考えは正反対だった。すなわちリアリズムを良しとする桜痴に対し、柳北は文章にはあやが必要だと考えた(私は柳北の文章の方が好き)。

柳北は面倒見が良く、横浜に住む渋柿園の所に東京からわざわざ汽車に乗って酒と「鰻の切手」を届けに来てくれた。「鰻の切手」？　と思って注解を見たら、「鰻の蒲焼と交換できる商品券」とあった（どこの鰻屋でも使えたのだろうか？）。

（18・09・06）

武田泰淳
『富士』　中公文庫

武田泰淳の七百頁近い大長篇『富士』に挑戦したのは大学生の頃だ。しかし数十頁で挫折した。二十代の若者にはこの作品の凄さがよく理解出来なかったのだ。それから四十年近く経ち、私は武田泰淳がこの小説を完成させた年を越えた。この小説の凄さがビンビン体に響いてくる。

読了していなくともこの作品についてだいたいの所は知ったつもりでいた。時代は戦争中で、舞台は富士の見える山梨の精神病院。様々な人物が登場し、その中に自分を宮様と主張する（それがウソであるのか本当であるのか明されない）一条実見がいる。一条と主人公の大島は大学の同級生だが、片眼の視力を失なっている大島は戦場に出ることなく、この精神病院の「演習学生」となっているのに対し、一条は患者だ。

「蒼白な顔」をして「濃いひげそりあとの青々している」美貌の一条のモデルは三島由紀夫だといわれている。

その点で貴重な証言をしているのは『海』連載時の担当者だった村松友視（『夢の始末書』）だ。この文庫（増補新版）には村松氏が『武田泰淳全集』の月報に寄せた文章が収められている。

〈「いやな匂いがする。下賤のやからの、いやな匂いがする」といって登場する一条実見という美貌の青年は、自分を宮様だと信じ込んでいる元精神病医学生の空想性嘘言症患者だが、この人物が三島由紀夫氏を髣髴とさせることはすでに何人かが指摘している〉

一条は病院から失踪し、警官の制服を着用して御陵に潜入し、本物の宮殿下の前に突然あらわれ、「日本精神病院改革案」なるものを手渡す。警備員たちの怒りを激発させ、彼らから殺されるために「無礼者！」「馬鹿者！」「不忠者！」と罵倒するが果せず、青酸カリをあおり、自分は宮様だと言い張ったまま死んでゆく。

現実の時間の流れが凄い。

この章（第十五章）は昭和四十六年の新年号つまり昭和四十五年十二月七日発売の号に発表された（三島事件が起きたのは同年十一月二十五日）。

『夢の始末書』によれば村松氏が武田氏からその原稿を渡されたのは十一月二十日。だが、「何かの事情で別の者に入稿してもらったので、そのくだりを読んでいなかった」。「そのくだり」を村松氏が目にしたのはゲラになった十一月二十五日だ。

にも関わらず多くの人が三島事件の影響を指摘する。佐伯彰一はともかく、当時の『海』の編集長だった近藤信行までが「一編集者の回想」でそう述べているのを目にすると首をかしげてしまう。それからさらに四半世紀経って、やはり山梨側の富士の近くに教団施設を持つオウム真理教事件が起きた。

作家武田泰淳の予知能力や恐るべし。（18・09・13）

手塚治虫
『火の鳥6 望郷編』角川文庫

近代文学研究の基本は書誌学すなわちテキストクリティックにある（これが出来ていない専門家は多いが）。

つまり初出誌、単行本、文庫本、全集版などによる異同を正確に調べること。

例えば大岡昇平はそれが激しい。

私はかつて大岡昇平論を書くに当って「俘虜記」のテキストの異同を調べたことがあるが、そのあとで神奈川近代文学館に大岡昇平展を見に行ったら、生原稿だけでなく初出誌にもかなり直しが入っていた。

それをマンガに当てはめれば一番手強いのは手塚治虫の『火の鳥』だ。

私の家では祖父（母の父）も母も手塚好きで、昭和三十年代に出た『火の鳥』が何冊かあった。『COM』で連載された時はリアルタイムで読み、単行本も購入した。しかしそのたびに話や登場人物が微妙に（いや、時には大胆に）異なるのだ。何を以て決定稿とすれば良いのか。

この「望郷編」は『COM』が休刊されて三年後、つまり一九七六年九月号から七八年三月号にかけて『月刊マンガ少年』に連載された。私以上に『火の鳥』ファンだった弟が毎月購入していたからこれもリアルタイムで読んだ。

しかし今回久し振りで読み返してみてまったく思い出せなかった。

単行本（朝日ソノラマ）で冒頭部が加筆され、さらにその八年後、一九八六年に出た角川版は「手塚の手で大掛かりなディレクターズ・カットが加えられ」たという（そのあたりのことは中野晴行による「解題」に詳しい）。

『火の鳥』は「鳳凰編」や「ヤマト・異形編」に見られるように東洋的といおうか、輪廻転生の物語だ。

しかしこの「望郷編」は西洋的、いやその先を行く「旧約聖書」をテーマとした作品だ（「旧約聖書」を自家薬籠中の物にしている手塚の知力は本当に凄い――マンガ家デビュー以来寝る暇もなかったはずなのにいつ学んだのだろう）。

つまりアダムとイブと蛇をモデルとしたキャラクターが登場し、クライマックスはソドムとゴモラの滅亡だ。

愛し合う二人、丈二とロミは人口爆発しそうな地球から宇宙へと旅立つ。しかし宇宙不動産からだまされ、トンデモない星に到着し、丈二は事故で亡くなる。ロミのお腹には子供（カイン）が。

ロミは「冷凍睡眠室（コールド・スリープ・ルーム）」と呼ばれる密室を作り、その中で二十年眠る。成長したカインと再会したロミは彼と一緒になり七人の子供を生むが、全員男だった。つまり子孫が続かない。

カインは事故で半身不随となり、ロミはまた「冷凍睡眠室」に入り、目覚めたのち長男のロトと夫婦になるがやはり男しか生まれない。

その時、火の鳥が現われるのだ。

（18・09・20）

嵐山光三郎『漂流怪人・きだみのる』 小学館文庫

編集者出身の文筆家ということで私は嵐山光三郎さんや村松友視さんと同じ枠で語られることがある。

しかし編集者としての格というか番附けはまったく違う。

私がせいぜい十両であるのに対して、お二人は関脇（不思議なことに編集者として大関・横綱だった物書きは殆どいない)。

中央公論社の編集者だった村松さんのそれは回想集『夢の始末書』に詳しいが平凡社の編集者だった嵐山さんも村松さんと負けずおとらず凄玉たちと仕事した。深沢七郎、檀一雄、そしてきだみのる。この作品が小学館から単行本として刊行されたのは二〇一六年二月だが、その前、初出(小学館のPR誌『本の窓』)連載を目にした時は驚いた。

畸人きだみのると嵐山青年はこんなに深い関係にあったのか、そしてそのことを何故か今まで殆ど筆にしていなかった、ということに。

一九七五年七月に八十歳で亡くなったきだみのるのことを私はまず『気違い部落』(今ではこんなタイトル二重にバツだろう)シリーズの人として知った。さらに岩波文庫のファーブル『昆虫記』の共訳者(もう一人の訳者は林達夫)として。

その内、彼がフランスで本格的な学問(古代社会学)をつんだ人間で、レヴィ・ブリュルの『未開社会の思惟』やデュルケムの『社会学と哲学』を本名(山田吉彦)で訳していることも知った。

彼は複数の女性との間に八人の子供を持ち、最後は、六十八歳の時に人妻に生ませた娘ミミだった。

雑誌『太陽』の編集者だった嵐山青年(二十八歳)が元八王子の丘陵に暮らすきだみのるのもとに連載(日本中を旅して廻る)依頼に訪れた時、きだは七十五歳、つまりミミは七歳だった。

嵐山氏がきだとミミ(彼女はきだが父親だと知らされていなかった)と、ここまで深く付き合っていたとは。

野生の少女として育てられたミミは学齢期になっても小学校に通うこともなく、本来なら六年の時、東北のある小学校の分校に五年生で入学し、きだの没後は、その担任（「ササキ先生」）の養女となった。

ここから先のスキャンダルは有名だ。文学的野心に燃えていた「ササキ先生」は三好京三というペンネームで暴露小説を次々発表し、その連作『子育てごっこ』により直木賞を受賞する。

賢くて感受性の鋭かったミミは東京女子大入学後、六本木や赤坂のディスコクィーンとなり、渋谷でホテトル嬢をやっているという記事が週刊誌に載り、『ペントハウス』でヌードを披露した。

そのミミの「その後」、イギリスに渡り、現地の人と結婚し、三好京三の葬式（二〇〇七年五月）の際、「祭壇の前で号泣した」でこの優れたノンフィクションは閉じられる。

（18・09・27）

佐藤秀明編『三島由紀夫紀行文集』岩波文庫

エッセイの名手であった三島由紀夫は（何度か書いているように私は三島の小説をあまり良いとは思わない）、当然、紀行文の名手でもある。

その三島の『アポロの杯』をはじめとする紀行文が一冊にまとめられた。

三島の北南米及び欧洲紀行である『アポロの杯』は昭和二十七年十月、朝日新聞社から刊行された。この版元と日附けに注目してもらいたい。

一九五一（昭和二十六）年十二月二十五日、三島は横浜港からプレジデント・ウィルソン号で出発し、アメリカ、プエルトリコ、ブラジル、スイス、フランス、イギリス、ギリシア、イタリアを廻って、翌一九五二年五月十日に帰国する。

サンフランシスコ講和会議による平和条約の発効すなわち日本の独立は一九五二年四月二十八日。つまりいまだ占領下にあったから民間人の海外渡航には制限があり三島は朝日新聞社の特別通信員の資格で行ったのだ（かつて十返舎一九の『東海道中膝栗毛』は一般人の旅行が難しい時代に観光案内として読まれたというが『アポロの杯』も同様の役割を果したのだろう）。

『アポロの杯』を私はもう何度も読んだことがあるので、初めて目にする短文が貴重だ。

例えば、「夜の渋谷のその内部を私は知らないのである。渋谷というバラックだらけの街は、まるですき間だらけのベニヤ板で作った箱のようで」と書きはじめられる「渋谷」。

夜の渋谷には「パンパンとも女給ともしれぬ女」が大ぜいいて、その内の一人から三島青年は「いきなり髪の毛をつかまれ」た。その場所が「渋谷大映のかげ」、ということは今の東急本店通りだ。女は言った、「兄さんの髪の毛、あたし、気に入っちゃったわ」、と。

ちょうど今、大相撲九月場所が開かれ、私は既に三度両国国技館に通った。相撲がはねると回向院の方に向かい、大通りを右に行き、両国橋を渡る。前方右手に柳橋が見えてくる。そのたびに私は幸田文原作で成瀬巳喜男が映画化した幻の料亭街のことを思う。だから「竜灯祭」のこういうくだりに目が止まってしまった。

〈柳橋の竜灯祭は神事である上に、いかにもこの土地らしい華麗なものである。川面いちめんに灯籠が流れ出す数分間はふだんはただ眺めているだけの隅田川をわれとわが手で流した灯籠で、占領してしまったような快感を与える〉

東洋人に比べて、「アメリカおよび西欧人は、実に年の取り方の下手なことだと思われる」と三島は言う。「目をおおいたいほどの老醜」は東洋人にはあまり見られず、「東洋人は概して年をとるほど美しくなるのである」。「わがアメリカの影」というタイトルが意味深だ。

天皇主義者だったにも関わらず「わがアメリカの影」におびえた三島はあのような最後を選んだのではないか。

（18・10・04）

網野善彦『歴史としての戦後史学』

角川ソフィア文庫

一九七〇年代に網野善彦が日本歴史学界のみならず思想界に与えた衝撃は凄かった。

彼を批判する研究者たちは、彼のことを「私小説的」だとか「空想的浪漫主義」だとか呼んだというが（清水克行による本書の「解説」）、だからこそ網野氏は専門家を越えた広い読者層を獲得したのだろう。例えば私はその代表作『無縁・公界・楽』を読む前から百姓イコール農民でないことを知らされていた。

その網野氏の歴史家としての自伝が一冊にまとめられ文庫本になった。

読者はまず最後に収められたインタビュー「私の生き方」に目を通したのち、冒頭から読んで行くと良い。

百姓イコール農民でないことは江戸時代の奥能登の時国家の史料を読んでいる内にわかってきた。つまり時国家は「大きな農業経営をやる一方で、廻船による交易や製塩、製炭、山林経営、金融業まで営んでいたことがわかってきた」。当時、日本海を廻る北前船による交易が盛んだったのだ。だから時国家はじつは大事業家だったのだ。

こういった事実に出会えたのも若き日、月島にあった日本常民文化研究所分室で文書整理の仕事をしたおかげだ。

もっとも、網野氏は、その「仕事をサボりつづけ、人々を歴史学の中での運動、やがて国民的歴史学といわれた運動に駆り立てる役割をするようになった」という。

すなわち。

〈自らは真に危険な場所に身を置くことなく、会議会議で日々を過し、口先だけは〝革命的〟に語り、〝封建革命〟〝封建制度とはなにか〟などについて、愚劣な恥ずべき文章を得意然と書いていた、

そのころの私自身は、自らの功名のために、人を病や死に追いやった〝戦争犯罪人〟そのものであったといってよい〉

山村工作隊をはじめとする武装共産党路線のオルガナイザーでありながら、自身はその闘いに加わることがなかった（この部分にスポットライトを当てた網野善彦伝を私はとても読みたい）。

いわゆる六全協によって日本共産党が武装路線から「愛される共産党」へと変化し、多くの党員（特に若者たち）にショックを与えるのは一九五五（昭和三十）年だが、網野青年が党を離れたのはもっと早かった。

〈一九五二年の前後までは運動の中心部にいましたけれども、職場であった研究所の中のいろいろな問題も絡みまして、一九五三年の夏ごろに、自分自身の空虚さを思い知らされる経験をし、目がさめたような気がして、この運動のリーダーのような立場を自ら下りました〉

網野青年は何を見たのだろうか？　いずれにせよ青年はこのあと改めて（いや初めて）歴史に向き合い、やがて、新しい歴史学を作り上げて行くのだ。

（18・10・11）

石川淳

『至福千年』岩波文庫

ついにこの連載も千回目を迎えた。

この連載の第一回目が載ったのは一九九六年八月二十九日号だ。

当時私はまだ著書がなく、そんな私を週刊誌の、しかも連載が一番充実していた『週刊文春』の連載陣に加えてくれたOさん（のち『文學界』編集長）に感謝している。というのはあとから振り返ってのことで、当時の私はとても緊張した。

まだ著書がなく、と書いたが私の著書『ストリートワイズ』（晶文社）と『シブい本』（文藝春秋）が立て続けに出たのは翌一九九七年初夏のことだ。

『ストリートワイズ』は評論集、そして『シブい本』は書評集で、この連載の最初の十七本が『シブい本』に収録されている。

一冊分まとまってから本にしてもらえませんかと単行本担当のMさん（今は亡きMさんは文春のほこる名編集者だった――そのMさんが最後に担当した新人であったことを私は誇りに思う）にお願いしたら、Mさんは、『週刊文春』はとてもシビアだから、つまらない原稿が続いたらどんな大家であっても簡単に打ち切る、と言った。

私は、単行本一冊分、つまり百回ぐらい続けられる自信はあった。それがまさか千回続くとは。

千回が見えて来た今年春頃からその回は何を取り上げようかと考えていた。すると、今年七月に石川淳の『至福千年』(岩波文庫)が復刊(七刷)された。よし、これだ、まさに千回にふさわしい。

学生時代私は石川淳を愛読し、新書サイズの『石川淳選集』(岩波書店)全十七巻も毎月購入し、揃えた。

ただし、愛読したと言っても、それは、短篇小説や随筆、評論などで、『白頭吟』や『荒魂』といった長編小説に目を通すことはなかった。だから『至福千年』も未読だった。

しかし、この年になって初めて読んでよかった。

この作品は東京トポス小説でもある。高田馬場界隈は準地元といえたが、下町、特にこの作品の重要な場所である両国界隈はまったく無知だった(大相撲のおかげで今やけっこう詳しい)。

安政五(一八五八)年から元治元(一八六四)年まで、すなわち安政の大獄や神奈川開港、桜田門外の変、生麦事件、蛤御門の変などのあった幕末の動乱期を舞台に、バテレン者を中心に様々なクセ者たちが活動するこの作品はまさに「至福千年」をテーマとする革命小説だ(還暦を過ぎているのに石川淳の筆力というかエネルギーは凄い)。

この長編が雑誌『世界』に連載されたのは一九六五年から六六年にかけて。

迫り来る明治百年(一九六八年)にむけてのものだ。その年は、もう一つの革命が起きた年で、石川淳はそれを予言していたかのようだ。

(18・10・18)

石川淳
『至福千年』

福田恆存

『芥川龍之介と太宰治』

講談社文芸文庫

大学時代私は卒論の対象に福田恆存を選んだ（私が日本文学専攻だったら無理だっただろうけれど人文専攻だったから可能だったのだ）。

当時福田恆存は「保守反動」（つまり「保守」以下）と呼ばれ、氏の作品を読む若者は皆無に近かった。

その例外が同級生のH君（現読売新聞）で、彼の影響で、当時中公文庫に収められていた『藝術とは何か』と『人間・この劇的なるもの』を立て続けに読み、特に『人間・この劇的なるもの』に強い衝撃を受け、福田氏についての考えをまとめなければ、と思ったのだ（もっとも私は二十枚以上の文章を書いたことがなかった）。

まずは他の著書に目を通すことだが、その点で早稲田大学の図書館は殆ど役に立たず、昭和三十年代に出た新潮社の『福田恆存著作集』全八巻と昭和四十年代に同じく新潮社から出た『福田恆存評論集』全七巻以外は古本屋でも中々入手出来なかった（二種の全集及び著作集が完備されそれに目を通すだけで福田恆存論が書ける現代とはまったく異なる――コツコツと著書を集めて行くことが福田恆存論への道だったのだ）。

特に集めにくかったのは『作家の態度』や『近代の宿命』や『平衡感覚』といった昭和二十年代前

半に出た評論集だった。それらの評論集が棚の上段に並らんでいたのが早稲田の古本屋浅川書店で、一冊四千五百円もするそれらの本を半年以上かけて買い揃えた。

その例外が第三文明社のレグルス文庫（サイズは新書判）に入っていた『芥川龍之介と太宰治』だ。若かった私が読んでも若書きが目立ち（特に「芥川龍之介Ⅰ」）、卒論執筆の時以来再読していなかったけれど、今回の文庫化を機に三十数年振りで目を通した。

やはり「芥川龍之介Ⅰ」は構えが大きすぎて気持ちが乗れなかったが、「芥川龍之介Ⅱ」と「太宰治」（これも二種収録されている）は、さすが福田恆存と思った。

読み返して行く内に、学生時代の私が傍線を引いた箇所を幾つも思い出した。

「われわれにとってもっとも重要な問題は、不平不満の現実を訴えることでもなければ、その原因をつきとめることでもない。なにより大切なことは不平不満を除くことであります。それにうちかとうという意思であります」だとか、「私小説作家は自己否定をたてまえとしていても、けっきょくは自己肯定を最終目標としている」だとか、「自分の手足が汚れていることに気づいたってそんなことは大した手柄でもなんでもありません」といった具合に。

太宰治についても二種収録されていると述べたが、驚いたのはその最初のものは『群像』昭和二十三年六月号と七月号に、つまり太宰治生前に発表されていることだ。福田恆存は太宰のああいう形での死を適確に予期している。

（18・10・25）

殿山泰司／大庭萱朗編

『殿山泰司ベスト・エッセイ』

ちくま文庫

昭和四十年代半ばまで出ていた『漫画読本』（文藝春秋）はとても素敵な月刊誌だった。父が毎号購読していたので、小学生だった私もドキドキしながら目を通した。ドキドキ、というのは巻頭のヌードのピンナップをはじめとして〝お色気〟路線だったから（ただしそれは上品な〝お色気〟だった）。

文筆家としての殿山泰司を知ったのも『漫画読本』によってだ。その連載「三文役者の無責任放言録」は三一書房から単行本化され『三文役者』シリーズは私の学生時代角川文庫に収録され、のちちくま文庫に収録される。

ちくま文庫はとても質の高い文庫だが絶版になるペースが早いのが玉に瑕で、シリーズはすべて新刊書店の棚から消えてしまった。

だからこの「ベスト・エッセイ」の刊行は嬉しい。

柱となるのは戦争、映画、ジャズだ。

殿山泰司はその特徴ある風貌と相い合わせて、役者としてだけでなくファンキーなジイさんとして知られていたが、そのことを知っているのも五十歳以上の人だろう。

だから説明する。

殿山泰司／大庭萱朗編
『殿山泰司ベスト・エッセイ』

一九一五年に東京銀座に生まれた殿山（実家はおでんの「お多幸」）は新築地劇団で舞台デビューしたのち映画の世界に入り、新藤兼人、吉村公三郎、川島雄三、今村昌平らの作品で活躍する。亡くなったのは一九八九年。

ミステリーを中心とした大の読書家として知られ（林達夫の「歴史の暮方」にまで目を通しているのだから驚く）、その読書量が彼をユニークな文筆家に仕立てあげた。

批評も適確だ。

ロック少年だった私はジャズも聞かなければと思い、当時流行りのウェザー・リポートを聞いたけれどピンと来なかった。だから、「ウェザー・リポートは意外と軽いんだな」という言葉に、おっしゃる通りと思った。

殿山泰司は次々と人に会う。

「アール・ハインズを聴きにいって、植草さんにうしろから声をかけられたときには、それはもう惚れてる女にぱったり会ったごとく、アファアフと声もろくに出なかった」というのは場所が場所だけに必然だろうが、「CICの試写室へ行ったら渥美清さんにばったりと会った。前の回がまだ上映中だったので、廊下で立ちばなしをしてたら、そこへ田中小実昌さんがやってきた」というのは偶然だろうか必然だろうか。ならばこれは？　「夜の新宿をぐるぐると歩きまわる。そしたら、カブキ町で東映の鈴木則文監督と会い、ゴールデン街の入口で日活の神代辰巳監督と会い、紀伊國屋の裏で文学座の北村和夫と会った」。

一九七六年夏の甲子園を夢中になって見てる。「時どきハッ！！　とするほど美少年の選手のアップが映るのね」。一九七六年は私が高校三年の時だから、するとこの「美少年」は原辰徳か？

（18・11・01）

石ノ森章太郎『章説　トキワ荘の青春』中公文庫

豊島区の椎名町にあった伝説のアパート「トキワ荘」に関して様々なマンガ家たちが思い出を書き残している。

しかし石ノ森章太郎の『章説　トキワ荘の青春』は類書とは少し異なる。

ポイントとなるのは「章説」の部分だ。つまり石ノ森氏はきわめて個人的な思い出を語って行く。

まず、「プロローグ」の書き出しを引く（傍点は原文）。「姉が死んだ。明日が二十三歳の誕生日。ある年のその日だった。三歳違い。ボクは、成人式とやらが済んでまだ三か月め」。そして石ノ森氏はこう言う。「トキワ荘のことを書こうと思ったら、姉の死を避けて通る訳にはいかない」。

つまり、姉との思い出が生々し過ぎて（二百四十頁に姉の写真が載っているが確かに美しくはかなそうな人だ）、「トキワ荘」の思い出を中々書けなかったのだ。この作品の元本が出たのは昭和五十六年。石ノ森氏は昭和十三年生まれだから四十歳過ぎてようやくというわけだ。

姉の影響を受けていたから石ノ森氏の（特に初期の）作風はフェミニンだ。

だから女性の読者も多かった。最初のファンは「高橋瑠美子に高橋由美子」という小学六年生の少女だった。ファンレターに、「遊びにおいで」という返事が来て、「喜んで、出掛けようと思った」が「母に止められて」しまった中二の少女は池田理代子。「十六歳の頃、トキワ荘まで行ったんです。でも、結局……入れなかった」というのは里中満智子だ。

メインの舞台だった『少女クラブ』の廃刊にショックを受けた石ノ森氏は海外旅行に出る（外国旅行が自由化される前だったから集英社の〝取材記者〟として）。その前に『少年クラブ』が消え、『漫画少年』は疾うの昔に。さらには『日の丸』、『少年ブック』、『少年』も。

しかし実はこれは新しい時代の始まりでもあったのだ。

つまり月刊誌から週刊誌へ。

石ノ森氏自身、週刊誌二本が四本となり、その他合わせて月産六百頁（一日平均二十頁）こなした。

これは赤塚不二夫や藤子不二雄といった他の「トキワ荘」作家も同様だった（そのチャンピオンが「トキワ荘」とマンガ家の縁を作った手塚治虫）。

だから売れっ子マンガ家は早死にした人が多い。

石ノ森章太郎が亡くなったのはちょうど二十年前、一九九八年。六十歳ということは今の私と同い年だ。

「トキワ荘」出身のマンガ家で私が一番好きだったのは寺田ヒロオだ。『スポーツマン金太郎』を何度繰り返し読んだことだろう。

その寺田ヒロオがある日絶筆宣言する。「漫画が、段々ひどくなる。もう描きたくない。それが理由だった」。

寺田ヒロオは自室にこもり自殺同様の死に方をする。彼は何を見ていたのだろう。（18・11・08）

岡茂雄

『本屋風情』 角川ソフィア文庫

岡茂雄と岡正雄兄弟のことをいつ知ったのだろう。

『本屋風情』が中公文庫に入ったのは一九八三年九月、私が大学院生の時だ。となると岡正雄の方が先だ。

大学生の頃私は山口昌男のかなりヘヴィーな読者で、山口氏の都立大学大学院時代の恩師の一人岡正雄がとてもユニークな経歴の持ち主であることを知った。

東大を出たあと柳田國男の書生となり、ウィーン大学に留学。帰国後は陸軍の対外向け宣伝誌『FRONT』を出していた東方社に入るが、終戦後、出身地長野に帰郷。スーパーマンのコミック

岡茂雄
『本屋風情』

誌を出して失敗、借金を背負う……。

その人柄がユーモラスなだけに『本屋風情』を読んだ時、二人が兄弟であることに結びつかなかった。

陸軍士官学校を出て軍人となったのち岡書院を創設する岡茂雄は、軍人出身だけに固い（しかし文章はその固さの中にそこはかとないユーモアを感じさせる）。

二人のキーパースンは柳田國男であるが、『本屋風情』を読むと柳田がとてもイヤなやつであることがわかる。

「まえがき」にこうある（傍点は原文）。「柳田国男先生がある事情からじれて関連者たちがほとほと困ったことがある」。

その時、財政家で民俗学者でもあった渋沢敬三が、「柳田さんを呼んでいっしょに飯を食おうではないか」と提案したが、岡は、「それは困る」と答えた。

しかし結局、岡はその食事会（他のメンバーは石黒忠篤と早川孝太郎）に参加した。

その数日後、早川が岡のもとを訪れ、柳田が「だいぶ御不興だったよ」と言った。「ぼくがいたからでしょう」と言う岡に、早川は「そうなんだ、なぜ本屋風情を同席させたというんですよ」と答えた。

たぶん岡は不快だったと思うが、それから何年も経った今やその四文字に「愛着をさえもつように」なり、タイトルに選んだのだ。

これ以外にも次々と柳田の「じれい」が紹介されて行く（「よくぞ生まれた『雪国の春』」や『『人類学・民族学講座』流産始末記」など）。

畸人で知られた南方熊楠はそれとは対照的に少しもイバらない人だった。

ある日南方の家を訪れ、話をはずませたのち、辞去しようとしたら、南方夫人が、泊まって行けばと言ったので、次の予定がありながら泊まることになった。

夕食前に「風呂をいただいた」時、「わずか十五分か二十分の間に」南方が三回も、「湯加減はどうかな」と尋ねて来たので、岡は感激した。

しかし当時の学者は柳田や金田一京助のようにもの凄くイヤな性格か、南方や渋沢のように良い性格かしかいない。つまり普通の人がいない。だからこそ優れた業績をあげたのだろう。（18・11・15）

ホーフマンスタール／丘沢静也訳
『チャンドス卿の手紙／アンドレアス』 光文社古典新訳文庫

近代の定義は分野によって異なるだろうが文学の世界においては、言葉とそれが意味するものの分裂によって始まる。

演劇はシェイクスピア、小説はセルバンテスだ。

その代表作である『ハムレット』と『ドン・キホーテ』はそれぞれメタ・シアターでありメタ・フィクションである。

ならばその先にあるものの、近代を越えるものは？

つまりもはや言葉とそれが意味するものの分裂などと言っていられなくて、言葉そのものを信じられなくなったなら。そして信じられなくなったとしても、自分の思い、心のあり方をそれによって伝えなければならないとしたら。

青年期に人はそういう悩みを持つ。少なくとも私はそうだった。

そんな時に私はホーフマンスタールの「［チャンドス卿の］手紙」を読み衝撃を受けた。「［チャンドス卿の］手紙」は文筆家であったチャンドスが「文学の営みを完全に、やめることを」イギリスの哲学者フランシス・ベーコン（シェイクスピアの同時代人でシェイクスピアとベーコンが同一人物だと思われたこともある）に宛てた手紙だ。

その書き出しはこうだ。

「2年もご無沙汰しておりました。心から敬愛する友は、ありがたいことに私の失礼を責めることもなく、温かいお手紙をくださいました。それどころか、冗談まじりの言葉でさりげなく私のことを気遣い、私の精神が硬直しているのではないかと心配までしてくださいました」。

精神が病んでいるのでは、と心配するベーコンに対し、チャンドスは、「温かいお手紙をいただいたものの、まだ私は、自分が宛名の人間であるのかすら、わからないほどなのです」と答える。

かつてのチャンドスにとって「存在全体が大いなる統一のように見えていた」。「精神の世界と身体の世界は、対立していないように思えていた」。

ところが、「どんなことであれ、関連づけて考えたり話したりする能力が、すっかりなくなってしまった」。つまり、「抽象的な言葉が」、「口のなかで腐ったキノコのようにぼろぼろと壊れた」。

経験的方法、客観的観察を重要視したベーコンに対してこのように答えるのが凄い。しかし彼はケンカを売っているわけではない。「すべてが解体して部分に分かれ、その部分が解体して、さらに部分に分かれて、ひとつの概念ではなにひとつカバーできなくなったのです」。

ひとつひとつの言葉が彼のまわりに漂い、それが凝固して目となり、その目に見つめられると見つめ返すしかない。その言葉の渦巻きを突き抜けると、「そこは空(くう)」とチャンドスは言う。

〝ポストトゥルース〟と言われる時代にこの作品はどのように読まれるのだろう。（18・11・22）

吉田隆『紀州のドン・ファン殺害「真犯人」の正体』講談社＋α文庫

テレビのワイドショーがかなり好い加減だとは思っていたが、週刊誌も、時に、好い加減であることを『紀州のドン・ファン殺害「真犯人」の正体』を読んで知った。

著者である吉田氏は事件の鍵を握る人間でメディアに対して情報操作したとある週刊誌が書いていた。年齢も比較的若い（つまり青年）と。

ところがこの文庫本巻末にあるプロフィールを見たら、かなりのベテラン（何しろ『フライデー』の創刊準備メンバーだ）で、数々のスクープ、「市川染五郎（現・松本幸四郎）の隠し子」や「中村鴈治郎（現・坂田藤十郎）が51歳年下舞妓に開チン」や「石原慎太郎都知事の隠し子」など、最近のものでは日本ボクシング連盟の山根明会長を辞任に追い込んだ記事を世に送り出していたことを知った（それらと比べたら「紀州のドン・ファン」は小ネタに過ぎないのかもしれない）。

〝紀州のドン・ファン〟と呼ばれた野崎幸助が最初にメディアの脚光を浴びたのは二〇一六年二月に当時彼とつきあっていた二十代の自称ファッション・モデルが彼の自宅から六千万円相当の金品を盗んだ疑いで逮捕された時だ。吉田氏が興味を持ったのもその事件によってだ。

会うまで、そして会ってからも吉田氏は社長に振り廻されるが、最終的に信頼を得て、社長の方から、女性関係の異常さを中心に、自費出版で自叙伝を刊行したいと持ちかけられた。

そのゴーストを吉田氏が担当したのだが、予定通り進まなかった。原稿を送っても梨の礫で、最終的には、「ああ、あれなあ。もういいですわ」と言われた。

つまりタダ働きさせられたのだ。

そして結局、「社長からは一円も頂きませんから」と言って、講談社＋α文庫で刊行された。

自費出版でなく正規の本として、しかも大手から出版されたことが運命を変えた。

話題性もあってその『紀州のドン・ファン』は「販売担当者が驚くほどの売り上げだった」(私も連載で取り上げようと思っていたが書店で見つけられず見つけた時は発売日から十日以上経っていた)。

さらにその一年後二〇一七年十一月、テレビ番組で東野幸治が「滅茶苦茶面白いと紹介」したら、「アマゾンの在庫が一時なくなってしまうほど」売れた。

そのドン・ファンが急死した。しかも明らかに自殺ではなく他殺だった。

だからメディアは新婚早々の二十二歳の若妻に注目し、彼女に関する様々なゴシップを記事にした。

しかしこの本を読んで、ポイントとなるのは三十億円といわれるその遺産でなく、社長が手元に持っていた二億円であることを知った。

その二億円(これはこれで大した額だ)が社長の死と共に消えた。となると犯人は?　(18・11・29)

御厨貴／牧原出編『聞き書　野中広務回顧録』岩波現代文庫

私の中で、現役時代のイメージとその後の評価がガラッと変った自民党の政治家がいる。野中広務だ。

彼に対する最初のイメージはいかにも自民党的な古狸。

と言っても実は正確ではない。野中広務のことを私はノーマークだった。

私の父が政治の世界に近い人間だったから少年時代から私は政治家（特に自民党の政治家）に関心が強かった。しかし野中広務はノーマーク。

それもそのはず、彼が京都府の副知事から衆議院議員となったのは昭和五十八（一九八三）年八月、もうすぐ五十八歳になろうとする時だ。

いくら高齢化社会が始まりつつあったとはいえ普通なら停年を迎えようとする頃だ。

それからメキメキと頭角を現すというか存在感が増し、いわゆる五五年体制が終わり、細川内閣のあとで村山内閣が発足（一九九四年六月）した時は、そのキーパーソンとなる。同年四月に細川が辞任した時、与党だった新生党は羽田孜を首相に立てるが二ヵ月しか持たず、同党の黒幕だった小沢一郎は海部俊樹を首班候補にする。そして自民党が推す社会党の村山富市との一騎打ちとなる。

しかしつい最近まで〝五五年体制〟だった仲だ。おいそれと社会党の人間を首班に任命したくない人たちもいた。

例えば伊吹文明。彼は「海部」と書くと谷垣国会対策副委員長から連絡を受けた。そこで野中氏は伊吹氏に白紙投票するように説得し、伊吹氏と席が並んでいた鈴木宗男に、「伊吹君が白紙にするかどうか見てくれよ」と言った。そうしたら鈴木氏は、「はい、わかりました」と答えた。

ところがあとから見たら、その当の鈴木宗男が「海部」と書いていたのだ。そのことを問い質したら、鈴木氏は、「社会党にいじめられて、いじめられてきた北海道の人間に、社会党の村山と書けというのはひどすぎます。だから野中さん、騙して、すまなんだけれど、許してください」と言った。

他にも秘話が語られる。

「八重洲口のところで劇団四季が公演をしていたときがあります。そういうときに、劇団四季の公演を見に行くようなふりをして、隣のテントの中に竹下さんを入れて小沢さんと会うとか、あるいは小渕さんと小沢さんとが会うとか、そういうことを仕掛けた人がおる」。

それはどなたですか、というインタビュアーの質問に、「第三者です。わかるでしょう、劇団四季だから」と野中氏は答える。

野中氏からみて、「小泉さんが出たら必ずこの国はおかしくなる」と思ったという。

安倍晋三は岸信介の孫としてのみとらえられがちだが、晋三の父晋太郎は野中氏に、「俺の親父は昭和十七年大政翼賛会の時に、それに反対して反戦政治家として出た安倍寛なんだ」と胸を張って口にした。

（18・12・06）

山田花子

『自殺直前日記　改』鉄人文庫

一九八九年の終わり、『東京人』の編集者だった頃、『ガロ』の長井勝一さんに原稿を依頼し、その関係でそれから数年『ガロ』が毎号送られて来るようになった（一九九〇年九月に同編集部をやめてのちは自宅に送られて来るようになったので感激した）。

その時期にデビューした作家で注目した人が二人いる（いずれも女性だ）。

その一人が「嘆きの天使」シリーズの山田花子だ。

そうかあれからもう二十六年も経つのか。

あれから、というのは、山田花子が二十四歳の若さで高層住宅（少女時代に彼女が暮らしていたという）の十一階から投身自殺をとげてからだ。

漫画家の九割は手塚治虫系で残りの一割が水木しげる系だという名言をはいたのは根本敬だが、山田花子はその根本氏や、やはり水木しげる系である蛭子能収や丸尾末広らをリスペクトしていた。

しかし根本氏や蛭子氏、丸尾氏、さらに他ならぬ水木氏はこちら側にとどまっている（た）のに対し、山田氏は向う側にジャンプしてしまった。

その理由はベストセラー『自殺直前日記』（太田出版　一九九六年）によって明らかになった。今回の『自殺直前日記　改』はそれに幾つかの章を加えたものだ。

彼女はよく編集者から注文をつけられた。つまり、オチがはっきりしないとか、山場がないとか、ワンパターンであるとか。

しかし彼女はこう考える。「人間の日常生活にストーリーや山場やオチがあるのか？　人間の日常生活は矛盾だらけではないのか？　ワンパターンではないのか？」。つまり彼女は「日常生活の普通の会話を描きたい」のだ。

そんな彼女が世間から少しだけ理解され、プチブレイクし、テレビ番組『元気が出るテレビ!!』に出演する。ところが、宅八郎（オタク評論家で人気だった）の「友達紹介コーナー」なのに肝心の宅八郎が出演しないことになった。

山田花子は寄席を見に来た客という設定だが、少しも笑わない。だから司会の島崎（お笑いトリオ、ヒップアップのリーダー）に、「すごくクラ～イ感じの人ですけど、何で下ばっかり向いているんですか」と突っ込まれる。しかし彼女は、「私の不器用で無口な部分に付け込んで苛めてる。こいつはプライドないから仕事と割り切って何でもやる」と観察する。

「解説」を書いているのは西村賢太で、彼の新刊『一私小説書きの日乗　新起の章』（本の雑誌社）の平成二十八年十二月二十五日の項の、「夜八時に鶯谷の『信濃路』へゆき、青林工藝舎の高市真紀氏と打ち合わせ」という一節に、なるほどと思った（高市氏は山田花子の妹さんだ）。

ところで注目したもう一人の漫画家とはやはり自殺することになる「ねこぢるうどん」のねこぢる（し）だ。

（18・12・20）

草森紳一
『随筆　本が崩れる』　中公文庫

津野海太郎（昭和十三、一九三八年生まれ）の近刊『最後の読書』（新潮社）に目を通していたら、なるほどと思う一節に出会った。

昭和一ケタから二ケタ初めに生まれた人に蔵書家が多く、それは戦争（による書物の焼失）のせいだというのだ。

たしかに山口昌男、谷沢永一、常盤新平、渡部昇一ら、その世代には蔵書家が多い。

しかも彼らは幸福な事にその蔵書と共に一生を終えた（その点で涙なくして読めないのが紀田順一郎の『蔵書一代』（松籟社）だ）。

津野海太郎と同い年で二〇〇八年三月（大震災の三年前）に亡くなった草森紳一も蔵書家として知られた。しかもケタ違いの。

門前仲町の草森氏の2LDKのマンションは三万二千冊の本にかこまれ文字通り、足の踏み場もなかった（この文庫本の表紙写真を参考のこと）。

ある日、風呂に入っていた時、何かが「ドドッと崩れる音」が何度か聞こえ、草森氏は風呂場に閉じ込められる。その危機及びそこからの脱出を描いたのがタイトルに選ばれた「本が崩れる」だ。

表題作と野球少年だった思い出（「素手もグローブ」）と喫煙夜話（「この世に思残すこと無からしめむ」）

の三本をまとめて文春新書から刊行されたのは二〇〇五年。

この文庫本はそれに奥野信太郎（慶應大学中国文学科の恩師）の思い出など五篇（内二篇が単行本未収録）を合わせたものだ。

解説を書いているのは平山周吉、本名細井秀雄すなわち文春新書の担当者だ。

細井氏と草森氏の関係はそれだけではない。

草森氏が突然亡くなった時、氏は私が同人をつとめるリトルマガジン『エンタクシー』に長篇評論を連載中だった。

ある時、その連載の担当者だったIさんから電話があった。

草森さんの連載が落ちました、と。

私は絶句した。

なぜなら草森氏は原稿が遅く、しかも締め切りが近づくと連絡が取れないのだが、原稿を落としたことは一度もなかったから。

草森氏のマンションのドアは常に明け放し、つまり誰でも入って行ける。

マンションに行かなかったの、と尋ねたら、Iさんは行ってチャイムも鳴らしたのですけれど、お出にならなかったのです、と答えた。何故中に入らなかったの？　だって、絶対に入ってはいけないと言われていたので。

その数日後、細井さんとやはり草森さんと親しい編集者のAさん（草森さんの没後次々と本を刊行して行った）がマンションを訪れたら、本が人の高さまで積み上げられ、しかも暗くなったので一番奥の部屋まで到達出来ず、任務は翌日に持ちこされた。

そして、その奥の部屋の本の山の一角（一畳ぐらいのスペース）で亡くなっていた草森氏を発見したのだ。何という見事な死に方！

（18・12・27）

二〇一九―二〇二〇

安西水丸

『東京美女散歩』

講談社文庫

そうかもう五年も経つのか。

二〇一四年春、安西水丸さんが亡くなった。そして同じ年の秋、赤瀬川原平さんが亡くなった。年齢は五歳しか違わないのに、安西水丸さんは夭折感がある。原平さんが長患いしていたのに対し、水丸さんは急逝だったからかもしれない。

『小説現代』や『キネマ旬報』にイラスト・エッセイを連載中で、『週刊朝日』は通常の表紙ではなく水丸さんの絵を表紙に素晴らしい追悼号を出した（村上春樹までが追悼文を寄稿していた）。『小説現代』に連載されていたのが本書の元となるエッセイで、その中から二十三区内に絞って文庫化されたのだ。

水丸さんは次々と美女に出会って行く。

例えば、谷中の多宝院にある立原道造の墓の前で、道造の研究をしているという東京女子大の三人連れに会う。

〈三人ともなかなか美形で、立原道造もやるなとおもった。何と三人とも村上春樹のファンということで、ぼくの身元もすぐにバレてしまった〉

もちろん思い出の美女たちも次々と登場する。渋谷の「のんべい横丁」で日本酒を飲んだ二十三歳の女子大生。当時安西氏は四十代に入ったばかりで、某大学で講演した時に知り合ったのだ。東横線の日吉に住む彼女に安西氏が、「そろそろ帰りますか」と言ったら、彼女は安西氏のことをじっと見て、「これからどうしますか?」と答えた。安西氏は「機に際して敏」だった。そしてひと言こうつぶやく。「今でも円山町のホテルの一室の造花のバラのオペラピンク色は鮮やかに頭の奥に焼きついている」。

大学一年の時、安西氏は銀座松屋デパートで配送のバイトをした。その時、社員食堂で「テーブルの箸箱をわたしたのがきっかけ」で知り合ったのが和服売場にいた三原和美(仮名)だった。年は三十代半ば。彼女は北区の上中里に住んでいた。安西氏はそれまで東京にそういう町があることを知らなかった。

バイト先でもう一人別の美女とも出会う。安西氏より八歳年上で外商部に勤める秋山直子(仮名)だ。「制服がよく似合い、きれいな人だなあとおもっているうち言葉を交わす仲になった」。彼女とのことはこういう思わせぶりな言葉で閉じられる。「彼女のことをもっと書きたいが、先を急ぐのでこの辺でやめる」。

安西氏はカレー好きで知られ、色々な店でカレーを食べる(両国の「若」で食べたカツカレーが人生初カツカレーというのには驚いた)。

一番魅力的なのは青山にあった「Cクラブ」のカレーだ。美人ホステスが五人いて、店が終わると彼女たちが交代で夕食を作る。安西氏のカレー好きを知っているから、カレーの日は電話がかかってくる。美女たちに「囲まれて食べるカレーの美味しさといったらない」。

（19・01・17）

高田文夫

『ご笑納下さい』

新潮文庫

『ご笑納下さい』のサブタイトルは「私だけが知っている金言・笑言・名言録」だ。

つまり高田文夫の印象に残った言葉を引き、それを味わい解釈するのだ。二〇一六年に出た第一弾と二〇一七年に出た第二弾を合わせたお得な一冊だが、さらに、「文庫追記」まで載っている。

迷言王は二人いる。

そのキングオブキングスはもちろん長嶋茂雄。

「打つと見せかけてヒッティングだ」という言葉を引く。長嶋監督がランナー二・三塁で代打を呼び、耳元でささやいた言葉だ。そして、「文庫追記」にこうある。ジャイアンツのV旅行でハワイに向った時、「ビーフORチキン？」とまず川上監督が聞かれ、「ビーフ」と答えて、続いて王が聞かれたら、「ME　TOO」。そして「あなたは？」と聞かれた長嶋は、「ミー、スリー」。

もう一人の王様はガッツ石松だ。

まず「急ぎの時は、電車の先頭に乗る」という言葉を引く。「世界の三大珍味です。トリュフ、フォアグラ、さぁあと一つは？」。「キャタピラ！」。

しかし、ただ笑っているばかりではない。

「テレビが開局60年記念とか言って騒いでいるけど、この60年でこれだけ堕落したジャンルって珍しいいんじゃないかな」という永六輔の言葉を引いたのち、高田氏自身、こう述べる。「おっしゃる通り。堕落のきわみである。テレビの開局記念の実験放送の台本から書いてきた人の言葉は重みが違う。私でさえ、この20年は一切テレビとは関わらないよう生きてきた」。たしかに二十一世紀に入って高田氏の姿をテレビで目にすることはなくなった（ということは今三十歳以下の人にとって高田文夫の像を結ぶことは出来ないのではないか）。

その永六輔や大橋巨泉、青島幸男、前田武彦、野坂昭如らと同世代でありながら今も元気な野末陳平の、「老後はキョウイクとキョウヨウ」というのは箴言だ。

「キョウイクとキョウヨウ」というのは「教育」と「教養」ではない。「今日行くところ」と「今日の用事」という意味だ。たしかにこの二つがしっかりあればボケることはないだろう。

「文庫追記」はなるほどと思わせる。下北沢の本多劇場で芝居を行なう出川哲朗とネプチューンの堀内健についての「文庫追記」。

「出川もホリケンも横浜とか横須賀のヤンチャ坊主なのだが、どれだけふざけても嫌な感じを与えない。ふたりには生まれながらにそなわった『品』があるのだ。『上品』だと『上品』と『下品』のふたつができる。『下品』な人には『下品』しかできない。下品は上品になれない」

一番笑ってしまった「文庫追記」はこれだ。「新しい言葉を勉強した。パワハラは『パ・リーグ』、セクハラを『セ・リーグ』と言うそうだ。いつかは日本シリーズ」。（19・01・24）

柳澤健『1964年のジャイアント馬場』双葉文庫

ジャイアント馬場の死を知った時、つまり一九九九年一月末日のことは良く憶えている。その夜、新宿ゴールデン街の飲み屋の三階で作家亀和田武さんの五十歳の誕生日を祝う会が行なわれていた。あれから二十年ということは、亀和田さんは七十歳になられたのか。

去年の暮、十二月二十九日、渋谷東急本店のジュンク堂書店に年末に読みだめする本を買いに行ったら、エスカレーター横のチラシ（案内）でジャイアント馬場展が開かれていることを知った。ちょうどその日が初日で、とても見ごたえのある展覧会だった。千円のパンフレットも買った。

期間は一月七日までだったので、一月四日にもう一度見に行った。すると『ジャイアント馬場　王道ミュージアム』という二〇〇五年にエンターブレインから出たムックが二千円で売られていた（売り場の人に尋ねたらちょうどその日から売り始めたということだった――つまり四日間しか売られていなかったわけだ）。

柳澤健
『1964年のジャイアント馬場』

これがとても見ごたえ読みごたえある一冊だった。

没後二十年の記念イベントだったわけだが、ジャイアント馬場の享年が六十一歳であることを知った。今の私と一歳しか違わない。

私がジャイアント馬場のファンになったのは昭和四十・一九六五年（私が小学一年生）、ディック・ザ・ブルーザーを破ってインターナショナル王座のチャンピオンになった時だ。馬場はまだ二十七歳だったのだ。

私と同世代である柳澤健のこの『１９６４年のジャイアント馬場』の文庫版の百六十六頁の見出しに「プロレスはディズニーランドである」とあるが私たちの少年時代、金曜日夜、プロレスとディズニーランドが一週間おきに日本テレビで放映され、ディズニーを見ている内にいつの間にかプロレスファンになってしまったのだ。

やはり少年時代、梶原一騎原作の『ジャイアント台風』と『タイガーマスク』が少年漫画誌に連載されたが私は『ジャイアント台風』派だった。

馬場アメリカ修業を中心に描いたこの作品の「梶原史観」に私はすっかり洗脳された。だからこの文庫本の巻末に「特別収録」されたブルーノ・サンマルチノ（二〇一八年四月に死去）のインタビューはとても貴重だ。『ジャイアント台風』の読み所の一つは若き日のニューヨークでの馬場とサンマルチノの友情だ。

ところが柳澤氏が、若き日の馬場がサンマルチノに向って、「いつか俺たちふたりでＭＳＧのメインイベントで戦おう」と誓い合ったというエピソードは日本で有名ですが、本当ですか、とサンマルチノに尋ねたら、あっさり、「ごめん。覚えていない」と答える。

ただしサンマルチノが馬場にキャデラックをプレゼントしたことは事実で、『ジャイアント馬場王道ミュージアム』にその写真が載っている。

（19・01・31）

鈴木智彦

『昭和のヤバいヤクザ』講談社＋α文庫

数年前渋谷の映画館シネマヴェーラで安藤昇映画祭が開かれた。

言うまでもなく渋谷は旧安藤組の地元で、そのすじの人たちも多く見に来ていた（もっとも彼らは上映後三十分ぐらいで帰ってしまった）。それ以上に多かったのがかつての〝安藤ギャル〟たちだった。ギャルといっても皆六十五歳以上だ。ジャニーズ事務所のタレントのような人気をほこった安藤組が解散したのは昭和三十九年十二月。当時十六歳だったとしても昭和二十三（一九四八）年生まれだ。

その年（二〇一五年）安藤昇はまだ存命で（彼が亡くなるのはこの年の暮）、渋谷の近くに住んでいる彼がふらっと会場を訪れるのでは、と期待されていたのだ。

『昭和のヤバいヤクザ』はその安藤昇についての項（サブタイトルは「戦後の闇社会を席巻した革命児」）

から始まる。

新宿に生まれた安藤昇は中学生の頃から「新宿、渋谷、銀座の三ヵ所をグルグル回ってた」。「面白かったのは銀座」だが、何故彼は渋谷を安藤組の本拠地に選んだのか。

〈当時から大きな街だったけど、とにかく、たくさんの路線が入り込んでいる。山手線もあれば地下鉄も私鉄もある。街はビルや建築物が作るんじゃない。人間が作るものだ。今以上に発展する街だと考えた〉

さすがはインテリやくざ（新しいビルや建築物ばかり出来て行く今の渋谷を安藤昇はどう思うだろう）。

安藤昇はモテ男として知られた。

彼の初体験は七歳の時だが、「チンポは勃ってるんだが、いきゃしない」。

しかしモテ過ぎて困ることもあった。

〈女が増えすぎて、除夜の鐘を聞きながら七人の女を回ったこともあった。順番は適当だけど、みんな寸止めするのがコツだ。そうじゃなきゃ、さすがにもたない（笑）〉

組を解散したあと安藤昇は俳優へ転身する。

その理由は「金がなかったから」で、「映画の仕事をすれば、飯が食えた」から。

映画の世界にとってもニュースター安藤昇の存在は大きかった。

彼が最初に所属したのは松竹だ。

松竹には小津安二郎、木下恵介、渋谷実という三巨匠がいたが、一九六三年、小津は亡くなり、木下はテレビに転身し、渋谷はホサれる。

つまり松竹の業績は悪化する。

その危機を救ったのが安藤で（『男はつらいよ』のアイデアを出したのも彼だと言われている）、五社協定（自分の所属している映画会社以外に出演出来ない）とは無縁だった彼は舎弟とも言える菅原文太（新東宝の倒産で松竹に移ったもののパッとしなかった）を連れて東映に行き、相変らずヒット作を生み、文太は大スターになる。

（19・02・07）

土本典昭『不敗のドキュメンタリー』岩波現代文庫

私はドキュメンタリー映画を見るのが好きだ。

それは学生時代からで、当時有楽町のそごうデパート（現ビックカメラ）内にあった牛山純一（テレビドキュメンタリーの第一人者）の映像記録センターが所蔵していた映像をきわめて安い入場料で上映しているホールによく通った（牛山氏はのち一九九〇年代初め山口昌男さんが福島県昭和村でもらい受けた廃校の体育館で開かれたイベントでもそれらの映像を上映し、私は体育館の床に寝ころがりながら見続けた）。

二年に一度山形で開かれるドキュメンタリー映画祭にも何度も通った（二泊三日でいつも十本以上見

た)。

その頃になると私は職業意識を持ってドキュメンタリー映画を見るようになった。

誰も指摘してくれないが私のメインの仕事はノンフィクションすなわちドキュメンタリーだと思っている。

その際、外国(アメリカ)はともかく日本のいわゆるノンフィクション作家の作品は殆ど役に立たなかった。あまりにも意識が低すぎるので。例えば『靖国』も私はドキュメンタリーとして作り上げたのだがそのことに気づく人は数人しかいなかった(その内の一人が重松清さん)。

この人にはかなわないと思ったドキュメンタリストはまずフレデリック・ワイズマン。

ドキュメンタリーで一番やっていけないのはナレーションに頼ること(テレビのドキュメンタリーにありがち)だが、ワイズマンのドキュメンタリーにはナレーションがいっさいない。

しかもドキュメンタリーは劇映画と違って普通の人たちを撮影対象にしているのに、ワイズマンの作品に登場する人は少しもカメラを意識していない(どうやってその関係を作ったのだろう)。

日本のドキュメンタリストを三人挙げれば、小川紳介、佐藤真(若くして自殺したのが惜まれる)、そして土本典昭だ。

私が最初に見たのは『パルチザン前史』(一九六九年)で、初期作品である『ある機関助士』(一九六三年)や『ドキュメント　路上』(一九六四年)は山形で見た。

ワイズマン同様土本もドキュメンタリーを撮ることにきわめて意識的だ。

京都大学の教官滝田修を撮った『パルチザン前史』で滝田の「小さな借家の一間に、カメラとテープをもって入ることは」、カメラを持って機動隊の前に立つことより「はるかに怖ろしく、難儀である」と土本は言う。「なぜなら、カメラとテープがそこにあるからだ。それが酸素か空気のように、当然ある存在になるときは滅多にない」。

巻末の年譜を眺めていたら、土本は一九四五年に私立麻布中学を卒業している。つまり小沢昭一や加藤武やフランキー堺や北杜夫らと同じ時期だ。しかし彼らとタイプは全然違う。（19・02・14）

岩田宏

『渡り歩き』

草思社文庫

岩田宏（一九三二―二〇一四）はとても多才な文筆家として知られた。詩、散文（小説とエッセイ）、そして翻訳。

そういう文筆家は他にもいるかもしれないが、彼の翻訳が英米、仏、そしてロシアと多岐にわたっていて、しかも皆レベルが高い。

印象的な翻訳はたくさんあるが、オッと思わされたのはアメリカの批評家マルコム・カウリー（大学院生の頃私はこの人のペイパーバックを何冊も読んだ）晩年のエッセイ『八十路から眺めれば』（草思社、今は草思社文庫に入っている）だ。

その岩田宏の文学的エッセイ集『渡り歩き』が文庫化された。

岩田宏は多読家だと思っていたから、いきなり意外な一節にぶつかる。

「愛書家でもなければ勉強家でもない」と自称する彼が未読の本つまり蔵書は「何百冊、ひょっとすると千冊を超える数」だと言うのだ。私のこの連載で取り上げた文庫本ですら去年千冊を越えたというのに。

さらに読み進めるとこういう節に行き当った。

〈一九五〇年代の終り頃、東京のどこかの古本屋（場所も店の名も完璧に忘れてしまった）から私の手元へと、一冊の洋書のありかが移った〉

スペイン市民戦争を描いたノンフィクションだ。「著者はエリオット・ポール。聞いたことのない名前だ」。

これまた意外だ。エリオット・ポールの名前なら私は学生時代に読んだ吉田健一の『書架記』（中公文庫）で出会った。

しかし、正直にこう書く所に岩田宏の凄みがある。

著者の生まれた昭和初年は戯曲の時代で様々な新作が発表されただけでなく、他の国の同時代演劇も次々翻訳され、それらをまとめた全集も数種刊行された。

著者はそれらの全集の端本を古書で集め（テキストだけでなく舞台装置の写真も載っている）、自分の頭の中のステージで上演する。エルマー・ライスの『計算器』、エルンスト・トラーの『群衆―人間』、それからこの人。

〈カイザーの作品は私にはどれもこれも面白く、『ユダヤの寡婦』『カレー市民』『朝から夜中まで』『平行』など七篇が収められている「世界戯曲全集」第十七巻は、以後永きにわたって、私には、まるで宝物のように光り輝いて見えたのだ〉

そういうモダニストたちの間でも特別だったのがロシアの詩人マヤコフスキーだ。「事実と原型」の書き出しを引く。

〈草思社の会議室に友人知人を集めて、詩人マヤコフスキーに関する写真週刊誌的情報を披露したのは、一九八八年のことだった〉

それから十年二十年経ってマヤコフスキー研究はレベルが進み、岩田宏の晩年の仕事はそれに集中した。

（19・02・21）

サルトル×レヴィ／海老坂武訳『いまこそ、希望を』 光文社古典新訳文庫

私が一番熱心にサルトルを読んだのは大学に入学する頃すなわち一九七〇年代末だが、思えばそれは歴史の大きな転換期にあった。

まず最初に読んだ作品は長篇小説『嘔吐』でそれは私の大好きだった開高健が〝青春の一冊〟として繰り返し語っていたからだ。想像通り素晴しい作品だった（若き日にこの作品に目を通してとても良かったと思う）。続いて『ボードレール』をはじめとする文学評論も読んだ。

私が予備校時代に通ったお茶の水（神保町）、さらには大学のあった高田馬場のパチンコ屋は当時、景品として本が揃っていて、人文書院のサルトル著作集をそれらのパチンコ屋で入手して行った。

しかし政治思想の影響はあまり受けなかった。

同じ頃、新宿の紀伊國屋ホールでドキュメンタリー映画『サルトル　自身を語る』を見たが、そこで語られているサルトルの政治思想はヌルいと思った。

一九七〇年代末から八〇年代初めにかけてはモダンからポストモダンへのターニングポイントだった。

サルトルは最後のモダニスト、近代主義者だった。

しかし私の関心はモダンからポストモダンに移っていたから、一九八〇年四月にサルトルが亡くな

った時より、その少し前のロラン・バルトの死の方がショックは大きかった。

今回光文社古典新訳文庫に収められたインタビュー『いまこそ、希望を』はサルトルの死と相前後して雑誌『朝日ジャーナル』に訳載されたもので私は初出で目にしているが、やはりけっこうヌルいと思った。

前年（一九七九年）末にはソビエト軍がアフガニスタンに侵攻し共産主義国がもはや平和勢力でないことは明らかだったのに、その共産主義に「希望」を託す。

だがそれからさらに四十年近く時が経ち、久し振りで再読した私は別の感想を持った。

やはりサルトルはただ者ではない。

鶴見俊輔がよく使うフレーズに〝期待と回想〟がある。

ある出来事を語るのに回想（すなわち結果がわかっている視点）の見地は良くない。期待（どのような結果が待っているかわからない）の見地からでなければ。

回想の立場でサルトルの思想を批判することはたやすい。しかしサルトルは常に期待の立場で語っているのだ。

サルトルは例えばこう言う。「今の左翼は、くたばるか否かのどちらかだ。だが、くたばるとするなら、そのときくたばるのは人間それじたいだ」。そしてもしくたばらないとしたら、「そのときはこの左翼のために原理を再発見する必要がある」。

「この左翼」とは従来の共産主義者やその「同伴者」のことではない。そしてサルトルは新たな大衆

運動の可能性を示唆している。（19・02・28）

ミシェル・フーコー／阿部崇訳『マネの絵画』 ちくま学芸文庫

前号のサルトルに続いて今回はミシェル・フーコー。

私は一九七八年春に大学に入学し、五年間在学ののち一九八三年春に卒業した。ちょうど時代がモダンからポストモダンに変って行く頃だ。

入学した頃はまだサルトルの存在はそれなりに大きかったが、卒業する頃に、知的若者の間で読まれていたのはジャック・デリダ、ミシェル・フーコー、ジル・ドゥルーズ、ロラン・バルトだった（ジャック・ラカンは翻訳が良くなかったせいかあまり読まれていなかった気がする）。

中でももっとも影響力があったのはいわゆる脱構築（ディコンストラクション）を提唱したジャック・デリダだ。

しかもデリダは日本の思想界以上にアメリカの思想界に影響を与えた。

エール大学比較文学科のいわゆる〝エールの四天王〟たちがデリダの影響を受けた。

脱構築批評の中心にあったのは精読で、つまり一つのテキストに対してその歴史的背景を問わない。ただひたすらテキストを読むのだ。

若かった私はそれはそれで影響を受けたが、どこか物足りなかった。テキストはやはり歴史の中の産物ではないか？ だから私の読書の中心はデリダからフーコーに変って行き、それは今も変らない（デリダの著書ももう読む気はしないがフーコーはますます重要だと思う）。

そのフーコーが印象派の先駆者といわれるマネについての講演を一九七〇年代初めにチュニジアで行なっていたと知った時は驚いた。

表層や見ることを常に問題にしたフーコーには既にベラスケス（『言葉と物』）やマグリット（『これはパイプではない』）などへの優れた論考がある。

さらにマネまであったとは。フーコーは言う。「マネが印象派をも越えて可能にしたのは、印象派以後のすべての絵画、二十世紀絵画のすべてであり、今もなお現代美術がその内部で発展し続けているような絵画だったのではないか、と思われるのです」、と。

そしてフーコーはマネの《チュイルリー公園の音楽会》や《マクシミリアンの処刑》や《笛を吹く少年》や《草上の昼食》や《オランピア》や《フォリー・ベルジェールのバー》といった作品についての論考を重ねて行くのだがそれは深く鋭い。

特に私が舌を巻いたのは、「マネがタブローに対する鑑賞者の位置をどのように用いたか」とフーコーがいう《フォリー・ベルジェールのバー》の分析だ。

日本でもっとも優れたマネの批評家はアーティストの森村泰昌だと思う。

森村氏は自身で名画の人物になり、マネの作品も何点も演じている。例えばその《フォリー・ベルジェールのバー》をフーコーが見たならどう論じていただろうか。（19・03・07）

石田五郎
『星の文人野尻抱影伝』 中公文庫

小中学校時代に天文少年であった私にとって野尻抱影の名前はなじみだ（抱影が九十二歳で亡くなったのは昭和五十二年、私が予備校生の時だ）。

徳間文庫のエッセイ集で世田谷のボロ市について書いた文章を知ってますます親近感を持った。世田谷線の松原駅近くで育ち今は三軒茶屋に暮らす私にとってボロ市は身近だ（ただし今では大嫌い――なぜなら年に四回あるその日のバスや世田谷線はひどく混雑するから）。

抱影が世田谷の桜新町に長く暮らしていたことを知り、具体的なことをもっと知りたいと思っていたのだが、この本によってその欲求が満された。

そもそも私が天文少年になったことは抱影に関係していた。

小学三年生の頃から玉電（現世田谷線だが当時は渋谷まで走っていた）で渋谷に出て、東急文化会館（現ヒカリエ）最上階のプラネタリウムを見て、近くにある美竹公園内の児童会館（三・一一の大震災によって閉館）に流れてお昼を食べるというのが私の「鉄板」だった。

最初に東京にプラネタリウムが出来たのは昭和十三年だという。

〈東京有楽町に新築の東日会館（東京日日新聞社の社屋）の六階にプラネタリウムが新設され十一月三日に開場した。ツァイスの25号機である。いま映画館「スバル座」のある一劃で、有楽町のプラットフォームから銀色の大きな丸屋根が眺められた〉

しかしこのプラネタリウムは昭和二十年五月二十五日夜の大空襲で焼失した。

そして。

〈渋谷駅東口の真前に東急文化会館が建ち、ここに西独ツァイスのプラネタリウムが再建される計画が定ったのは昭和三十（一九五五）年で、今回は科学博物館の村山定男が尽力し、会館八階に「五島プラネタリウム」が開館したのは、昭和三十二（一九五七）年四月一日である〉

そのオープニング・セレモニーの時にこの本の著者石田五郎は村山の紹介で初めて抱影と言葉を交わしたという。

私が今一番よく通っている図書館は桜新町にある世田谷中央図書館で、その図書館にはプラネタリウムがあるが（入りたい入りたいと思いながら実現していない）、これも抱影と関係しているのだろうか。

抱影が父政助の庭が三百坪もある家に三人の娘を連れて（妻はスペイン風邪で死去）移り住んだのは大正七（一九一八）年。しかし東京オリンピックのために国道２４６号線がその家のまん前を通ることになって昭和三十六年二月に移転を余儀なくされる。「首都高速三号道路の真下の跡地はいまガソリンスタンドになっている」というから今度図書館に行った時に確認してみよう。桜新町ではまた私の小学校の同級生が歯医者をやっているし。

（19・03・14）

横田順彌
『快絶壮遊〔天狗倶楽部〕』

ハヤカワ文庫

ＮＨＫの大河ドラマ『いだてん』が始まった時、横田順彌さんのことを思い出した。ところがそのあとで横田さんが亡くなっていたことを知り（亡くなったのは今年一月四日だが新聞に訃報が載ったのはその少しあと）驚いた。

『いだてん』の主人公金栗四三をはじめとしてこのドラマには明治のスポーツ（金栗や三島彌彦など真面目な人もいるが多くはバンカラ）団体「天狗倶楽部」の人たちが登場し、その「天狗倶楽部」こそはＳＦ作家である横田さんがまさに生涯をかけたライフワークとして研究し続けて来たのだから。

横田さん、と「さん」づけで書いているのは、二十五年ぐらい前、私の自宅兼仕事場の近く、世田谷区野沢に住んでいた横田さんとしばしば会ったり、電話で長話ししていたことがあったからだ。

この文庫本の「はじめに」で、横田さんは書いている。三十年以上、ＳＦ史を含む日本奇想小説史の研究を続けてきたのだが、その「研究過程で気がついたことは、明治・大正時代の文学を研究するには、文学界——文壇とか出版関係の探索よりも、その背景になる歴史、人脈の探索のほうがより重要ではないかということだった」。

横田さんが一番好きだった明治の作家は大ベストセラー『海底軍艦』の押川春浪で、彼の調べを続ける内に、彼をリーダーとする交遊グループ「天狗倶楽部」を知り、そこからイモヅル式に雑情報を集めていったのだ。

同様のことをやっていたのが文化人類学者の山口昌男先生で、のち『「敗者」の精神史』としてまとまる連作を岩波の雑誌『へるめす』に連載していた当時、毎週のように神田や高円寺、五反田の古書展に出かけ、私もお付き合いした。

当時テニスに熱中していた山口先生は、田端に画家の小杉放庵を中心とした「ポプラ倶楽部」というグループがあるのを知り、その調べを続けていた。その過程で随筆家横山健堂の「『ポプ天』遠征記」という文章に出会い、「ポプラ倶楽部」と「天狗倶楽部」がつながった。

私の明治物をパクッているノンフィクション作家やライターを何人も見かけるが、横田さんの場合はもっと多かっただろう（実際それらの人たちへの怒りをたっぷりと聞かされたこともある）。

『いだてん』に「監修・横田順彌」というクレジットはない。

解説を担当している北原尚彦によれば、横田さんは「企画段階から協力し、資料提供をして」いたのだが、途中で面倒くさくなって手を引いたのだという。しかも、「名前も出さなくていいって言っちゃった」という。

もしそれが事実だとしてもクレジットを入れるのが筋だろう。今からでも遅くはない。それが故人に対する礼儀だと思う。あらためて横田さんの御冥福を祈る。あなたは立派な仕事をされました。

（19・03・21）

木村伊兵衛
『僕とライカ』 朝日文庫

木村伊兵衛は下町で遊ぶ子供たちや東京風景などのスナップショットで知られる写真家だが、文化人の肖像写真もたくさん撮っている。

しかし泉鏡花を撮った写真は初めて知った。しかも里見弴との豪華なツーショットだが、すまし顔の里見とは対照的な表情をしている。実は鏡花は大の写真嫌いだった。木村はこう語っている。〈こちらへ顔も向けずに、小きざみにブルブルふるえている。里見さんがそばにいていろいろ話してくれているので、そこを撮った。近寄るとふるえるので、遠くから二人を写した〉

粋で知られる鏡花の作風とはまったく異なる表情だ（いや鏡花にはもう一つ怪奇という作風があるからそれに近いのか）。

日本近代文学者の中で田中英光の次に背が高かったのは永井荷風だが、確かに浅草寺の雑踏内に立つ荷風は、近くにいるのが女学生達とはいえ、首一つ大きい。

木村伊兵衛が文化人の肖像写真に本格的に打ちこむようになったのは昭和七年で、彼が撮したポートレートは銀座にあった紀伊國屋画廊で展示された。

そのキーパースンが自身も被写体となった劇作家でコラムニストの高田保だった。徳川夢声との対談で木村はこう語っている。「あたしの写真とるタネをつかまえるために、銀座のコロンバンに毎日張ってて、いろんな文士をひっぱってくる。そういう人をだいぶ写しましたよ」。いわば高田は「ポン引き」だった。

パリの街に行ったことないのに誰よりもパリに詳しかった高田にとって銀座は言わばパリだった。銀座が大好きだった。

ここで少し話はズレるが。

去年の夏、私はある古書店で、昭和三十年代に事故死した文藝春秋の若い編集者の日記を入手した。彼が入社した翌年(昭和二十七年)、高田が亡くなる。当時文春は銀座のみゆき通り沿いにあって、社長は佐佐木茂索で、銀座が大好きだった高田のために佐佐木は文春で葬儀をあげるように指示した。その時、大通りで交通整理をしたのがその若い編集者だった。

木村に話を戻す。木村はまた女性のポートレートもよく撮した。有名人だけでなく、無名の人も。「市場にて」の秋田美人。「顔に表われている八の字のしわが、この人の生活の厳しさを物語っていた」。それに対して、「那覇の芸者」はソフトフォーカスレンズで撮った。何故なら、「普通のレンズよりも収差が残っているから、ボケ味がきれい」なので、独特の色気が出る。

色気、そう、「女性ポートレートは、いかなる場合でも色気ですよ。見る人に色気を感じさせなければつまらないと思うのです」。

泉鏡花や、この「那覇の芸者」を目にすればわかるように木村はただのリアリズム写真家ではなかった。

（19・03・28）

野谷文昭編訳
『20世紀ラテンアメリカ短篇選』
岩波文庫

欧米でいわゆる「ラテンアメリカ文学の〈ブーム〉」（©ホセ・ドノソ）が起きたのは一九六〇年代だが、日本でそれが起きたのは約二十年後、一九八〇年代に入ってである。

ちょうど私の大学生時代で、『ユリイカ』や中央公論社の文芸誌『海』で特集が組まれ、国書刊行会や集英社で全集が刊行された（集英社版の内容見本でデビュー間もない作家の村上春樹がマニュエル・プイグのことを絶讃していたのを憶えている）。

ラテンアメリカ文学と言えばウィリアム・フォークナーとの親近性が指摘される。

しかし私はマルケス、リョサよりもボルヘス、つまり長篇派ではなく短篇派だった。そんな私が愛読したのは『エバは猫の中』（サンリオ文庫）というアンソロジーだ。そしてここにまたあらたなアンソロジーの文庫本が加わった。

未知の作家のものから読みはじめる。

「トラスカラ人の罪」のエレーナ・ガーロがあのオクタビオ・パス（巻頭に「青い花束」が収められている）の妻だと知って驚いた。

ラテンアメリカで行ったことのある国はメキシコだけで、しかし三度も行ったから詳しいつもりでいたのだが、「トラスカラ人」を辞書で引いて自分の無知を知らされた。

メキシコは元々インディオが住んでいて、それを十六世紀初めコルテス率いるスペインに征服された、と思っていたのだが、トラスカラ族はそれ以前にアステカ帝国に加わることを拒み、コルテスにはなびいたのだ。

「トラスカラ人の罪」の主人公はさる良家の夫人だが、タイトルに現われた複雑さが見事に表現されている。

続いてアウグスト・モンテローソの「日蝕」。「自分が道に迷ったと知ったとき……」と始まる僅か二頁の作品だ。先の「トラスカラ人の罪」もそうだが、ラテンアメリカ文学は道（方向感覚）を失なったり、時間軸がねじれているものが多い。

サルバドル・ガルメンディアの「快楽人形」の書き出し。

〈僕が頻繁に勃起することと香のにおいの間には、まったく個人的な関係が存在する。ポケットの内側から僕の指が小さな一物を撫でさすり……〉

そして彼は寺院に入り、聖母像の前で『快楽人形』という本を読み始める。一九六六年の作品だがジョルジュ・バタイユ（一九六二年没）に読ませたかった。

しかし私が一番感動したのはマリオ・ベネデッティの「醜い二人の夜」だ。「僕たちは二人とも醜い。それも一般的な醜さではない」。彼女は頬骨が陥没していて、「僕」の口許には「ぞっとするほど醜い火傷の痕」がある。

その二人が映画館で出会い、彼の部屋で一夜を共にする（「明かりを消したうえに、二重カーテンを引い」て）。つまり二人は「幸福な不幸者たち」だった。

（19・04・04）

出口裕弘
『辰野隆 日仏の円形広場』 中公文庫

出口裕弘の名前は種村季弘、澁澤龍彦の名前と共に記憶される。

そもそも出口裕弘のことを私は種村季弘のエッセイ集『書物漫遊記』で知った。

そのエッセイ集の巻頭に収められた「名前と肩書の研究」という一文で種村氏は、「ボードレールやジョルジュ・バタイユの研究で知られた気鋭のフランス文学者」である出口氏が作家でもあり、「江戸前の啖呵のきいた、胸のすくような文体で、真夏の太陽のような乾いた虚無感とふかぶかとした水の感触の対応を書き分けた『天使扼殺者』という小説の作者である」と書いていた。早速早稲田の古本屋で入手し、読んでみたら素晴らしい作品だった。その直後、出口氏が澁澤と旧制浦和高校で同級生だったと知った。

当時、一九七〇年代末、澁澤龍彦だけでなく種村氏の作品も少しずつ文庫に入って行ったのに、出口氏の作品は文庫にならなかった。

一九八七年九月、私が『東京人』の編集者になった時、こういう文章を『東京人』でちょうだいしたいなと思っていたものがあって、その一つが出口氏が『ちくま』に連載していた「私設・東京オペラ」だった。

だから、この作品が単行本になって（一九八八年四月）、当時の編集長粕谷一希の机の上に置いてあるのを目にした時、私は、しめた、と思った。そして私は出口氏の担当者となり何度も仕事をし、新刊が出るたびにいただいた。

だからもちろんこの『辰野隆　日仏の円形広場』も出てすぐに読んだ。

文庫版の解説を書いているのは一橋大学における出口氏の教え子である詩人の平出隆だが、これが素晴らしい。特に去年出たエッセイ集『私のティーアガルテン行』の再録部分「獣苑の恩師」（タイトルに要注目）。

出口氏はパリに亡命していたルーマニアの哲学者シオランの翻訳者だったが、パリで会ったシオランとの思い出を小説化し『文芸』に発表し、『越境者の祭り』と題して本になった。その『文芸』における仕掛け人が当時河出書房新社にいた平出隆だった。

一九八〇年代に入ろうとする時、例えば『週刊読売』で各界の未来予想が述べられ、芥川賞の最有力の一人に出口氏の名前が挙げられていたことを私は憶えている。

その頃、出口氏と平出氏は新宿のハンガリー料理のレストランに入り赤ワインを飲みはじめた。最初は「ご機嫌」だった出口氏も、原稿の話になったら、「眼が据わっている」。そして激しい怒りの言葉で斬りつけてくる。躱しても躱しても斬りつけてくる。「俺は文学と喧嘩をしたいのが、おまえのせいで文壇なんぞに屈従を強いられている。文壇のトンチキ野郎どもに、おまえもへつらうのか」。

たぶんこれが出口氏初の文庫本だと思うが、文庫という形で消費されなかったのは出口氏の勲章ではないだろうか。

（19・04・11）

忌野清志郎
『忌野旅日記』新潮文庫

そうか今年（二〇一九年）五月二日で忌野清志郎は没後満十年になるのか。

凄い数の人が集まった青山斎場での葬儀はついこの前のような気がするけれど。

この十年の間に加藤和彦、大瀧詠一、内田裕也、そして萩原健一といった私の好きなアーティストが次々と亡くなっていった。寂しい。

しかし、現役のロッカーとして一番ショックだったのは忌野清志郎だ。時代はどんどん良くない方へと変って行く時、清志郎の存在がどれほど心強かったか。だから私は新潮文庫の新刊（増補版）『忌野旅日記』を読んだ。

元版が出たのは一九八七年。バブルに突入して行った時で、これはその時代の清志郎交遊記だが、バブリーなようでいて実はバブリーでない。

ジョニー、ルイス&チャーというスーパーグループがあって、それに清志郎が加わってさらにスーパーとなった。

彼らがある日『オレたちひょうきん族』に出演した。その決定権は、「彼らの子供たちにあった」。つまり子供にせがまれて出演したのだ。

その録画撮りの時、「チャーの様子が何か変だった。廊下をウロウロしたり、ソワソワしたり、落ち着かない」。実はチャーは西川のりおの大ファンで彼のサインが欲しくてウロウロしていたのだ。

チャーはクールなイメージの人だけに西川のりおとの対比がおかしい。

ある日、「某ドイツ製高級スポーツカー」で原宿を通りかかったら、「まるでシンディ・ローパーのよーに片側をバリカンで刈ったカゲキなヘアスタイルで、さっそうと歩いているハハとコがいた」。

信号待ちの時によく見たらそれはアン・ルイス親子だった。

桑田佳祐と初めて会ったのは北海道のライブイベントだった。

そのイベントの打ち上げで桑田は「ササッと」清志郎の「隣りの席に歩み寄って」きて、「愛の告白」をした。

〈「あのぉ、キヨシローさんって、俺の昔のオンナに似ているんですよね」

な、なに?!

「顔、姿、それにしぐさまで。もー、何から何までそっくりなんです。キヨシローさんを見てるとついつい思い出しちゃって」と、あのタラコくちびるでささやいたんだ〉

その横にいた妻のハラ坊まで一緒に、「ほーんと、そっくり」と言ったという。

同じ業界にいながら細野晴臣とは交流がなかった。きっかけは二人が共に知るオンナ占い師だった。

ローリング・ストーンズのベーシスト、ビル・ワイマンが細野の大ファンで、初来日の時、彼に会いたがっていた。しかし細野はスゴいテレ屋だから一人では会えない。彼はオンナ占い師に相談して、めぐりめぐって同行者は清志郎になった。

しかし東京ドームのストーンズの楽屋に細野と清志郎がいるなんて。ゴージャス。

（19・04・18）

小島和宏
『ぼくの週プロ青春記』朝日文庫

双葉社から出た『『週プロ』黄金期　熱狂とその正体』が面白かった。そのインタビュー集にも登場していた小島和宏の『ぼくの週プロ青春記』が文庫化された。

一九六八年生まれの著者が『週刊プロレス』の記者になりたいと思ったのは同誌が創刊された一九八三年の夏休みのことだ。

日本武道館にも週プロ編集部にも近い二松学舎大学の学生だった一九八七年十月、新日本プロレスの両国大会終了後、週プロの記者を囲む親睦会で、「将来、週プロで働きたいんですよ！」と強くアピールしたら、たまたまその記者が別の雑誌の編集部に異動することになり、アルバイトとして採用された。

ちょうどターザン山本が第二代目編集長に就任した頃。

ターザン以外にも、宍倉清則、安西伸一、市瀬英俊ら凄いメンバーがいた。

「当時の週プロには年功序列があって、キャリアのある人間から順番に団体のチーフ担当になるという決まりがあった。新日本が宍倉さんと安西さん、全日本が市瀬さん」で、小島青年は「遊軍」だった。

そして一九九〇年一月、立ち上げて間もない大仁田厚のＦＭＷを取材した。

熊本空港から車で一時間半もかかる山の中にある会場で、何センチもの雪が積もっているのに暖房がない。

控室から出て来た大仁田に、コーヒーでもどうですか、と言われ、近くの喫茶店に行った。大仁田は、「こんなに寒いのにコートを羽織るでもなく、ジャージ姿」。かつてのオーラはまったくない。

バイトだから名刺がないという小島に、「どうせFMWなんて小さい団体にはさぁ、週プロさんもバイトしか寄こさないいんだよ」と言った大仁田に、小島が、FMWを旗揚げの時からずっと見続けている、と答えたら、大仁田は涙目になりながら、「小島ちゃん」と言って、握手を求めてきた。これが長い付き合いの始まりだった。

インディーズがブームとなって団体がたくさん出来た時、大仁田は週プロの『選手名鑑号』を小島の前に差し出し、「使えそうな選手に赤ペンで丸をつけてくんねぇか?」と言った。

大仁田が一年後の引退を発表した一九九四年五月には、本業以外にも増刊号やビデオ増刊の仕事などで大忙しだ。そんな時、ターザン山本からトンデモない仕事を廻される。大仁田の引退記念本のゴーストをしろというのだ。しかもターザンは、「他の出版社の仕事だからな。こっそり書いてくれ!」と言う。

そして千葉にある大仁田の超高級マンションを訪れる。「とにかく広い。ひとことで言えば『成功者の住まい』」。

「どこから話をしましょうか」と小島が尋ねたら、大仁田は、「面倒臭ぇから、小島ちゃんに任せる

よ」と答えた。これで一冊書き上げたのだからたいしたものだ。（19・04・25）

永井荷風『浮沈・踊子』岩波文庫

今年、二〇一九年は永井荷風が亡くなって六十年に当たる（命日は四月三十日）。それに合わせて幾つかのイベントが開かれ、例えば劇団民藝は『新・正午浅草』（サブタイトルは「荷風小伝」）を上演した。

そして中公文庫の『葛飾土産』に続いて『浮沈・踊子』が岩波から文庫化された。荷風は私の大好きな作家で『濹東綺譚』は何度繰り返し読んだかわからない（私家版の覆刻はもちろん原稿の複製も持っている）。

しかし戦後の荷風は筆力が衰えたと言われていたので「浮沈」も「踊子」も未読だった。今回初めて読んで優れた作品だと思った。荷風特有のシニシズムが見られず、それがかえって味わいとなっている。

素晴しい「解説」を書いている持田叙子によれば「浮沈」は『風と共に去りぬ』の影響があるという（『風と共に去りぬ』はまず映画をイメージしてしまうがその原書が戦前日本でかなり読まれていたことを知っ

た）。

その「解説」によって、「浮沈」が昭和十六年十二月八日すなわち太平洋戦争が始まった日から書き始められたことを知った。『断腸亭日乗』からその日を引いてみる（引用は岩波文庫版による）。

〈褥中小説『浮沈』第一回起草。晡下土州橋に至る。日米開戦の号外出づ。帰途銀座食堂にて食事中燈火管制となる。街頭商店の灯は追々に消え行きしが電車自動車は灯を消さず〉

日米の開戦以来「世の中火の消えたるやうに物静」かになったが浅草はどうなのだろう。同年十二月十一日。

〈六区の人出平日と変りなくオペラ館芸人踊子の雑談また平日の如く、不平もなく感激もなく無事平安なり。余が如き不平家の眼より見れば浅草の人たちは尭舜の民の如し〉

中国の尭舜時代とは天下太平を意味するが戦争が始まっても浅草の人たちは脳天気だったのだ。

褥中小説と言っても「浮沈」は官能小説ではない。その点で興味深いのは昭和十七年三月一日の記述だ。

この日、荷風は上野の地下鉄構内で、あるカップルを目撃する。「二人相寄り別れんとして別れがたき様にて二人とも涙ぐみたるまま多くを語らず立ちすく」んでいる。服装も容姿も醜くなく、中流階級の子弟なのだろう。荷風は、「今の世にもなほ恋愛を忘れざるものあるを思ひ喜び禁じがた」くなった。「去年来筆とりつづけたる小説の題目は恋愛の描写なるを以て余の喜び殊に深し」。

荷風は最晩年（亡くなる前日まで）、自宅から歩いてすぐの京成八幡駅横にある「大黒家」で毎日のようにカツ丼を食べた。

荷風の命日に私は「荷風忌」と称して、友人たちと「大黒家」でカツ丼を食べた。十年以上続けた。その「大黒家」が二年前に店を閉じてしまったのが悲しい。

（19・05・16）

安部公房

『内なる辺境／都市への回路』 中公文庫

高校生の時、ジャンケンで負けて図書委員になった。

週に二回の放課後の図書室当番の他に二週に一度ぐらいの割合で読書会があった。戦後の芥川賞受賞作の一篇を読み、意見を交わして行くのだ。

そのおかげで安部公房の「壁―S・カルマ氏の犯罪」を読んだ。それまで目にしたことがない奇妙な作品だったが私は魅了された。続いて『砂の女』や『他人の顔』といった長篇小説も読んだ。

だが大学生になる頃には彼の小説に興味を失なっていた。

そんな私が久し振りで彼の本を購入したのは今回初めて文庫化されたインタビュー集『都市への回路』（一九八〇年）だ（同時に収録されている『内なる辺境』は一九七一年に刊行されたのち一九七五年に文庫化された）。

安部公房
『内なる辺境／都市への回路』

しかしそのインタビュー集に興味を持ったのは安部公房の文学観に興味を持ったからではなくそこに登場する固有名詞によってだ。

その頃私は英米の現代文学に強くひかれていた。

当時は、集英社、白水社、そして国書刊行会から次々と「新しい世界の文学」が訳出されていった。アメリカ文学で私が一番好きだったのはドナルド・バーセルミの短篇作品だった。だから安部公房のこういう言葉に反応した。「それほど読んだわけではないけど、ドナルド・バーセルミの短篇なんか面白かった」。

英米文学にはアイルランド文学も含まれる。

アイルランド文学といえばジェイムズ・ジョイスやサミュエル・ベケットがビッグネームだが、フラン・オブライエンというさらにシブい作家がいたことを知った。集英社版『世界の文学』全三十八巻（この全集のラインナップは本当に凄かった）に彼の長篇小説『ドーキー古文書』が本邦初訳されたのだ（一九七七年）。

同じ翻訳を読んだ安部公房はオブライエンのことを「内的亡命者」と呼び、『ドーキー古文書』は、「内的亡命者独特のファンタジーとレアリスムの入り混った実に面白い小説なんだ」と語っている。

私の大学時代、安部公房は小説家である以上に芝居の人だった。

パルコ劇場を中心に活動し、私のサークル（ミニコミ誌）の先輩は毎回その芝居を見に行き、私も誘われたが、つかこうへいのファンで福田恆存のもとに出入りし始めた私はその申し出を断わった。

アメリカ、ミルウォーキーのレパートリー・シアターで安部の芝居『友達』が上演された。その時の反応を見て安部はこう語る。「僕のスタジオでやっている仕事というのは、非常に水準が高いんだよ（笑）。日本にいる時には、抽象的に自分でそう思う以外になかったけれど」、今回それが確認できたという。

しまった、オンタイムで見ておけば良かった。

（19・05・23）

藤木TDC／イシワタフミアキ写真／山崎三郎編『消えゆく横丁』ちくま文庫

二〇二〇年の東京オリンピックを前に東京が大きく変っている。

つまり古いものがこわされ、新しいものが建てられて行く（私はいわゆるバブルの時代に『東京人』の編集者でその変化を目のあたりにしたけれどここまでひどくなかった）。

古いものとは例えば「横丁」だ。

巻頭に載っているのは池袋にあった人世横丁。

池袋は世田谷に住む私にはなじみの薄い場所であまり遊びに行くこともなかったが、この横丁のことは知っていた。横丁が消えて行く時に週刊誌などのグラビア頁で取りあげられたことも。

藤木ＴＤＣは書いている。「80年代はピンクサロンなども入居する怪しい横丁となり、90年代には内側の店は高齢の女将が経営する小料理屋ばかりとなって、閉店する店舗も相次ぎ、本当に寂しい横丁だった」。

しかしそのまま衰微していったわけではなかった。

「ところが00年代が近づくと居酒屋や横丁のブームが起こり、閉店していた店に若い経営者が入って居酒屋やホルモン屋などの新店舗をオープンさせた。寂れた横丁は00年代半ばに見違えるような賑わいを見せた」

もっともそれも十年続かず、二〇〇八年、「人世横丁は突然、全店営業をやめ、同年中に解体され跡形もなくなった」。

それに続くのは渋谷の百軒店。

渋谷は私の准地元で、百軒店は学生時代からのなじみだ。

その百軒店に数年前、久し振りで行ってみたら、まったく変っていた。正確には十年前だという。

「06年頃から酒場の閉店、移転、そして解体が始まり、09年には更地に白亜のマンションが完成した」。

イシワタフミアキによる写真がたくさん収められているのも貴重だ。

消失前、消失後の写真を眺め比べることができる。

江東区森下の五間堀長屋はキッチン「ぶるどっく」や季節料理「玉や」、秋田料理「藤」など入ってみたかった店が幾つもある。それが二〇一八年秋に更地となり、「隣に立つビルには、長い間木造家屋が密着し続けた跡がくっきりと残されて」いる。

驚いたのはJR有楽町駅ガード下にあった「日の基」と「新日の基」の写真が載っていることだ。店を閉じてしまったのだろうか（どちらかの店を継いだイギリス人の御主人はどうしているのだろう）。

私の元実家や今住んでいる三軒茶屋に一番近いのは下北沢駅前食品市場だが私はこの市場に思い入れはない。

第三部「再生する横丁」はまず新宿ゴールデン街・花園街が登場する。つまりSNSによって、外国人観光客の人気スポットになったのだ。同様のことは同じ新宿の「思い出横丁」でも起き、最近は神保町でもカメラ片手の外人を見かける。三軒茶屋の横丁を「発見」しないでいただきたい。

（19・05・30）

加藤典洋『完本　太宰と井伏』講談社文芸文庫

橋本治、岡留安則に続いて加藤典洋さんまで亡くなった。団塊の世代は意外と早死にだ。

『東京人』の編集者をやめフリー編集者となっていた一九九四年十一月二十日、私がもっとも尊敬していた思想家福田恆存が亡くなった。その一週間後、当時まだ面識のなかった『文學界』編集長寺田英視さんから電話があった。同誌の追悼特集に原稿を書いてもらえないか、と。

その原稿は私の最初の評論集『ストリートワイズ』（晶文社一九九七年）の巻頭に載っているが同書の「あとがき」で私はこう書いている。「この突然の原稿依頼は、私をひどく緊張させた。しかし私は、この原稿、『一九七九年の福田恆存』を書くことで、文筆家としての自分に対して自覚的になっていった」。

この原稿にまっ先に反応してくれたのが加藤さんだった。読売新聞一九九五年一月十八日の「文芸季評」で加藤さんは『文學界』や『新潮』に載った追悼について、（福田氏の）「仕事の意味、いまに生きる批評としての意味が、そこに取りだされているとはいい難い」と述べたあと、こう言葉を続けていた。「自分の中にいまも生きる思想、批評として氏の仕事を受けとっていると感じられたのは『文學界』に『一九七九年の福田恆存』を書いている坪内祐三の文章だが、その坪内氏は、寄稿者中唯一人の戦後生まれ、しかも三十代という若さ」。

この言葉に私は勇気づけられた。

当時加藤さんは雑誌『思想の科学』に関わりを持っていて、やはり同誌に関わりを持っていたフリー編集者で加藤さんや私の本を作ってくれた今は亡き中川六平に導かれ私も同誌のシンポジウム等に顔を出すようになり加藤さんの面識を得た（パネリストとして同じ舞台に立ったこともある）。

二〇〇五年春、加藤さんは明治学院大学から早稲田大学に移り、同じ時期に同大学の一コマ講師だった私と校内や早稲田の古本街ですれ違い、そのたびに加藤さんは、坪内さん早稲田の良い居酒屋を教えて、と尋ねた。

以前もこの欄で述べたことがあるように講談社文芸文庫巻末の加藤さんの「自筆年譜」はとても読みごたえある。

だから、二週間ほど前に届いたこの文庫本の、二〇一九年、「一月中旬、治療の感染症罹患による肺炎となり一週間あまり死地をさまよう」という一節に驚いた。ただし三月下旬には退院したとあってほっとしていたのだが……。

そういう体験(死と直面したこと)を経て加藤さんは文庫版あとがき(「著者から読者へ」)で、「ようやく私は一人の『老人』になることができたと思っている」と述べている。『老人』とは世を捨てることではない。『若い人』を助ける『一歩身を引いた』、『自分の分限を知った』社会的人間のことである」。

そう言いつつ加藤さんは若いままで亡くなった。

(19・06・06)

江藤淳

『戦後と私・神話の克服』中公文庫

最近読んだ新刊で一番興奮したのは平山周吉の『江藤淳は甦える』(新潮社)だ。

様々なことを知らされた。

江藤淳と言えば、「戦後と私」や「場所と私」をはじめとする「○○と私」が有名だが、この中公文庫『戦後と私・神話の克服』の解説「江藤淳と『私』」で平山氏は、「江藤特有の『私』が、文章上で強く突出してきたのが昭和四十一年だったのには理由があった。私は江藤の生涯を調べている時にそのことに気づいた」と述べている。

実際平山氏の江藤淳伝には「昭和四十一年、もうひとつの『妻と私』」という章がある。

この文庫版江藤淳選集に収められている文章の殆どに目を通しているから、まず、初めてのものから読み始めた。

「批評家のノート」は昭和の終わりに河出書房新社から刊行された『新編　江藤淳文学集成』全五巻の「著者のノート」として発表されたものだという。

編集者の肖像（ポルトレ）が読ませる。

デビュー作『夏目漱石』（東京ライフ社）に続いて昭和三十三年十一月、文藝春秋新社から評論集『奴隷の思想を排す』を刊行した。同じ頃やはり文藝春秋新社から『海と毒薬』を刊行した遠藤周作と文春主催で合同出版記念会を開くことになった。

定刻よりだいぶ早く会場に行ったら、まだ誰も来ていないし、受付の人間も見当らない。

日時を間違えたのかと思っていたら、「縞の背広を瀟洒に着こなした痩型の初老の紳士が現れて」、「江藤先生でいらっしゃいますか？」と尋ねた。その会に是非出席したいと思っていたのだが、「よんどころない用事が出来て」、出席かなわなくなったことへのおわびに来たのだ。

その「初老の紳士」は戦前に作家としても活躍した文春社長の佐佐木茂索だった。

同じ年の春、講談社の名物編集者川島勝（通称勝ちゃん）からの封書を受け取った。銀座にあった『三田文學』の編集部で何度か川島氏の姿を見かけたが、ずっと文藝春秋の人だと思っていた。何故なら出版社には固有の社風があって、「文春はスマートで軽快、講談社は素朴で重厚」だから。私も一度だけ川島さんとお話ししたことがあるが、かなりの高齢であったのに「スマートで軽快」だった。

続いて講演録「小林秀雄と私」に目を通したが、一番懐しいのは「文反古と分別ざかり」だ。何故なら私はこの文章を初出『文學界』一九七九年七月号で読み、当時から既に一九七九年問題（ちなみに村上春樹のデビュー作「風の歌を聴け」も同じ頃『群像』で読んだ）のことを考えていたからだ。

それは時代の大きな転換期でもはや「戦後」というものが消えようとしていたのだ。

ところで、江藤淳が生きていたらトランプの国技館での「妄挙」について何と言っただろうか。

（19・06・13）

フェリックス・レガメ／林久美子訳
『明治日本写生帖』
角川ソフィア文庫

角川ソフィア文庫、明治期に来日したフランス人の日本見聞記が充実している。すなわち、四月のエミール・ギメ『明治日本散策』に対して、五月は、そのギメの作品に挿絵を寄せていたフェリックス・レガメの『明治日本写生帖』が刊行された。今までに抄訳は出ていたものの、これが「初めての邦訳完全復刻」だという。

「国土と国民」、「政治と文明化」、「軍隊」、「公教育」などの八章に分かれているが、私の一番の関心は「芝居と相撲」の特に「相撲」にある。

〈一列になって現れた力士たちは、特別興行用のビロードの前掛け〔化粧廻し〕を付けている。これには重い金の縁飾りが付いていて、贅沢に刺繍が施されている。力士たちは審判長〔立行司〕の周りに円形に並ぶ。この折には、行司は正装である裃を身につける〉

両国国技館で大相撲がある時、一度だけ館外退出が認められるが、そのシステムが明治の時から変らないことを知った。

〈幕間に再入場券は配られないが、それは、スタンプを観客の腕に直に押すことで、その代わりとしているからである〉

新たに知ったこともあった。

人力車の車夫はかつてはほとんど裸であったのだが……。

〈西洋的羞恥心からの苦情を受けて、行政が彼らに服を着るよう強制して以来、彼らはすぐに息切れするようになり、多くは肺結核で亡くなっている〉

服を着ることが肺結核につながるとは（普通に考えれば逆の気がする）。

えっ、と思ったのは「文字焼き」だ。文字焼きのことを私は池波正太郎のエッセイで知った。池波少年は屋台の「文字焼き」が大好きで、「文字焼き」はやがて「もんじゃ焼き」に変っていったという。いま月島に何十軒もある「もんじゃ焼き」だ。

ところが。

〈文字焼きは、この分野における真の芸術家である。客の求めに応じて、細工しやすい生地で実にさまざまな形に菓子を作り上げる。筆で僅かな色を加えて、作品が完成する〉

「もんじゃ焼き」は「野外での子ども調理」に近い。

〈客である幼い料理人たちは、熱せられた板の上に僅かな量の生地を置き、完璧な焼き加減になるまで、木でできた小さな匙で生地を押し潰すのである。大した値段ではないが、大層愉快なものだ！〉

巻末の解説（「フェリックス・レガメと日本」）で訳者の林久美子は、レガメが『お菊さん』で知られるピエール・ロティに批判的な親日家であったと論じている。だからこそ、「日本人は、彼らの歴史の始まりである神話に対し、心の底では最も大きな疑いを抱いているにもかかわらず、その神話から重要な教訓や、説得力のある手本を躊躇いなく見出している」という言葉が説得力を持っている。（19・06・20）

村松友視
『北の富士流』
文春文庫

私が大相撲を熱心に見ていたのは少年時代（小学校五年生から中学三年生にかけてだが）。ここ十数年、その時以上に夢中になっている。

両国国技館に百回以上足を運んでいるし、テレビの大相撲中継も欠かさずチェックしている。

特に初日や中日、千秋楽は録画した番組を何度も見る。北の富士勝昭の解説を楽しむため。

北の富士の解説は素晴らしい。ユーモアがあるのはもちろん、本音をズバズバ言ってくれるので、その通り、と口にしたくなる。

例えば「立ち合い問題」。

両手をきちんとつくことにこだわりを持って、そのことのみを気にする行司がいるが、はっきり言ってウザイ。

立ち合いは、手がつかなくても、両者の呼吸が合えばよいのではないか。手のことばかり気にされると、かえって興味がそがれる。

北の富士はそのことを口にしてくれる。

北の富士のファッションも楽しみだ。

和であっても洋であっても、とてもオシャレでセンス抜群だ。

ラジオ解説の席にいる北の富士を眼にしたことも何度もあるが、そういう時は、一転カジュアルで、ジーンズにポロシャツだったりするが、それまた恰好良い。

そういうダンディを描く点で村松友視は最適任者だ。

村松氏はあの吉行淳之介に気に入られていた編集者だが、吉行は「自然体の気遣い」が出来る人で、自分のことを「半達人」と呼んでいた。「矩(のり)を守る達人よりも、人間味を満開させる」、それを「極める」のが半達人だが、北の富士もまた「〝半達人〟を極める人」であると村松氏は言う。

北の富士はまた、飄々としていながら男気があった。

北の富士は同じ北海道出身の横綱千代の山との縁で角界入りした。

千代の山は名門出羽海部屋の力士だったから北の富士も出羽海部屋に所属した。

引退後九重親方となった千代の山は出羽海部屋を継ぐはずだったが、大関だった佐田の山(のち横綱)が部屋の婿養子となり、その目がなくなり、独立して部屋を起し出羽一門を破門となる。

大関になったばかりの北の富士もそれに従った。

翌場所、北の富士は初優勝し、やはり九重親方について行った松前山が十両優勝した。

当時我が家ではサンケイスポーツを取っていて、私は一連の独立騒ぎを熱心に読んでいたから、北の富士と松前山の優勝がとても嬉しかった。それが一九六七年のことだと知ったが、私は小学校三年生。スポーツ紙を熟読するとは早熟な少年だ。

それからスポーツ紙といえば本場所中に北の富士が東京中日スポーツに連載しているコラム「はや

わざ御免」は毎回面白くてタメになる。（19・06・27）

友川カズキ『一人盆踊り』 ちくま文庫

歌手で画家で詩人でもある友川カズキはこれまで十数冊の本を出しているが、意外なことにこれが初めての文庫本だという。

しかも文庫オリジナルのベスト・オブ・友川カズキだ。

交流録が半分以上占めるこの一冊は死のにおいに満ちている。「たこ八郎が居た」はこのように書き始められる。「十年来の友人でコメディアンのたこ八郎さんが、この七月二十四日昼前、神奈川の真鶴海岸で死んだ」。

電話で連絡を受けた時、「気があまりに動転してしまって」、「はっきりと思い出すことができない」。初めてたこ八郎と会ったのは赤塚不二夫主催の『バカ田大ギャグ祭』だが、その時たこは知る人ぞ知る存在だった。

やがて売れっ子になっていってもたこは何一つ変らなかった。

〈ここ二、三年は、たこさんと呑むとほとんどおごられてばかりであった。

こちらがたまには払おうとすると、トモカズ！　このイナカ者！　お前よりはオレの方がずっと稼ぎがあるんだから、と言っては、よれよれのズボンのポケットから金を出しては払ってくれるのであった〉

洲之内徹と交流があったのは最晩年の三年間だ。「その眼は、今まで出会ったことのないような、冷たい炎のような、恐いような、淋しいような、美しい眼であった」。

まさに「死を教えてくれた作家」というタイトルを持つのが深沢七郎だ。

「楢山節考」を読んだのは高校生の時で、それが「一番最初に」彼が感銘を受けた作品だった。〈私が高校の時読んだ小説の感動は、今思うに、死から目をそらせない、ということと、死をも生きる、ということとの立脚点の恐怖であったように思う。

生きるということは沢山の死を否応なく味わいあびるということかもしれない〉

中上健次とは何度か飲み歩いた。

渋谷のライブハウスのコンサートの打上げに中上が顔を出し、新宿に流れ、夜が明ける頃には中上と二人になり、タクシーで中上がカンヅメになっているお茶の水のホテルに向った。友川が目を覚ましたら中上はすでに原稿を書いていた。

〈中上さんは、当然の如く顔色が悪く、目も窪んでいたが、原稿を書くための精神の目覚めからか、いつもの力を回復していた。小説家の苛酷な一端を目のあたりにし、なぜか祈りたいような心境にオレはなっていた〉

だが特別なのは弟だろう。同じ部屋に暮らしたこともある弟は、姿を消して四年後、大阪で鉄道自殺する。秋田から駆けつけた両親ともう一人の弟と共に斎場で目にしたのは、「顔は半分しかなく眼球も飛び出し」、「首から下の方はあまりにもバラバラでつなぎ合わせることもままならず」、拾い集められた死体だった。

（19・07・04）

柳田國男
『日本の民俗学』 中公文庫

例えば若い人から柳田國男の文庫本、まず何から読めば良いですか？　と尋ねられたら回答に少し困る。

一般に代表作は『遠野物語／山の人生』だが、「遠野物語」は柳田のオリジナルではないし、若い頃の文学仲間だった田山花袋らの自然主義文学へのアンチとして刊行したというアングルがある。それから『海上の道』や『蝸牛考』も岩波文庫に収められているが専門的過ぎるかもしれない。

ちくま文庫の『柳田國男全集』全三十二巻の八割以上を私は持っているのだが、一番愛読しているのは「退読書歴」や「老読書歴」や「ささやかなる昔」などが収められている第三十一巻というシブい一冊だ。

そんな中、最適の入門書と言えるアンソロジーが中公文庫から文庫オリジナルの形で出た（『中央公論』は相い変らずつまらないのに中公文庫は何故近年クオリティーが高いのだろうか）。

初めて目にしてとても印象に残った文章がある。「村の信仰――私の哲学」（昭和二十五年）だ。大学を出たあと柳田は大した理由もなく役人になった。最初は農商務省で、やがて法制局に移った。法制局は法律案をつくるところだが、当時「内閣と議会がよく衝突をして」、しょっちゅう解散した。その間法制局は不用で、半年も一年も暇が出来た。しかも暇だけではなかった。「役所としても金が残るので出張して来ないかと旅行をすすめ」た。海外に行く同僚も多かったが、柳田は「金をくれるなら国内を歩きたいと考え、また旅行が好きだったので盛んに歩いた」。

つまり解散熱が民俗学者柳田國男を生んだのだ（この口述筆記で柳田は「民俗学」と口にしているが別の一文で何度か「民俗学」と「民族学」の違いに触れ「民族学」の方を上に見ている）。

柳田の見る所、役人は不勉強な人が多かった。「本を買って読むというような者は二十人に一人もなかった」。それに対して軍人の方が能力が高かったし読書家も多かった。だから柳田は「後藤さん」（後藤新平のことだろう）に、「今に軍人が政治に口を出す時代が来ますよ」と言ったという。

そして軍閥政治が生まれ、敗戦に至るのだ。ただし、「簡単な理由で片づけるのは間違いです。その根は維新前からあったといえるし、それを育成した事情も一つや二つでは無いのです」。

大学一年の時、友人の下宿に同級生四〜五人で集まり、それぞれの将来について語り合った。

私はいつか柳田國男の『明治大正史世相篇』のような作品を書きあげたい、と言った。私がその長篇評論を通読したのはそれから十年以上ものちのことだ。

私は今、ライフワークとして『昭和平成史世相篇』を構想している。

（19・07・11）

山本周五郎
『季節のない街』
新潮文庫

山本周五郎が亡くなったのは昭和四十二（一九六七）年だから、著作権が切れた二〇一八年から角川をはじめとする幾つかの文庫が参入して来た。

では本家本元、五十冊以上がラインナップに並ぶ新潮文庫はどうかといえば、文字を大きくして注釈をつけた改版が次々刊行されている。

その一番新しい作品が『季節のない街』だ。

山本周五郎には珍しい現代小説『季節のない街』、読みたい読みたいと思っている内に今日に至ってしまった。

私が小学校五年か六年の頃、ある民放で黒沢明の映画が次々と放映されていった（二回に分けて放映された『七人の侍』の時は大学生だった従兄が見に来た）。だから黒沢の「名作」はその時にあら方見た。

しかし映画館で初めて見た黒沢映画は『どですかでん』（一九七〇年）だった。

黒沢初のカラー作品であるこの映画は少年にはかなり難解だった（今では大好きな作品だが）。『季節のない街』は十五の短篇によって構成されているが、『どですかでん』はその内の八篇を映画化したものだ。

『どですかでん』というタイトルは巻頭の「街へゆく電車」から取られたものだ。

この作品はこのように始まる。

〈その「街」へゆくのに一本の市電があった。ほかにも道は幾つかあるのだが、市電は一本しか通じていないし、それはレールもなく架線もなく、また車躰さえもないし、乗務員も運転手一人しかいないから、客は乗るわけにはいかないのであった〉

続きを引いてみよう。

〈要するにその市電は、六ちゃんという運転手と、幾らかの備品を除いて、客観的にはすべてが架空のものだったのである〉

「六ちゃん」は運転しながら車輪の音をまねる。それが、「どですかでん、どですかでん」で、交叉点にかかると、「どでどで、どでどで、どですかでん」と変化する。

久し振り（五年振り）の黒沢映画でしかも初のカラーだったからキャストが豪華だ（三船敏郎や志村喬といった黒沢組の常連が出ていないのがかえってシブい）。

「枯れた木」の「平さん」は「誰ともつきあわず、日常の挨拶も殆んどしなかった」。その細おもての顔は、「よく見るとなかなか品があった」が、「眼が落ちくぼみ、頬がこけて、乏しい蝋燭の火がゆれると、その顔が骸骨のようにみえた」。

その「平さん」を演じているのが芥川比呂志なのだが、まさに「平さん」そのものだ。

それ以外にも伴淳三郎や丹下キヨ子、藤原釜足、渡辺篤、三波伸介、田中邦衛、奈良岡朋子らの出演しているこの作品、朝日新聞社の「DVDコレクション黒澤明」シリーズで手軽るに買える。

特筆したいのはカラーの不思議な美しさだ。（19・07・18）

内澤旬子
『漂うままに島に着き』 朝日文庫

内澤旬子さんと私は二十年以上前からの知り合いだ。

だからこれまでの内澤さんの歩みも良く知っている。

知り合った頃彼女はナンダロウアヤシゲ（本当は漢字だがすぐには思い出せない）と結婚していて、二人はベストカップルに見えた。文章をアヤシゲ氏が書き、イラストを内澤さんが描いた。

その二人が別れた時は驚いたが、それから内澤さんは文章も書くようになり、その文章がとても上手なのだ（内澤さんが講談社エッセイ賞をとった時の私は選考委員だ）。

主にプライベートエッセイだが、いわゆる身辺雑記ではなく、波乱に富んでいるのだ（その波乱は評判の近刊『ストーカーとの七〇〇日戦争』まで続いている）。

癌そして離婚、さらに島暮らし。

島暮らしのきっかけは癌だった。「癌を抑えるためのホルモン療法中に起きた副作用をきっかけとして、狭い場所や騒音が苦手」になった。

で都内の少し広めの部屋に移ったけれど、それでもまだ手狭だし（仕事に必要な本や資料がたくさんあった）、だいいち家賃が馬鹿にならない。

仕事依頼はメールか電話だから東京にいる必要はない。

その時、旧知の平野甲賀夫妻が小豆島に移住すると聞いて、小豆島に興味を持った（この段階で彼女は小豆島と淡路島の違いがわかっていなかった）。

とりあえず小豆島を見に行くことにした。だが、それが実は手ごわかった。

高松まで飛行機で行き、高松港から船に乗るのだが、瀬戸内海には島がたくさんあって、しかも小豆島には港が七つもある。

親切な案内もなく、小豆島に暮らしはじめて毎月のように高松に行くのに、彼女は船をなかなか使いこなせない。

小豆島に関して意外なことを知らされた。まず、漁港らしきものが見当たらないこと。それから、「オリーブが思ったより少ないということ」。さらに、イラストマップはあっても本格的な地図はずいぶん前に絶版になってしまったこと。

女性一人で小豆島の築四十年の一軒屋に暮らす。ずいぶんタフな人だなと思って読み進めていったら、こういう一節に出会った。

〈乳癌キャリアとして今まで黙っていたけれど、この際思い切って告白すると、実は検査に行かなくなって久しい。検査に行ってないというと、みんなが悲鳴を上げるので、秘密にしていたが、それも飽きた〉

「もういいだろうと思った」、つまり、「再発するならしろ」、と。

元版の「あとがき」に「二〇一六年六月の時点で、転居を決めた」、「セキュリティを考え直さねばならない出来事が起きてしまった」と述べている。その詳細を描いたのが『ストーカーとの七〇〇日戦争』だ。

（19・07・25）

アンドレ・ルロワ＝グーラン／蔵持不三也訳
『世界の根源』
ちくま学芸文庫

私が大学生だった一九七〇年代終わりから一九八〇年代初めにかけて「現代思想」が活気あった。

この場合の「現代思想」とはジャック・デリダやジル・ドゥルーズ、ミシェル・フーコーらのいわゆるポストモダニズムのことだ。

知的ミーハーな青年だったから私もそれらの人々の著書に目を通したが（私が一番好きだったのはロラン・バルト）、もっと熱心に読んだのはミルチャ・エリアーデやジョルジュ・バタイユらの博学者たちだ（構造主義の思想家と言われていたレヴィ＝ストロースも博学者として読んだ）。

その一人に『身ぶりと言葉』（新潮社・現ちくま学芸文庫）のアンドレ・ルロワ＝グーランがいた。

このインタビュー集『世界の根源』も一九八五年に元版（言叢社）が出た時に本屋で何度か手に取ったが購入には至らなかった。

ところが今回文庫版を手にして驚いた。インタビュアー（対話者）がクロード＝アンリ・ロケだったから。

クロード＝アンリ・ロケはエリアーデの読みごたえあるインタビュー集（邦訳は『迷宮の試煉』作品社）の優れたインタビュアーとして知っていたからだ。

二十世紀フランスを代表する先史学者（歴史学の前に考古学がありさらに前に先史学がある）ルロワ＝グーランはユニークな経歴の持ち主だ。

十四歳で学校をやめ、書店やメリヤス店で働きながら大学入学資格試験に合格する（その間に彼はロシア語を習得する）。

ロシア語と共に中国語を学んでいた彼は第一回の日仏交換留学生として一九三七年から三九年にかけて日本に滞在する（ルロワ＝グーランと日本がこんなに縁深かったとは知らなかった）。

最初に訪れた東京は「かなり耐え難い都市だった」が、そのあと移った京都は、「いつも新鮮な驚きを覚えた」。「そこで味わうことのできる楽しみを汲み尽くすには、二年間はあまりに短かすぎました」。

そして奈良の正倉院の御物には驚かされた。九世紀つまりヨーロッパで言えば『ローランの歌』の時代の剣が、「鏡のように光輝いており、一点の錆斑も」なかったから。

そんな日本が西欧の「高度な工業や国防力を得ようと努力し」、大きな成功を収めたものの、「日本文化は何かしら絶望的な」要素を帯びてしまった。

彼の中で、「楽しさと仕事との間に限界を設けるのが難し」かったという。

「きのこを探そうともせずに森を散歩することはできません。いわば、仕事と遊びとが分かち難く混同しているため、うまく両者を区別することができないのです」

エリアーデやレヴィ＝ストロース、そして山口昌男も同様だった。本来学問とはそのようなもののはずだ。

（19・08・01）

堀川惠子
『戦禍に生きた演劇人たち』
講談社文庫

今もっとも優れたノンフィクション作家は堀川惠子だ。

徹底取材力で知られ、団塊の世代のノンフィクション作家たちもそのように見られがちだが、彼らの多くと違ってパクリはいっさいない。

しかも彼女は正直だ。

「演出家・八田元夫と『桜隊』の悲劇」というサブタイトルを持つこの『戦禍に生きた演劇人たち』の主役は八田元夫（一九〇三〜一九七六）だ。

普通のライターだったらずっと以前から彼に興味を持っていたと書きたがるが、堀川氏が、「八田元夫という演出家の存在を知ったのは、二〇〇四年」のことだったという。

戦時中の新劇史は殆ど資料が残っていない。戦災により焼失し、国の記録は意図的に焼かれた。転向問題などもあって当事者たちは戦後あえて沈黙を守った。

ところが早稲田大学演劇博物館の倉庫の奥に膨大な量の八田元夫の遺品が残されていたのだ。未整理だったその遺品を堀川氏は読み解いて行く。

私はこのあたりの演劇史に昔から興味を持っていて、それなりに詳しいつもりでいたけれど、色々と教えられた。

移動劇団「桜隊」は広島で原爆の被害を受け名優丸山定夫（松山に行くと松山出身のこの俳優関係の本がどの古本屋にも並らんでいる）と園井恵子が犠牲になった。

園井は阪東妻三郎主演の映画『無法松の一生』の未亡人役で知られるが、そもそもこの作品は映画よりも舞台が先で、その『富島松五郎伝』で松五郎を演じたのは丸山定夫だったという（未亡人を演じたのは杉村春子）。

映画『無法松の一生』で未亡人の息子の幼年時代を演じていたのは長門裕之だが少青年時代を演じていたのは川村禾門で、彼の妻だった女優森下彰子（やはり広島で亡くなる）とのことを描いた「彰子と禾門」も読ませる。

戦後は松竹の大部屋俳優となった彼は、同社をリストラ後、パン屋やホテルのフロントなどをしながら最晩年、映画の世界に復帰し（その間大島渚が『御法度』のあとで彼と彰子の若き日のエピソードを映画化したいと考えたが脳出血に倒れ幻に終わった）、一九九九年三月、八十一歳で亡くなった。一九七九年に出た『日本映画俳優全集・男優編』（キネマ旬報社）によれば、「現在は横浜市南区高砂町にスナック・リバーを経営」とある。

三好十郎の大作『浮標』を私は長塚圭史演出で二度見たが、それは得がたい経験だった。初演時の演出が八田元夫で主人公の五郎を演じたのが丸山定夫だった（長塚版では田中哲司）。

初演の初日は四百六十名定員の築地小劇場に、五、六十名の人しか集まらなかった。しかし気魄のこもった舞台で、幕がおりきると、沈黙しきっていた観客から「一時に爆発したように拍手――それがなりやまない」。ついには八百名もの人が集まるようになったという。

（19・08・08）

デ・アミーチス／和田忠彦訳
『クオーレ』 岩波文庫

私は野球にサッカー、虫取り、ザリガニ取りと完全にアウトドア派の少年で雑誌やマンガはともかく、本は殆ど読まなかった。

その例外がアミーチスの『クオーレ』で何度も繰り返し読んだ。

小学校四年生、満十歳の時だ。

作者は言う。この小説のタイトルを、『ある三年生の男子生徒の書いたイタリアの公立小学校の一年間の物語』としたっていいかもしれません、と。

小説は十月十七日、始業式の日から始まる。前年、二年生の時の担任が一階の教室近くで声をかけてくる。「エンリーコ、ことしからあなたも二階ね。もう、ここを通るのも見られないわね」

私も四年生になった時、教室が一階から二階に変った。二階の端、校庭から直接上って来れる教室で、正確に述べれば、一番端（教室の隣り）には小さな書庫（不思議なスペース）があり、私は休み時間や放課後、その書庫にこもることがあった。

小さいとはいえ書庫は書庫だ。色々な本が並らんでいた。

その中にブルーの背表紙が印象的な岩波少年文庫があって、私は『クオーレ』を知った。

もちろんその前から『母をたずねて三千里』のことは知っていた。しかしそれは『クオーレ』に収録された一作品だったのだ。

少年向けでありながら『クオーレ』は少し複雑な構造を持っている。三年生の男の子の見聞記だが、そのままではない。父親の手が入っている。さらに、中学生になって読み直した少年の手も入っている。

つまり、その三種の混合物なのだ。

学校が始まって早々、カラブリアという地方から転校生がやって来て、皆が色々とプレゼントする。

〈カラブリアからきた子に切手をあげた男の子が、ぼくのいちばん好きな子で、名前をガッローネという。クラス一背が高くて、年ももうじき十四歳だ。頭も大きくて、肩幅もひろい。ほほえむと、やさしいのがよくわかる〉

ガッローネが年をくっているのは二年間病気をしていたからだ。「ぼく」（エンリーコ）は本当にガッローネが好きだ。「一度きみの顔を見たら、だれだって、それだけできみが好きになる」。「ガッローネのおとなみたいな大きな手を、ぼくの手でつつむと、うれしくてたまらない」

フランスの作家アラン・フルニエの名作『モーヌの大将』を思い起させる描写だ。

毎月一つ、先生が「今月のお話」を聞かせてくれて、その一つ、五月の「お話」が「母をたずねて三千里」だ。他の「お話」が十頁前後であるのに対し、この話は五十頁以上ある。

たしかに名作ではあるが、私が一番印象に残った「お話」は十二月の、「フィレンツェのちいさな代書屋」だ。

（19・08・29）

辻邦生／北杜夫
『完全版　若き日と文学と』

中公文庫

辻邦生と北杜夫（旧制松本高校時代に知り合った二人は半世紀以上の交遊を持った）の対談集『若き日と文学と』（中公文庫）は学生時代の私の愛読書だ。何度も読んだからその手ざわりも憶えている。ところが、書店の文庫本新刊コーナーで見かけたこの「完全版」、それよりずっとぶ厚いのだ。新たに五つの対談が付け加えられ、二百三十頁ほどだったものが四百頁を越えている。

中でも興味深かったのは「『星の王子さま』とぼくたち」だ。

『星の王子さま』がブームになったのは一九七〇年前後だったと記憶しているのだが、「『星の王子さま』の翻訳が出たのが昭和二十八年ごろ」で、「このころから圧倒的な人気でね」と北杜夫はいう。当時彼が入っていた同人誌『文芸首都』の仲間だった女性の部屋で、『星の王子さま』を見ながら彼女は、「このマフラーすてきねえ」と口にした。

そのあとのつながりが意味不明だが、北杜夫が口にすると説得力がある。「目覚まし時計を持ってるんだけど、その時計、横にすると動くけど、ちゃんと置くと止まっちゃうとか、とにかくそういうことに興味を持つ女性だったんですね」

最初に『星の王子さま』を読んだ時、北杜夫は作者であるサン＝テグジュペリのことを「ジェラール・フィリップみたいな痩型の人だと思ってた」のだが、「写真を見たらクマのような男」だった。

辻邦生／北杜夫
『完全版 若き日と文学と』

辻が『星の王子さま』の映画はどうしようもないものだったと言い、北が「そうだった」と相槌を打つと、辻が、「あっ、いっしょに見に行ったんだっけ」と答える。

そのあとの二人のやり取りが面白い。

〈北　いや、辻とはマンの『ブッデンブロークス』を見に行ったのは覚えてるけど、サン＝テグジュペリのはちょっと記憶にない。

辻　そうだったね。ぼくは若い女の子と行ったという記憶があるけれども。（笑）

北　辻先生、またちょっと痩せてきて、ハンサムになったんじゃないですか〉

文学作品に対して異常な記憶力を持っている北杜夫も、しばしば対談の内容を忘れてしまう。だから、「また何の話なのだかわからなくなった。助けてくれ」だとか、「……何の話だっけ？」などと口にする（それを辻邦生がしっかりとフォローする）。

巻末に辻邦生夫人の辻佐保子のエッセイ「辻邦生と北杜夫」が載っている。

辻邦生の一周忌（二〇〇〇年）に書かれたものだ。

晩年の二人は健康状態がよくなく、以前のように頻繁に会うことが出来なくなっていた。しかし、「パーティーの会場などで出会うと、嬉しそうにただ黙って並んで座っていた」。感動的な光景だ。

（19・09・05）

椎名誠／目黒考二『本人に訊く〈壱〉』集英社文庫

いま振り返ると一九七九年はエポックとなる年だった（そういう時代に大学二年生で立ち会えた私は幸福者だ）。

まさにモダンからポストモダンへと変ろうとしていた。

文章表現の世界でも二人の新しい書き手が登場した。

椎名誠と村上春樹だ。

村上春樹の群像新人賞というオーソドックスな出方に対して、椎名誠は〝いきなり〟だったからより衝撃度は強かった。

彼の初の著書『さらば国分寺書店のオババ』（情報センター出版局）が出たのは一九七九年十一月。

しかし実はその一年前に大ブレイクしていたのだ。

つまり『本の雑誌』一九七八年秋号に載った〝独占手記〟「文藝春秋10月号四六四頁単独完全読破」によって文春やマガジンハウスなどの編集者から注目を受け『ナンバー』や『ブルータス』といったメジャー誌で連載を持つのだ。

『本の雑誌』における椎名誠の絶妙なパートナーが椎名誠が編集長をつとめていた『ストアーズレポート』に入ったものの半年ほどでやめた目黒考二だ（二人の交流はもう五十年近い）。

椎名誠／目黒考二
『本人に訊く〈壱〉』

『本人に訊く』はその目黒による椎名誠全著作のインタビュー集だ（インタビューというよりも対談に近い）。この「壱」巻には八十冊近い著書へのインタビューが収録されているがそれでも一九九四年五月刊の『はるさきのへび』（集英社）までだ。

『さらば国分寺書店のオババ』について目黒考二は、「いや、本当。時代が変化していくスピードがすごいってことだろうね。当時はおれも面白かったんだから、それがこんなに印象が違うとは思わなかった」という。またこういう事を椎名誠相手に口に出来るのも目黒考二ぐらいだろう。「『さらば国分寺書店のオババ』のようなものをずっと書いていたら、椎名は消えていっただろうな（笑）」。

二冊目、北宋社の書き下し『わしらは怪しい探険隊』（一九八〇年三月）は評価しているものの、三冊目の『気分はだぼだぼソース』（情報センター出版局一九八〇年四月）について、「それほどひどくはない」と言いつつ、「内容は今読むと、ちょっと辛いものがあるけど」と、やはりからい。すると椎名誠は、「話題を変えようか」と答える。

「昭和軽薄体」だけでなく「スーパーエッセイ」という言葉も椎名誠が名付け親であることを初めて知った。しかも「スーパー」は「超」ではなくてスーパーマーケットのスーパーだという。

私が一番好きなのは一九八一年から八二年にかけて刊行された『哀愁の町に霧が降るのだ』全三巻だが、目黒考二も再読して、「すごく面白かった」という。語り手である椎名青年の「暗さが際立っている」。この作品を読んで椎名誠のことを「自殺を禁じられた太宰治」と言ったのはあの吉本隆明だ。

（19・09・12）

石割透編

『久米正雄作品集』 岩波文庫

四十数年振りで久米正雄の小説を読んだ。当時、一九七〇年代終わり、旺文社文庫の日本文学はとても充実していた。

八木義徳や木山捷平、長谷川四郎、小山清、牧野信一といった人と出会ったのも旺文社文庫によってだが、さらに古典的な作品も魅力的だった（例えば森鷗外の『渋江抽斎』を旺文社文庫で読んだ）。

久米正雄の『学生時代』に目を通したのは浪人生の時だが、今回「受験生の手記」を再読して、かつて反応した部分を思い出した。

〈少し遠大な計画を立てて、過去十年間のあらゆる試験問題を蒐集してみようと思い立って、散歩の序（ついで）によく古本屋などを漁（あさ）るのが、一番受験生らしい心持だ〉

東大を目指していた私は神保町や早稲田の古本屋街を流して過去二十年分の東大のいわゆる「赤本」を集めた。

そして出題傾向を読むのだ。

日本史と世界史に関してはばっちりだったが、私は一次で落ちたから無意味だった。

私は久米正雄をめぐるゴシップに詳しくなっていった。

久米は同じく夏目漱石門下の松岡譲と漱石の長女筆子を取り合い、敗れる。

石割透編
『久米正雄作品集』

「受験生の手記」は兄弟で一高を目指し、同じ女性にひかれたものの兄は受験にも恋にも破れた経緯が描かれるが、これはモデル小説だった（現実の久米とは違って「兄」は自殺してしまうが）。

巻頭に収められている「父の死」は、「私の父は私が八歳の春に死んだ。しかも自殺して死んだ」というギョッとする書き出しで始まるが、これはまったくの事実だった。

久米は長野県上田町に生まれ、彼の父は同地の小学校分教場の校長だった。久米が七歳の時学校が火事になり、御真影（天皇の肖像）を焼失。父は責任をとって自殺する。

久米の評論や随筆を私は愛読している。

横光利一の「純粋小説論」の先駆（十年も早い）「私小説と心境小説」を私は優れた私小説論として何度も読んだ（久米は三汀という俳号を持つ優れた俳人でもあるからこの評論をその部分と結びつけて過小評価する人もいるがそれはお門違いだ）。

それから随筆（想）も素晴らしい。

表紙に、「微苦笑を誘う随想」とあるが、「微苦笑」とは久米の造語なのだ（『微苦笑芸術』新潮社大正十三年は私の愛読書）。

久米は遊び好きだったから社交ダンスや麻雀、野球の思い出を語る一方、関東大震災の経験も回想される（東京でなく鎌倉で被害にあったことが貴重）。

一高の同級生の芥川龍之介は若くして自殺し、菊池寛は戦後すぐに亡くなったのに対し、久米は昭和二十七（一九五二）年まで生きた。

だから、古橋広之進がロサンゼルスの全米水泳選手権千五百メートル自由形で優勝した見聞記（「国際競技」）はとても新鮮。（19・09・19）

『小泉八雲東大講義録』

ラフカディオ・ハーン／池田雅之編訳　角川ソフィア文庫

小泉八雲と夏目漱石はまるでバトン・リレーのようだ。八雲は明治二十四年、熊本の五高に赴任し、同二十九年東京帝国大学に転じ、同三十六年まで勤める。漱石は八雲のあと明治二十九年に五高に赴任し、同三十六年、東京帝大に転じる。

その小泉八雲の東大での講義録が本書だ。英語で書かれ、本邦初訳は二〇〇四年。全体は四章に分かれ、第三章「生活の中の文学」の「読書について」など重要だが、私は個人的に第四章「ロマン主義の魂──日本文学の未来のために」がぞくぞくするほど面白かった。大学二年当時のことを思い出した。

その前年、福田恆存の『人間・この劇的なるもの』を読んで感動し、シェイクスピアの作品を次々と福田訳で読破していった。それから二年次の必修の英語を教えてくれたのはイギリス人のF先生で、一年を通じてイギリス・ロマン派の詩人たちをレクチュアーしてくれた。

八雲は言う。「シェイクスピアの作品を義務的に勉強しても、シェイクスピアについて何も学ぶことはできない」。「私は『ハムレット』のさまざまな箇所を暗記させられたけれど、『ハムレット』がまったく理解できなかったし、中年に達するまでわからなかった」。

その点で、優れた『ハムレット』論である『人間・この劇的なるもの』に二十歳で出会えた私はラッキーだった。

ワーズワスの作品で後世に残るものはごくわずかしかない、と言ったのは『教養と無秩序』で知られるマシュー・アーノルドだというが、八雲も、「作品の出来不出来の斑について言えば、ワーズワスほどはなはだしい詩人はほとんどいない」と述べている。

その代り、ワーズワスならではの天才も八雲は紹介する。例えば「花」という「陳腐」で「着古された題目にワーズワスの手が触れると、魔法にでもかけられたかのように、往時の新鮮さをすべてとり戻したのであった」と言って、ワーズワスの「水仙」を引用する。

「水仙」の原題は「ダフォディル」だが、F先生の朗読はとても気持良かった。

八雲は言う。「ワーズワスは、黄金色の花々が陽の降り注ぐ水面の傍らで夏の微風を受けて揺れているのを目の当たりにした時、ふだんには感じられぬ喜びを感じた」。その光景が記憶に蘇ってくるたびに特別の喜びを感じるのだ。

F先生の授業で一番印象に残った詩人はコールリッジだ。

コールリッジは新しい韻律を考え出した。なかでも「その変化」が「最も著し」かったのは『クブラ・カーン』だ。

『クブラ・カーン』は薬物でトリップしている時に見た幻想をうたった作品だ。だがその途中で来客があり、その幻想はもう戻ってこなかった。

それを説明しながらF先生が口にした、ザンネン、という言葉が今も耳に残っている。

（19・09・26）

『幽霊島』 創元推理文庫

A・ブラックウッド他／平井呈一訳

生田耕作、紀田順一郎、荒俣宏は大の読書家として知られ、また三人共、翻訳名人でもある。その三人が共通して尊敬していたのが平井呈一（一九〇二―一九七六）だった。

荒俣は一九四七年生まれだから、平井と四十五歳も違う。

『ブックライフ自由自在』（集英社文庫）で荒俣は、「貧書生は中学二年生のとき平亭先生にはじめてファンレターを出した。先生から届いた長文のご返事が、あまりに達筆すぎて判読できなかったのを、今でも憶えている」と書いている。

平井呈一は当時千葉の漁師町に住んでいて、月に一度句会に参加するために上京し、四、五日滞在し、一日は神田の古書店めぐりに費した。荒俣ら〝子供〟たちの相手をしてくれるのはその日の夕方だった。その声の質と調子は赤尾敏（いつも数寄屋橋の所に止めたトラックの上で演舌をしていた右翼）に「生き写し」だったという。

漁師町に対して「解説」の紀田順一郎は農村と書いているが、千葉に住む平井の元を紀田氏が初めて訪れたのは、一九六三年秋のことだ。慶応大学以来の友人大伴昌司らと怪奇小説同人誌の創刊を考え、その顧問になってもらおうと考えたのだ。

『THE HORROR』と題するその同人誌が出たのは一九六四年一月。創刊号に平井は「怪奇小説のむずかしさ」というL・P・ハートリーの評論の抜粋を翻訳してくれた。

その雑誌は大赤字だったが、十人に満たない読者の一人に荒俣宏がいて、平井を中心に紀田順一郎と荒俣宏が実動部隊となって一九六九年、新人物往来社から『怪奇幻想の文学』全三巻（のち七巻に増補）が刊行される。

その流れの中で私が大学に入学する頃、国書刊行会から『世界幻想文学大系』や『ゴシック叢書』というシリーズが登場する。

実は私は怪奇小説や幻想小説に殆ど興味なかった。

しかし私の好きだったトマス・ピンチョン、ジョン・バース、ドナルド・バーセルミといった当時のアメリカ現代作家たちの作品が次々と『ゴシック叢書』に収録されていったのでゴシック小説の文学史的意味を知りたくなった。

アメリカ文学の泰斗鈴木幸夫先生がまだ停年前で、大教室で「アメリカ文学史」を教えてくれた。その中で二週か三週に渡ってゴシック小説について話されたがまったく理解できなかった。

この文庫本に生田耕作との対談「恐怖小説夜話」が収録されていて、とても読みごたえがあった。つまり、ゴシック小説とは何か詳しく語られているのだ。文学史家たちが語るゴシック文学（ロマンス）についての論は「いつも何か物足りない」と平井は言う。「結局彼等の公式があるわけで、それにあてはめていっているんですな」

前回紹介した小泉八雲、私は平井呈一訳で出会った。（19・10・03）

岡義武

『山県有朋』岩波文庫

高校大学と早稲田に通ったから大隈重信はなじみだった（厳密に述べれば早稲田高校・旧制早稲田中学の創設者は大隈ではなく坪内逍遙なのだが）。

大学の頃はよくその周辺を散歩した。

神田川に沿って早稲田側は低地だが、急激な坂を登って行くと椿山荘に出る（当時はまだフォーシーズンズホテルはなかった）。

初めてその場所に立った時、そうか山県有朋はここから苦々しい思いで反体制的な早稲田の学生たちを見下していたのか、と思った。

戦後の教育を受けた私にとって明治・大正の元老・山県有朋は悪役だった。

私がオヤッと思ったのは大学五年の時に新刊で読んだ森銑三の『明治人物閑話』に収録された「山県有朋・森鷗外・井上通泰」に目を通した時だ。

山県は文学者として鷗外よりも井上通泰のことを高く買っていたという。

なぜなら井上通泰は山県の「歌道の師」だったから。しかも山県は、「当面の政治状勢などをも、進んで井上に話し、その意見をも求めるようになった」。

井上通泰の専門は眼科医だった。だからこういう一節が見逃せない。「往年の宮中の某重大事件に関する井上先生の山県あて書簡が、山県家に存している」。

岡義武の『山県有朋』によれば、「宮中某重大事件」とは、「皇太子妃にさきに内定をみた久邇宮良子女王について薩摩の島津家に由来する色盲の血統のあることが判り、この内定を取止めとすべきか否かが問題となった」、その事件のことである。

この事件に眼科医である井上通泰は深く関わっていたわけだ。

実は彼は私の曾祖父だ。

文学者として彼は鷗外だけでなく幸田露伴（大親友だった）らとも交遊があった。

私が高校生の頃、母は私に、お母さま（通泰の長男泰忠の妻）は鷗外や露伴たちの手紙をきたないか

岡義武
『山県有朋』

らと言って全部燃やして山県有朋のだけは取って置いたのよ、と語っていたけれど、それらの手紙はまだあるのだろうか。

『山県有朋』にはその辺の記述はないが、面白いエピソードが紹介されている。

晩年、山県は小田原にある別荘「古稀庵」に過すことが多かった。

〈ある日井上が古稀庵の庭に出ると、杖をついて山県はひとりで出て来た。井上が樹がよく茂ったことを賞めると、山県は「こうなると、未練のようだが一年でも長く生きていたい」と洩らした。その言葉をきいて、井上の耳には俄かに水の音が淋しく聞えて来たと述懐している〉

山県が「尊崇したのは、理念化された天皇」で、「実在の天皇が彼の抱く理念像から離れている場合、彼の態度は恭謙ではない」と言ってその実例が紹介されている。

山県はファナティックな天皇主義者ではなかったのだ。

（19・10・10）

石川榮吉

『欧米人の見た開国期日本』角川ソフィア文庫

サッカーのワールドカップとラグビーのワールドカップは大した違いがないと思っていたが、実はかなり違うことを知った。

つまり、代表の資格問題。

ラモスやロペス、トゥーリオのようにサッカーの場合は日本国籍を有していなければ日本代表になれない。

ところが、ラグビーの場合は三年以上日本にいればＯＫだ。これは素晴らしい。

東京オリンピックが近づいて来て、ニッポン、ニッポンというウっとうしいナショナリズムの気運が高まって来ている。

しかしワールドカップラグビーの日本代表はそういうナショナリズムを「脱構築」する。

アホなナショナリズムはもうやめにしよう。

ポイントは異文化理解だ。

その点で『欧米人の見た開国期日本』は読みごたえある。

幕末に日本にやって来た欧米人に、日本人の顔は「醜悪」に見えた。慶応二（一八六六）年から一年間滞在したフランス海軍士官（国籍はデンマーク）エドアルド・スエンソンの目にもそううつった。

しかし、「醜い大衆の中にも、ときとして気高く人品の良さそうなものが見いだされる」というのだ。

〈これはおそらく、鎖国以前に彼らの祖先とヨーロッパ人が混血した結果であろう。大衆のあいだには、こうしてヨーロッパ人の血が流入したが、いっぽう高貴な家柄にはそうしたことがなく、血の純潔が保たれてきたと思われる〉

女性の場合は人為的な部分もあった。イギリスの秘書官ローレンス・オリファントは、「旅行者が日本人の群衆のあいだで、女性について受ける最初の印象は、最高に醜いということである」、すなわち、「眉毛のないこと、そして黒く染めた歯は、きわめていたましい不愉快な効果を生じている」と述べている。

アメリカ駐日総領事ハリスの書記官兼通訳だったヒュースケンは下田で盂蘭盆会を見たが、祈っているのは女ばかりだった。彼の「観察はさらに進み、神社であろうと寺であろうと、礼拝の場所に集まるのはつねに女」だった。筆者はその事例を東京巣鴨の「とげ抜き地蔵」(「お婆ちゃんの原宿」)と結び付けて考える。「女性が男よりも信心深いということもあるのかも知れないが、礼拝の場が信仰にかこつけて、女性たちの平素の男の抑圧からの逃避と社交の場となっていたのではあるまいか」。

飲食の問題となるとその差は激しい。ハリスは一八五七年六月の日記に、「ここ二ヶ月以上も小麦粉・パン・バター・ラード・ベーコン・ハム・オリーヴ油など、あらゆる種類の洋食材を切らし、米と魚と貧弱な鶏とで食生活を続けている」と書いている。

一方、やはり長崎のオランダ商館に勤務していたフィッセルは、「生焼けのビフテキのできるあの生の鰹」すなわち鰹のタタキが「格別においしい」と述べている。

(19・10・17)

本田靖春
『複眼で見よ』 河出文庫

かつて、今から四十年ぐらい前、月刊誌の黄金時代があった。

そして、それらを舞台に、次々と優れたノンフィクション作家が登場した。

当時アメリカでは〝ニュージャーナリズム〟と呼ばれるノンフィクションが話題だったが、日本でもその種のジャーナリズムが生まれつつあった。

沢木耕太郎をはじめとする「団塊の世代」のノンフィクションライターが登場したのもこの頃だが、その一廻り上の世代にも優れた作家はいた。

中で私がダントツに愛読したのは本田靖春だ。ノンフィクションでありながら本田氏の作品はきわめて文学性が高かった（小説誌に連載されたものもある）。

特に私が愛読したのは『ニューヨークの日本人』（本田氏は英語が殆ど話せなかったのに何故かニューヨーク駐在員となる）と渋谷の愚連隊安藤組の幹部で本田氏と都立千歳高校で同窓だった花形敬を描いた『疵』だ。

文学性が高いと書いたが、本田氏は人物描写が上手だ。

若き日、上野署サツ回りだった時に開拓したトリスバー『素娥』の台湾籍のママに初めて会った時。

〈あまり馴染みのない抑揚で挨拶した彼女は、豊満さがそのあるべき姿を失って中年肥りへと崩れて行く過程の、ほぼ終りに近いあたりにわが身を置いており、この際ボリュームに関しては申し分のない胸元を強調するのが一得、といった塩梅の仕立てで私たちを圧倒した〉

言い忘れたけれど、彼女は「下町の路地裏にはおよそ場違いな中国服をまとっていた」。

昭和三十三年二月、私が生まれる直前の話だが、私の脳内スクリーンにはありありとその光景が映し出される。

最初は読売社会部だけのたまりだったが、その内常連が、「ゆうに一〇〇人を越え」た。その中には朝日の記者もいて、彼が清書した彼女の帰化申請書は凄いスピードで受理された。それほどの名文だったのだが、彼の名前は深代惇郎と言った。

「のぞきの為五郎」という名物男がいた（私も良く憶えている）。「のぞき」と言っても彼は、守るべきルールを「徹底させようと努めていた」。アベックに危害を加えないことや彼らの荷物を盗まないことだ。

新宿の飲み屋で親しくなった「為さん」と本田氏には幾つもの共通点があった。「京城」生まれの「京城」育ちで、「為さん」の家は本田氏の通っていた小学校のすぐ裏手にあった（ただし家庭の事情で別の小学校に通った）。

社会部出身だから具体的な数字が登場する。一九七三年に銀座の高級クラブはヘルプ嬢ですら「一晩に一万六〇〇〇円を保証される」。第一次オイルショック後だとは思えない。同じ時、「都民の三分の一は、六畳一間の木造アパートに住んでいて」、その内風呂を持っているのは一割だという。

（19・10・24）

東海林さだお
『ガン入院オロオロ日記』 文春文庫

去年で幕を閉じた「講談社エッセイ賞」の私は平成十六年からの選考委員だったけれど、その選考会及びパーティがいつも楽しみだった。

東海林さだおさんに会えるからだ。

パーティの選考委員席でいつも私と東海林さんは隣り同士だった。

そのパーティは「講談社ノンフィクション賞」の授賞式も一緒で、同賞の受賞者や選考委員は、時に、スピーチが異常に長かった。私と東海林さんはそのスピーチに、ひそひそと突っ込みを入れた。

それから選考会では井上ひさしさんのお話も楽しみだった。とても勉強になった。

その井上さんが二〇一〇年にガンで亡くなられた時は驚いた。

今やガンは不治の病ではなく、私のまわりにもガンをわずらったのちピンピンしている人はかなりいる。

ところが井上さんは、ガンという噂を耳にして半年足らずで亡くなられた。

だから二〇一五年の晩秋に東海林さんがガンだと聞いた時は驚いた（連続出場記録をほこる東海林さんが週刊誌の連載を休んでいたのには何かあるとは思っていたものの）。

しかしこれは杞憂に終わった。

本当に良かった。

しかも東海林さんはその経験を文章化し、いわゆる闘病記のパターンではなく、東海林さんならではのユーモラスな筆致で笑いとばす。

それがこの文庫本に収められている「初体験入院日記」だ。

それ以外の文章ももちろん面白い。

例えば「官能で『もう一度ニッポン』」。

泉重千代さんという世界一の長寿者がいたことを憶えている人はどれくらいいるだろう（一九八六年つまり今から三十三年前に百二十歳で死んだ）。

長寿の秘訣はと尋ねられた、重千代さんが、食後に少し飲む黒糖酒と言ったことはよく憶えているが、その前があったことはまったく忘れていた（気づかなかったのだろうか）。

つまり、「女人（おなご）に興味を失わないこと」と言ったことを。

重千代さんがこの言葉を口にした時百歳を越えていた。

東海林さんは言う。「百歳過ぎても女人に興味を持ち続ける。／なかなかできることではない」。七十歳ぐらいから、「そっちへの興味は薄れていき」、八十で「さらに遠のき、九十で絶縁」だと。そしてその対策を論じる。

巻末の「解説」に至って驚いた。八月三十日に亡くなった池内紀が書いているから。

池内氏は三日間の検査入院に続いて近く「本入院」するという。そういう人間にとって東海林さんの入院記は「一番頼りになる」という。『文藝春秋』の十一月号の「巻頭随筆」に池内恵が「父を弔った五日間」という見事な文章を寄せているが、池内氏は自宅で亡くなったという。（19・10・31）

田村隆一
『詩人の旅』 中公文庫

金子光晴や植草甚一、吉田健一、大もとをたどれば内田百閒といったファンキーなジイさんの系譜がなくなってしまった。その最後と言えるのが田村隆一や野坂昭如らだ。

田村氏と野坂氏に共通するのは絶筆といえる文章が『新潮45』に連載された日記だったことだ（その意味でも同誌の廃刊はとても残念だ――まともにその雑誌を読んだことないやつが勝手に「ウヨ」のレッテルを張り批判したのだから）。

中公文庫に入った『詩人の旅』の著者プロフィールを目にすると一九二三年に生まれた田村氏が亡くなったのは一九九八年。意外と若かったのだ。今七十五歳の人で田村氏のようなタイプはいない（たぶん戦争経験の有無によるものだと思う）。

吉田健一と田村氏に共通するのは食堂車好きであること。

安くなくてしかもまずいと食堂車の評判は悪かったけれど、大事なのはそこから見える風景だ、と吉田健一は言った（風景込みの値段なのだ）。田村隆一も言う。「窓わくで見た景色が大事なんです。窓わくがなかったら、まったくのっぺらぼうになっちゃう」。

私はその「景色」に間に合った。

『東京人』をやめたあと山口昌男さんの引きで京都の国際日本文化研究センターの共同研究員となった私は月二回ぐらい山口さんと一緒に同センターに通った。一九九〇年代の初めだ。

当時はまだ新幹線に食堂車があって、新横浜を過ぎたあたりで山口さんが、ツボ食堂車に移動しよう、と言って、食堂車で海老フライを食べながらビールや水割を飲んだ（普段の私はレストランで海老フライを注文することがないのだが新幹線の食堂車だと何故か海老フライを食べたくなるのだ——だから私はもう十年以上海老フライを口にしていない）。

『詩人の旅』は十一の旅行記と東京浅草の三社祭の体験記が収録されている。

「奥津」にはまず新幹線に乗って岡山に向った。昼はもちろん食堂車だ（当時新幹線に食堂車が登場したばかりだった）。「あたらしくできた食堂車は、ビュッフェとちがって、ゆとりがある。なかなか快適」。「ハムサラダと黒パンとビール」。いつものならウイスキーということになるのだが、妻を同伴しているから「健康的に」ビールにしたのだ。

寝台特急「あさかぜ」で鹿児島に行った時は、夜だったので、「ビーフ・シチューをサカナに、金色のウイスキー」。同行した「S君」とミニ・ボトルを次々に空け、「八本ならんだら、ウエイトレスに追い出された」。

昼前の新幹線で京都に向かった。「さすがにこんどは自重した。ビールを一本飲んで、海老フライ定食をきれいに食べた」。碩学奈良本辰也との対談仕事があったからだ（もちろん帰りの新幹線ではウィスキーを飲んだ）。

（19・11・07）

E・O・ライシャワー／國弘正雄訳
『ザ・ジャパニーズ』 角川ソフィア文庫

日本の高度成長が沸点に達した一九七〇年代末、アメリカ人による日本論が次々刊行され時を置かずに翻訳された。

代表的なのはエズラ・ヴォーゲルの『ジャパン・アズ・ナンバーワン』（TBSブリタニカ一九七九年）だが、エドウィン・ライシャワーの『ザ・ジャパニーズ』（文藝春秋一九七九年）もそういう一冊だ。

しかしヴォーゲルの専門が確か中国であるのに対し、ライシャワーは筋金入りのジャポノロジストだ。宣教師の子として幼い頃日本（戦争中は軽井沢）で過し、ケネディ大統領の時代に日本大使を勤めた（その時に少年にナイフで刺され、輸血によって肝炎にかかり、それが死への病となる）。

一九七九年私は大学二年生だったが、一九八〇年代に入って行く奇妙な（というか気持ち悪い）光景を憶えている。

ニューヨークのシンボルとも言えるロックフェラーセンタービルを日本の企業が買い、それどころか、東京の二十三区の地価の総額はアメリカ全土のそれよりも高いと言われた。

だから「ジャパン・アズ・ナンバーワン」と口にする人も出て来たわけだが、ライシャワーはもっと冷静だ。

たしかに日本は石油危機などによる世界不況から立ち直った。「だが、いま少し長い物差しではかるなら、日本の将来はそれほど明るくない」。「世界平和が持続され、国際間の緊張や、世界大での問題の処理方法が目にみえて改善されないかぎり、とても期待しえない」。

しかもライシャワーはこの段階で既にテロの危険性を指摘している。

〈国際的なテロリズムがますますその能力を加え、その結果、従来にも増して密接かつ微妙に結びあった今日の世界に、混乱状態をひきおこす可能性も少なくない。このような事態が一つでもおきれば、日本のように微調整（ファイン・チューニング）と世界大での高度依存に多くを負っている経済は、手ひどい打撃を免れない〉

当時は自民党の一党支配が続いていた。

〈全野党、もしくは一部の野党が連立して、多数を制そうとはかったところで、それは短命かつ多難な経路をたどることは疑いなく、逆に一時的な右旋回の引き金を引くことにもなりかねない〉

個人的に興味深かったのは、日本の四年制大学は女子学生の占める割合が少ない、と述べたあとの、この一節だ。

〈日本人の結婚は、概してアメリカ人よりもおくれている。女性が平均二十四歳、男性が二十八歳で、アメリカと比べると三歳ほどおそい〉

今見るとかなり早婚だが、これにはちょっと説明がいる。

男女雇用機会均等法が施行されたのは昭和六十一年四月一日。それまで四大卒の女性が就職出来る企業はリクルート、福武（ベネッセ）、西武（セゾン）など限られていて、あえて短大を選ぶ女性が多かったのだ。

（19・11・14）

福永武彦／中村真一郎／丸谷才一『深夜の散歩』創元推理文庫

こういう本があると知ったのは大学に入学した年（一九七八年）に出会った谷沢永一の書評コラム集『紙つぶて』によってだ。

その直後、他ならぬこの本の「新版」が和田誠の装丁で講談社から刊行された。

当時私はチャンドラーとハメットを除いてミステリーは殆ど読まなかったが、昭和三十年代に早川ポケットミステリーがとても御洒落だったことは知っていた。

この本の元本が刊行されたのは一九六三年だが、『エラリイ・クイーンズ・ミステリ・マガジン』

一九五八年七月号から一九六三年六月号に連載されたものを中心に収録されている。その頃ミステリーは植草甚一や双葉十三郎といった趣味人（主に映画評論家）たちのもので、中村真一郎や福永武彦のような純文学作家が論じることは少なかった。

福永武彦と中村真一郎は共に大正七（一九一八）年生まれで一高時代からの親友だ。

一方丸谷才一は彼らよりずっと若い大正十四（一九二五）年生まれで、福永武彦のミステリ作家の時のペンネーム加田伶太郎に架空問答で、「丸谷才一という、小説家になりきれないでいる英文学者だ」と言われている。

のちに文壇の大御所となる丸谷才一は同世代の三島由紀夫や吉行淳之介と比べて作家として遅咲きで、芥川賞を取ったのは昭和四十三年つまり四十歳を過ぎてからだ。

だから福永武彦、中村真一郎と並べられたのは抜擢とも言えるが、翻訳者として見なされていたのだ。先の問答はさらにこう続いている。「丸谷君というのは、たしか癪田一矢（しゃくだいっし）という批評家の友人だな。近頃は結城昌汁（ゆうきしょうじる）なんて若手の推理作家と附き合って、だいぶ推理物にかぶれたと見える。もう少し骨のある男かと思っていたんだが」。もちろんこれは篠田一士と結城昌治のことだ。

八十歳になる年、中村真一郎は、その頃のことを回顧して、「年齢より遙かに遅れた未成熟な部分が、生活習慣に残っていて」、一人では喫茶店やレストランに入るのが「苦痛」で、推理小説を買う時も、本屋の前を二、三度行き来して、人の眼を避けて店に飛び込み、目当ての本を二、三冊、レジの所に持って行くと、慌てて鞄に突っこんだという。

そのように推理小説をタブー視していた中村は福永が「アルバトロス双書の推理物」を次々と押しつけ、「平然と大っぴらに愉しめるようになった」という。

ベストセラー『文章読本』で丸谷才一は、「ちょっと気取って書け」と述べていたが、若くして丸谷才一は既に丸谷節だ。「これは、誰かそっちのほうに詳しい人に訊けばはっきりすることなのだが、イアン・フレミングの小説はちっとも映画になっていないのじゃないかしら」。

もちろん007シリーズのことだが、これは意外だ。

（19・11・21）

渡辺一夫
『ヒューマニズム考』 講談社文芸文庫

学生時代は読書家だった五十歳以下の人の殆どは小林秀雄の名前は知っているだろう。

しかし渡辺一夫の名前は？

かつては小林秀雄と並ぶ東大仏文科のツートップだったのに。

四国の山奥に住む大江健三郎少年は青年になろうとする頃渡辺一夫の『フランスルネサンス断章』（岩波新書）に出会い、この人の元で学びたいと思い、一浪して東大仏文科に入るのだ。同じくこの本に衝撃を受けた山口昌男は浪人中、天プラ学生として渡辺一夫の明治大学の講義を毎週受けた。

渡辺が亡くなったのは一九七五年五月だが、『文藝春秋』(同年七月号)で「わが青春の渡辺一夫」と題して教え子たちの追悼座談会が企画された。

最年少の教え子である小中陽太郎は、「渡辺一夫という名前は、ぼくら中学校の生徒でも知ってました」と述べている。

渡辺一夫に関して私は特殊環境にあった。

渡辺一夫は若き日、旧制東京高校で教えていた。

私の父も同校の出身で、フランス語でなくドイツ語を選択していたのに、渡辺一夫の愛読者だった。著書を殆ど持っていた。

私が予備校に通っていた時、筑摩書房の『渡辺一夫著作集』増補版全十四巻が完結し、もちろん父は全巻揃え、私はその十、十一、十二巻つまり『偶感集』上・中・下と題するエッセイ集を繰り返し読んだ。

だから一九九〇年四月、講談社文芸文庫に『白日夢』と題するエッセイ集が収められた時は懐しくて、すぐ入手した。

講談社文芸文庫に渡辺の著書が入ったのはそれ以来、つまり約三十年振りだ。

元は講談社新書だから、とても読みやすい。

ヒューマニズムとはフランス語ではユマニスム、渡辺の専門だ。

ただしユマニスムすなわちヒューマニズムではない。(ヒューマニスト)「ということばの周囲に漂っている感傷的なところや、博愛的なところや、人道主義的なところは、かならずしもルネサンスのユマニストの第一の条件にはなっていなかった」（傍点原文）。

章題をあげて行けば、「宗教改革とユマニスム」、「ラブレーとカルヴァン」、「ユマニスムとカルヴィニスム」、「宗教戦争とモンテーニュ」、「新大陸発見とモンテーニュ」、そして「現代人とユマニスム」だ。

渡辺は言う。「機械文明が発達」した現代は、あらゆるところに、「人間不在」と「人間疎外」の現象が見られる。つまり科学文明と機械文明の産み出したものは、「狂人に刃物」の「刃物」かもしれない。

ところで渡辺一夫はラブレーの『ガルガンチュワとパンタグリュエル物語』全五巻の名訳者としても知られる。

その全五巻が岩波文庫で完結したのは高校二年生の頃だが私は歯がたたなかった。（19・11・28）

マーク・ハーツガード／湯川れい子訳
『ビートルズ』 ハルキ文庫

事実上解散状態にあったビートルズが正式に解散宣言したのは一九七〇年四月。

つまりビートルズが解散してから半世紀経つ。

昭和三十三（一九五八）年生まれの私には三歳年上の姉がいるので、彼女の購買していた少女誌でかなり早くからその存在を知っていた。来日の時に台風の影響で羽田への到着がかなり遅れてしまった時のニュース映像はありありと憶えているし、一九六七年六月に全世界で生中継されたビートルズのレコーディング風景（「愛こそはすべて」を歌った）も憶えている。

それから「東芝日曜劇場」のドラマ『女と味噌汁』のタイトルに流れている曲のオリジナルがビートルズの『ヘイ・ジュード』であることは知っていた。

しかし私の家にはステレオがなかったので私がビートルズに夢中になったのは一九七三年、私が中学三年生の時だ。

しかし実はそれは良いタイミングだった。

ビートルズは（オリジナルである）イギリス盤、アメリカ盤、そして日本盤の三種あり、その違いを明確にしてくれたのが当時東芝ＥＭＩのビートルズ担当ディレクターだった石坂敬一だった。

最初に買ったＬＰはアメリカと日本でしか出ていない『マジカル・ミステリー・ツアー』だった。イギリスでは『マジカル・ミステリー・ツアー』はシングル二枚組で発売され、それをＡ面、そしてＢ面には「ストロベリー・フィールズ・フォーエバー」や「ペニー・レイン」、「愛こそはすべて」といったシングル曲が並べられていた。

そのＢ面を何度繰り返し聞いたことだろう。

マーク・ハーツガード／湯川れい子訳
『ビートルズ』

当時LPレコードは高かったから（今の物価で一万円以上したと思う）、そう頻繁に買うことが出来なかったが、高校一年生の終わりにはほぼすべて揃えた。

この本の著者マーク・ハーツガードは他のロックグループと違って、世代を越えていると言う。だから年齢と共に一番好きなアルバムが変って行く（ただし私は一度も『サージェント・ペパーズ・ロンリー・ハーツ・クラブ・バンド』をベストに挙げたことがない）。

今一番好きなのは『ラバー・ソウル』あるいは『アビイ・ロード』だ。

この種の本を読んでいて楽しいのは自分との評価の違い。

例えば私は『ビートルズ・フォー・セール』が好きで、中でも大好きなのは「ミスター・ムーンライト」だ（来日して羽田からホテルに向う映像でも効果的に使われていた）。しかしハーツガードはそのアルバムへの評価が低く、しかも、「謎なのは、どうして「ミスター・ムーンライト」を入れたかということだ」と手厳しい。

それからポールの妻リンダ（旧姓リンダ・イーストマン）がイーストマン・コダック社とはまったく無関係であることを教えられた。

（19・12・05）

前田日明／髙田延彦／他

『完全版　証言ＵＷＦ１９８４―１９９６』

宝島ＳＵＧＯＩ文庫

私はかつて、小学生から中学生の頃、かなりのプロレス好きだった。

それはジャイアント馬場とアントニオ猪木がタッグを組んだ「日本プロレス」の黄金時代だ。かならず毎シリーズ会場に足を運んだ（時には二回、いや三回運んだこともある）。

「日本プロレス」が分裂し、猪木が「新日本プロレス」を、そして馬場が「全日本プロレス」を立ち上げてから、生で見ることはなくなったがテレビ観戦は欠かさなかった。

その内、私が好きなのはプロレスそのものより、プロレス的なものであることに気づいた。つまりプロレスをめぐる人間関係（だからブームと言われている今のプロレスには何の関心もない）。

プロレス的なものの最後がＵＷＦだ。当時私は東京スポーツや『週刊ゴング』でその動きをフォローしていた。

ＵＷＦの仕掛け人はアントニオ猪木の懐刀だった新間寿。

一九八四年四月十一日、大宮スケートセンターでの旗揚げ戦のポスターにはアントニオ猪木や長州力らの姿が載っているが、結局彼らは参加せず、エースはまだ二十代半ばの前田日明だった。続いて藤原喜明や髙田延彦も新日をやめて参戦する。

彼らは皆、ガチなファイターたちだ。その中で不思議なのはラッシャー木村や剛竜馬といった旧

「国際プロレス」出身のレスラーたちだ。前田や藤原たちとおよそレスリングスタイルが違うのだから。

実は彼らは猪木から誘われ、その猪木が加わらなかったのだ（だから彼らは半年で退団する）。

ＵＷＦはテレビ放映されていないと思っていたが、テレビ東京で放映されていたことをこの本で初めて知った。

それは一九八五年五月二十七日に二時間枠で放送された『特報・プロレス決定版』だ。

同じ頃、協栄ボクシングジム会長金平正紀の紹介で「海外タイムス」という新聞社と知り合い、スポンサーになってもらった。

前途洋洋だ。

ところが「海外タイムス」のオーナーはあの豊田商事会長の永野一男で、同年六月十八日、永野が刺殺されたら、資金源が絶たれ、テレビ東京も放送を打ち切る。

十一月二十五日、事務所が閉鎖され、ＵＷＦの選手たちは新日プロのリングに上るが、ガチな前田は次々とトラブルを起こし、一九八八年四月、新生ＵＷＦが結成される。

このあとさらに色々あり、一九九一年一月に解散したあとは前田の「リングス」と藤原の「藤原組」と髙田の「Ｕインター」の三団体に別れる。

そして髙田延彦の時代が始まる。

髙田延彦最強に終止符を打った武藤敬司との文庫オリジナル対談が巻頭に載っている。

格闘家として最強だったはずの高田は一九九五年十月九日武藤と対決し、足4の字固めという古くさいプロレス技で破れ、人気が失墜したのだ。（19・12・12）

江藤淳／蓮實重彦『オールド・ファッション』講談社文芸文庫

演劇や映画の世界で大転換期となったのは一九六〇年代末から七〇年代にかけてだが、小説を中心とする活字の世界の場合は一九七〇年代から八〇年代にかけてだ。

一九五八年生まれの私は、ちょうどそれをリアルタイムで体験し、普通、同時代の変化は体感しにくいが、当時のこと（何かが変わって行くこと）を私は良く憶えている。

しかし、それから四十年経って、より具体的に把握出来る。

活字の上での変化とは「旧文学」から「新文学」へだ。

「旧文学」と述べたが、かつては、文学があると信じられていた。

だがその種の文学が解体していったのが「新文学」だ。

今は振り返ると、それを決定付けたのが一九八五年だった。

その年、『國文學』三月号で「旧文学」の中上健次と「新文学」の村上春樹が対談し、中央公論社から江藤淳（旧文学）と蓮實重彥の対談『オールド・ファッション』が刊行された。『オールド・ファッション』の出現は衝撃的だった。

いきなり、であったし、東京ステーションホテルに一泊して語り合うという構成が斬新だった。目次を列挙すると、「食堂にて」、「食後のコーヒー」、「ブランデーを飲みながら」、「チョコレートの時間」、「朝の食堂」、「朝の対話」となる。語られる場所は食堂、グリル、そして客室（二〇五号室）だ。だからただの対談ではなく移動性があり、窓の向うにはプラットホームと電車、そしてそれを利用する人々の姿があり、それも話題となる。

何より驚かされたのは、手が合わないと思われていた二人がかなり楽し気に話し合っているのだ。旧文学をプロレス、新文学を格闘技とするなら、実は江藤淳は格闘家スタイルで（だから時々文壇で波乱を起こしていたのだろう）、その江藤淳相手に蓮實重彥は上手にプロレスしている。

二人に共通しているのは言葉の真の意味における中産階級だということだ。

対談が行なわれた一九八五年は戦後四十年。江藤氏より四歳若い蓮實氏は四十九歳。つまり二人共に戦前戦中の記憶を持っている。大正モダニズムを経て昭和初期の日本は成熟した社会だった。その中で彼らは育っていった。

一方で相異点もある。（江藤淳は）「なにかが戦前なんですね」と蓮實重彥は言う。「ぼくのなにかはね、どっかで戦後なんですね。戦前のものは引きずっているけれども……」。

それからさらに四十年近く（つまり終戦からこの対談に至る時間）が過ぎ、今年六十一歳になる（当時の彼らより年上の）まさに「オールド・ファッション」な私は、廻りを見渡しても、こういう対談の出来る同世代の人間はまったくいない。（19・12・26）

都築響一
『独居老人スタイル』ちくま文庫

都築響一の好奇心は凄い。

衰えを知らない。

衰えを知らない好奇心と言えば一九七九年に七十一歳で亡くなった植草甚一が有名だが、彼の好奇心は実はワンパターンだった。

ある時から映画について語らなくなってしまったし、音楽もジャズからロックに移って、そのあとはない。

結局残ったのは街歩きと本（雑誌）探しだ。

ところが都築響一の興味の対象は次々と変化して行く（本当は変っていないのだが）。

二〇一三年十二月に刊行されたこの本のテーマは「独居老人」だ。

アーティストの秋山祐徳太子をはじめとして十六人の「独居老人」が登場する。

秋山さんは長く高輪台の都営住宅で母親と二人で暮らした。その母親が九十幾つで亡くなった時、秋山さんが新宿の酒場で、「早過ぎるよ」といって泣いていた姿が忘れられない。

その秋山さんが以前（種村季弘さんが生きていた頃）、浅草の木馬館で泡沫者大集合といった感じの会を開いた。

当時その木馬館に住み込み、看板絵を描いていたのが画家の美濃瓢吾だった。この本の六十六頁にその時のタイトルを制作中の写真が載っているが、正式には「泡沫桀人大会」のようだ。

いやがる私も舞台に上げられ、「泡沫人」として挨拶させられた（面白かったのは遅れて会場に駆け付けた西部邁が俺にも何か言わせろと言って壇上にあがって来たこと）。

その「泡沫人」の一人にアーティストでハプナーのダダカンがいた。ハプナーというのは「裸走り」がメインのパフォーマンスだからだ。その日も司会の秋山さんに向って、祐徳、裸になっていい？　と何度も尋ね、そのたびに秋山さんはダメダメと答えていたのだが、結局全裸になってしまった。

それから浅草の道化師プッチャリンは数年前毎週のように浅草に通っていた時によく見かけた。

そういう自己主張の強い人たちにかこまれると地味な人がかえって目立ったりする。

大井町の薬局の長男に生まれながら多摩美を出たあと何のグループにも属さず、一人で淡々と描いている画家の戸谷誠。

〈周囲まで巻き込んでしまうようなバイタリティはないけれど、野心も、功名心もない。コンセプト

を表現するために描くのでもなければ、怒りや悲しみをぶつけるために描くのでもない〉

一九五一年生まれの漫画家川崎ゆきおを「老人」に混ぜるのはたぶん都築氏の趣味だろうけれど、私も川崎ゆきおのファンだ（『猟奇王大全』全巻を持っている）。

ところで初刊時の担当編集者は今や浪曲師玉川奈々福として活躍する長嶋美穂子で編集者時代の彼女の姿は四十三頁のスナックの客として写っている。

（20・01・16）

古井由吉『詩への小路』講談社文芸文庫

かつて、旧制高校時代以来、文学に勢いがあった頃にはフランス文学的教養とドイツ文学的教養があった。

フランス文学的教養を代表していた二大巨人が小林秀雄と渡辺一夫であるのに対し、ドイツ文学は例えば竹山道雄。

この伝統はだんだん衰えていったが、それでもフランス文学に関しては、私の同世代を見ても野崎歓や堀江敏幸がいる。

しかしドイツ文学は、たぶん皆無で（いや多和田葉子がいるか）、上の世代の人を眺めても高橋英夫、池内紀といった人々が相い継いで亡くなってしまった（柴田翔は近年久し振りの長篇小説を発表したが、ドイツ文学者としてはほぼリタイアだ）。

そんな中、唯一の存在が古井由吉だ。

もちろん古井氏は小説家として知られている。

しかしドイツ文学のことを忘れない。

例えば『ロベルト・ムージル』（岩波書店平成二十年）は圧倒的な名著だ（私はこの本によって「エッセイズム」という言葉を知った）。

そしてこの「ドゥイノの悲歌」という副題を持つ『詩への小路』。

「ドゥイノの悲歌」とはもちろんドイツの詩人ライナー・マリア・リルケの名作だ。

二十五章仕立ての古井氏のこの作品の最後の十章は「ドゥイノの悲歌」（「ドゥイノ・エレギー」）の訳文と、それぞれに対する前書きが載っている。

第十六章「ドゥイノ・エレギー訳文1」は、「ライナー・マリア・リルケの『ドゥイノの悲歌』と呼ばれる難物を、第一歌だけであるが、訳すという無分別を冒すことになる。無論、試訳である」と始まるが、古井氏は見事、「ドゥイノ・エレギー」の十まで訳し終える。

「ドゥイノ・エレギー」は第二章「人形めぐり」でまず登場する。

〈ライナー・マリア・リルケの「ドゥイノの悲歌 Duineser Elegien」（一九二二年）の第四歌は、閉じた舞台に向かって、《私》は人形劇（マリオネット）の始まりを待つ〉

人形づかいの役は天使だ。

なぜ人間でなく人形なのか。「役者は中身の半分までしか詰まっていない仮面であり、それにひきかえ、人形はすっかり詰まっている」。

ここで古井氏の連想はハインリッヒ・フォン・クライストの「マリオネット劇場」という随想に、さらにはテオドール・シュトルムの小説「人形づかいポール」に移って行く。こういう発想そのものが散文というより詩的なので、そのイメージについて行けない読者は置いて行かれる。

そして「ドゥイノ・エレギー訳文4」の章。天使と人形によって劇が始まり、「その時初めて、われわれの知る季節の巡りから、全宇宙の運行の、円環があらわれる。われわれを超えて、天使が演ずるのだ」。

この硬質がドイツなのだ。

（20・01・23）

年刊文庫番

一九九九年度〈文庫本〉日本一トーナメント

もともと文庫本が大好きで、毎月購入する新刊の過半数を文庫が占めていたのだけれど、私は、三年前（一九九六年）の夏から『週刊文春』で「文庫本を狙え！」という連載を始めたせいもあって、ますます毎月の新刊文庫チェックに力が入るようになった。本屋に入れば新刊の並ぶ平台を念入りに覗く――時には一日に五軒も六軒も――のはもちろん、毎月、『週刊文春』の担当編集者Sさんから送られて来る㊙資料（と言っても、要するに、東京堂だとか三省堂だとかにも張られているトーハンの毎月の「文庫新刊案内」表なわけだが）を、送られて来た日にすぐ、赤ペンでチェック。

それで気づくのは、最近、この赤ペンチェックが以前ほど楽しくなくなってしまったことだ。つまり、心踊るような「新刊」をリストで目にする機会が減っているのだ。オリジナリティーのある「新刊」を目にする機会が。特にこの一年ひどいのは、大手の某社と某社と某社。二〜三年前に自社から出した単行本を、そのまま、判型を小さくして、「新刊」として再生しているだけなのだ。しかも、売れ行きが期待出来る本を中心に。

極端なことを言ってしまえば、私が楽しみにしているのは、岩波文庫とちくま学芸文庫と講談社文芸文庫ぐらい。それと、ちくま文庫と中公文庫にちょこちょこ面白いものが混っている（ちょこちょこと言っても、中公文庫、以前の素晴らしさには比べようもないけれど）。
それでも、仕事のためもあって、数だけは、けっこう買っている（私は、「書評」というのは、本を買うところからその仕事が始まっていると考える）。ためしに、「文庫新刊案内」の一九九八年十一月号から九九年十月号までの赤ペンチェック本を累計してみると、八、十、八、八、十二、六、十二、七、九、八、九、四の計百一冊となった。この他にチェックもれや寄贈本もあるから合わせれば約百二十冊、つまり月平均十冊の新刊文庫本に私は目を通していることになる（購入した文庫本は、全部、とりあえず「目次」と「あとがき」と「解説」には目を通す）。

そのすべてのタイトルを列挙していったら、それだけでこの原稿の三分の一ぐらいを埋めてしまう。だから、「文庫本を狙え！」で取り上げた本だけに絞って、列挙してみよう。

『週刊文春』の一九九八年十一月五日号は丁度連載百回目で、取り上げた本はノーマン・マルコム著／板坂元訳の『ウィトゲンシュタイン　天才哲学者の思い出』（平凡社ライブラリー）。そして連載百四十五回目である一九九九年十月二十八日号で取り上げたのは二宮正之編『森有正エッセー集成5』（ちくま学芸文庫）だ。その間の四十四冊を並べて行くと、岡井耀毅『瞬間伝説』（朝日文庫）、泉昌之『かっこいいスキヤキ』（扶桑社文庫）、林望『書藪巡歴』（新潮文庫）、森田誠吾『いろはかるた噺』（ちくま学芸文庫）、横尾忠則『波乱へ!!　横尾忠則自伝』（文春文庫）、安藤昇『激動　血ぬられた半生』（双葉文庫）、ミラン・クンデラ著／千野栄一訳『存在の耐えられない軽さ』（集英社文庫）、山口昌男『知の自由人たち』（NHKライブラリー）、呉智英『賢者の誘惑』（双葉文庫）、立川直樹・森永博志『「快楽」都市遊泳術』（講談社＋α文庫）、ゲオルク・ジンメル著／北川東子編訳・鈴木直訳『ジンメル・コレクション』（ちくま学芸文庫）、水上勉『私版東京図絵』（朝日文庫）、林家ペー『有名人おもしろビックリ誕生日の不思議』（二見WAiWAi文庫）、なぎら健壱『日本フォーク私的大全』（ちくま文庫）、武者小路実篤『武者小路実篤詩集』（角川文庫）、十川信介編『明治文学回想集』（岩波文庫）、悠玄亭玉介『幇間の遺言』（集英社文庫）、谷沢永一『紙つぶて（完全版）』（PHP文庫）、杉田かおる『すれっからし』（小学館文庫）、生田耕作『ダンディズム　栄光と悲惨』（中公文庫）、岡本太郎『今日の芸術』（光文社文庫）、爆笑問題『爆笑問題の日本原論』（宝島社文庫）、保田與重郎『日本浪曼派の時代』（新学社・保田與重郎文庫）、竹中労『決定版ルポライター事始』（ちくま文庫）、吉行淳之介『悩ましき土地』（講談社文芸文庫）、藤沢秀行『碁打秀行　私の履歴書』（角川文庫）、新宮正春『プロ野球を創った名選手・異色選手400人』（講談社文庫）、フラナリー・オコナー著／須山静夫訳『賢い血』（ちくま文庫）、四方田犬彦『月島物語』（集英社文庫）、森鷗外『渋江抽斎』（岩波文庫）、ビートたけし『真説「たけし！」―オレの毒ガス半生記』（講談社＋α文庫）、宮崎市定『東洋的近世』（中公文庫）、佐藤良明・柴田元幸『佐藤君と柴田君』（新潮文庫）、丸山昭『トキワ荘実録　手塚治虫と漫画家たちの青春』（小学館文庫）、松本哉『永井荷風ひとり暮し』（朝日文庫）、石川達三『生きている兵隊』（中公文庫）、大津栄一郎編訳『20世紀アメリカ短篇選』（岩波文庫）、淡島寒月『梵雲庵雑話』（岩波文庫）、みうらじゅん『ボク宝』（光文社文庫）、矢吹晋編・鈴木博訳『周恩来「十九歳の東京日記」』（小学館文庫）、塚原晃『ケ・セラセラ愚連隊痛快！戦後裏街道史』（河出文庫）、ローレンス&ナンシー・ゴールドストーン著／浅倉久志訳『古書店めぐりは夫婦で』（ハヤカワ文庫）、フィッツジェラルド著／村上春樹編訳『バビロンに帰る　ザ・スコット・フィッツジェラルド・ブック2』（中公文庫）、庄野潤三『文学交友録』（新潮文庫）とこんな具合だ（書き写すだけでずいぶんと時間がかかってしまった）。

「文庫本を狙え！」といいながら、ライブラリー判が含まれているのは、本にバラエティーを持たせるためもあるが、文庫本だけでは、時に、ローテーションが上手くまわせないからだ（ライブラリー判、特に平凡社ライブラリーのラインナップはなかなか魅力的だ）。

ラインナップ。そう、私はこの連載で、登場させる本のラインナップにとても頭を悩ませる。ほっておくと私は片寄った本しか読まない（先のリストを眺めて、充分片寄ってるじゃないかと言われれば、それまでだが）。

いくら岩波文庫やちくま学芸文庫が好きだからといって、そればかり取り上げるわけには行かない。出来るだけ各社まんべんなく（だから、あまり期待していない光文社文庫や小学館文庫には、かえって基準が甘くなりがちだ）。同じ筆者の本は一年以内には取り上げない（出来れば二年以上たってから）。それから硬と軟のバランス。もちろん、翻訳物をまぜるタイミングも常に考えている。

そうやって選んだ、これは、四十六冊なのである。この中から親本と殆ど変らないただの文庫本とライブラリー判を除く。要するに文庫としてのオリジナリティーのあるものだけに絞ってみる。すると約半分に減る。それをさらに十六に減らす。そして、一九九八年十一月から九九年十月までに「文庫本を狙え！」で取り上げた本の中から、映えある「ベスト16」に選ばれたのが以下の書目である。

『かっこいいスキヤキ』『いろはかるた噺』『ジンメル・コレクション』『有名人おもしろビックリ誕生日の不思議』『明治文学回想集』『ダンディズム　栄光と悲惨』『日本浪曼派の時代』『決定版ルポライター事始』『悩ましき土地』『プロ野球を創った名選手・異色選手400人』『賢い血』『生きている兵隊』

『20世紀アメリカ短篇選』『梵雲庵雑話』『周恩来「十九歳の東京日記」』、そして『森有正エッセー集成』。
この十六の文庫本（中には上下二冊本や『森有正エッセー集成』のような五冊本も含まれるけれど、それも一冊としてカウントする）の名前を紙に書き、それを袋に入れ、かきまぜたのち、二枚づつ取り出す。
それが一回戦の組み合わせだ。
すると、こうなった。

①『ジンメル・コレクション』VS『森有正エッセー集成』
②『明治文学回想集』VS『生きている兵隊』
③『有名人おもしろビックリ誕生日の不思議』VS『プロ野球を創った名選手・異色選手400人』
④『ダンディズム』VS『梵雲庵雑話』
⑤『日本浪曼派の時代』VS『賢い血』
⑥『いろはかるた噺』VS『周恩来「十九歳の東京日記」』
⑦『かっこいいスキヤキ』VS『20世紀アメリカ短篇選』
⑧『決定版ルポライター事始』VS『悩ましき土地』

以下、選（戦）評。

一回戦屈指の好カードとなった①。ちくま学芸文庫同士の同門対決となったが、ちくま学芸文庫は今年も絶好調で、合田正人編訳『レヴィナス・コレクション』、中山元編訳『メルロ＝ポンティ・コレクション』、さらには阿部良雄個人訳『ボードレール批評』全四巻などが、そのラインナップに加えられていった。中でも凄かったのが六月の新刊だ。『新訂　都名所図会』第五巻、木下直之『美術という見世物』、そしてヴァルター・ベンヤミンの『ドイツ悲劇の根源』の新訳（浅井健二郎訳）に加え、『森有正エッセー集成』の刊行が始まったのだから。同『集成』全五巻は、文庫物のシリーズとして、最近では、中公文庫の谷崎潤一郎の『潤一郎ラビリンス』全十六巻（千葉俊二編）と並ぶヒットだと思う。と言うわけで『森有正エッセー集成』の勝ち。

②は、『生きている兵隊』は「伏字復元版」で文学史的に貴重だが、『明治文学回想集』もそれにおとらず文学史的に貴重だし私の趣味にも合うので、こちらの勝ち。

さて、異色のカードは③だ。どちらも資料的価値が高い。けれど『プロ野球〜』の方は、文庫に限定しなければ、今までに類書があったし、これからも出てくるだろう。だから、林家ぺーの、オリジナリティーの勝利。

先の『潤一郎ラビリンス』といい、『生きている兵隊』といい、この④の『ダンディズム』といい、中公文庫は少し盛り返して来たようだ。文庫本という器に対する編集者の工夫や苦心が感じられる。けれど『梵雲庵雑話』では相手が悪すぎた。何しろ、今年の「〈文庫本〉日本一トーナメント」の優勝候補の筆頭だからね。そうそう、『梵雲庵雑話』といえば、②の『明治文学回想集』の上巻に幸田露伴の「淡島寒月氏」という一文が収められていて、その文中の、「一生を通して、氏は余りあるの聡明を有していながら、それを濫用せず、おとなしく身を保って、そして人の事にも余り立入らぬ代りに、人にも厄介を掛けず、人をも煩わさず、来れば拒まず、去れば追わずという調子で、至極穏やかに、名利を求めず、ただ趣味に生きて、楽しく長命した人であった」という一節は、何度目にしても心がなごむ。

続いて⑤。『賢い血』の元版が冨山房から刊行されたのは昭和四十五年。『日本浪曼派の時代』の元版が至文堂から刊行されたのは昭和四十四年。一年の差で、この勝負、『日本浪曼派の時代』の勝ち。いやいや、勝利要因は、それだけでない、この『日本浪曼派の時代』、その名もずばり「保田與重郎文庫」というシリーズの一冊なのだ。つまりそのためだけの文庫。装丁や造本、紙の質も素晴らしいこの文庫、全二十四巻が予定されていて、現在までに六冊（『英雄と詩人』『和泉式部私抄』『文學の立場』『現代畸人傳』『萬葉集名歌選釋』と『日本浪曼派の時代』）が刊行されている。出版不況と言われる時代にあって、こうした地味なシリーズを、文庫という形で世に出して行く小出版社（新学社）の心意気を、文庫本愛好家である私は、強く支持する。

地味な対戦となったのが⑥。どちらも捨てがたい味があるのだが、神保町フリークである私としては、神保町の文字が頻出する『十九歳の日記』の方に点が甘くなってしまう。それから、これは「文庫本を狙え！」でも書いたのだが、この日記の大正七（一九一八）年五月一日の項に、「夜、九段をぶらしていると、靖国神社の大祭に出会い、それを見てはなはだ大きな感慨を催す」という一節があって、『靖国』の著者としては見逃せない。こういう一節を目にすると、戦前の日中関係を、植民地支配や戦争の単なる加害者と被害者の善悪二元論で割り切ることは出来ない。そんな複雑な感情を「体感」する資料としても、この、文庫オリジナルの日記は貴重だ。

⑥の地味に対して、派手と言うべきか、大リーグとの親善試合と言うべきか、何だか良くわからない対戦となったのが⑦。私の軍配は『スキヤキ』に。岩波文庫の独占を避けたい気持ちもあったが、実はこの『20世紀アメリカ短篇選』上下二巻、「20世紀」と銘打ちながら、ここ三十年くらいの、つまり一九七〇年代以降の作品に対して、その選択がちょっと手薄なのだ。いずれその部分を増補して上中下の

三巻本にしていただきたい。

そして一回戦最後の対戦は無頼派の二つのタイプの顔合わせ。『悩ましき土地』を収録した講談社文芸文庫は本文もさることながら、巻末の「年譜」や「著者目録」に定評がある。だが、「著書目録」のことを言えば、『ルポライター事始』の巻末に載っている夢幻工房の筆による「竹中労の仕事」。この「著書目録」は凄い。これほど読みごたえがあってマニアックな「著書目録」(単行本だけではなく雑誌連載や自費出版、さらには映画やテレビの出演記録まで網羅してあるのだから)を、私は、知らない。

ということで以下のようなベスト8が出揃った。

①『森有正エッセー集成』
②『明治文学回想集』
③『有名人おもしろビックリ誕生日の不思議』
④『梵雲庵雑話』
⑤『日本浪曼派の時代』
⑥『周恩来「十九歳の東京日記」』
⑦『かっこいいスキヤキ』
⑧『決定版ルポライター事始』

次はいよいよ準決勝だ。

その組み合わせは……。普通だったら自動的に、①対②、③対④、⑤対⑥、⑦対⑧となるのだが、ここはひとつ、甲子園方式を採用することにしよう。つまり、準々決勝や準決勝のたびに組み合わせを抽籤する（たしかそうだったと思うけれど、最近、高校野球、あまり見ていないから、違ったかな）。

だから、私は、第一回戦の時と同じ作業を繰り返す。『明治文学回想集』と『梵雲庵雑話』の岩波文庫「緑帯」の同部屋対決は決勝までは見たくないなとか、でも、森有正と保田與重郎の「全集」物対決はちょっと見てみたい気がするなとか思いながら。

そして決定した準々決勝の組み合わせが以下の通りだ。

①『有名人おもしろビックリ誕生日の不思議』VS『周恩来「十九歳の東京日記」』

②『森有正エッセー集成』VS『日本浪曼派の時代』

③『梵雲庵雑話』VS『かっこいいスキヤキ』

④『明治文学回想集』VS『決定版ルポライター事始』

いきなり、とんでもないことになってしまった。誰が林家ペーと周恩来との対決を予想しただろう。しかも、林家ペーが「勝利」を収めてしまうことを。「勝利」。そう、先にも述べたように、私は、『周恩来「十九歳の東京日記」』の資料的価値を充分認めるものではあるが、林家ペーの『有名人おもしろビックリ誕生日の不思議』も、私にとって、それ以上の資料的価値があるのだ。誰と誰とが同じ日生まれかという「誕生日フェチ」である私にとっては。巻末の一覧表を眺めながら、例えば、二谷英明と菅井きんと田原俊彦と柳家金語楼が（二月二十八日）、黒澤明とマグナム北斗と川上哲治と七瀬なつみが（三月二十三日）、舘ひろしと上原さくらとガルベスと小川直也と大島渚が（三月三十一日）、そしてチャップリンと坂上二郎となぎら健壱と伊奈かっぺいが（四月十六日）同じ誕生日であることを知ると、それだけで興奮してしまう。

「ちょっと見てみたい」とは言ってみたものの、まさか、準決勝の第二試合でこの対戦が実現してしまうとは。「全集」物対決と簡単に口にしたけれど、良く考えると、この対戦かなりディープだ。戦後日本の言論界で、ある意味で対極に立つ二人の思想家。共に、「日本」とは何かを、「日本人」とは何かを、深く考えた。けれど保田與重郎を認める人は森有正を否定するだろうし、その逆もまた。しかし、「日本」の理想像を求めた「亡命者」ということで二人は共通するのではないか。国内亡命者（保田與重郎）と国外亡命者（森有正）。いやいや、そんな難しい話題ではなく、「文庫本」というテーマに絞って、対戦を見つめよう。すると、やはり、「保田與重郎文庫」のオリジナリティーに、軍配があがる。

そして第三試合。ありゃ。しまった。『かっこいいスキヤキ』の奥付けを見たら「一九九八年十月三十日第一刷」とあるではないか。このトーナメントへの参加資格は一九九八年十一月一日以降刊行だから、たった二日の差で失格だ。『梵雲庵雑話』の不戦勝（一回戦で『スキヤキ』に敗れた『20世紀アメリカ短篇選』の敗者復活もあり得たけれど、ここは岩波文庫で同門ということで遠慮していただいた）。

第四試合は第二試合と並ぶ好カード。『明治文学回想集』は私の以前からの愛読書だ。そして、だからこそ、少し点が辛くなってしまうかもしれない。と言うのは、私は、この回想集の元版、『早稲田文学』明治文学号全七冊（この復刻版――春陽堂書店・昭和五十二年――は古本屋で安く手に入る）を愛読していて、文庫本にはその三分の一ぐらいしか収録されていないからだ。もちろん文庫には文庫ならではのボリューム的な制限があって、その中でとても上手に編集されているのだが、どうしても、元版と比較したくなってしまうのだ。というわけで接戦の末、『決定版ルポライター事始』が勝利を収めた。

そして、また抽籤の結果、準決勝は次の組み合わせとなった。

①『有名人おもしろビックリ誕生日の不思議』VS『日本浪曼派の時代』
②『梵雲庵雑話』VS『決定版ルポライター事始』

準決勝の第一試合はあっさり、予選ならコールド負けとなる大差が開いた。勝ったのはもちろん『日本浪曼派の時代』。それに対して第二試合は延長までもつれこんだ。決勝点となったのは『梵雲庵雑話』の巻末に収められている百頁を越える「補遺」だった。『決定版ルポライター事始』巻末の「竹中労の仕事」も、先に述べたように、たいしたものだったのだが……。

いよいよ、待ちに待った決勝戦。『日本浪曼派の時代』VS『梵雲庵雑話』。その注目の一戦が始まった。スタンドには『日本浪曼派の時代』を応援する「保田與重郎文庫」の仲間、『英雄と詩人』や『文學の立場』や『現代畸人傳』たちの姿も。一方、『梵雲庵雑話』側の応援席には『明治文学回想集』はもちろん、『渋江抽斎』や窪田空穂の『わが文学体験』や森銑三の『増補新橋の狸先生』らの姿が。

そして、そういう観衆に混って、一人さびしそうにその試合を見つめるものがいた。上林暁『禁酒宣言』(ちくま文庫)である。私が「編集」したこの文庫本、面白さや文庫本としてのクオリティーの高さには絶対の自信があるのだが、自分の欄で紹介するのははしたない気がして(別に、宣伝して売れたからといって、私に印税が入るわけではないものの)、あえて、「文庫本を狙え!」では取り上げなかったのだ。だから、彼は、可愛そうなことに、この大会への参加資格を持っていなかったのである。

「文庫本を狙え!」で扱いこぼしてしまった今年のスペシャル本

一年が経つのはあっという間で、今年もまた、気がつくと、「おすすめ文庫王国」の季節がやって来た。

『本の雑誌』のこの増刊の去年版で、私は、ひっそりと「一九九九年度〈文庫本〉日本一トーナメント」を行なった。『週刊文春』で私が連載している「文庫本を狙え!」の一九九九年度分で扱った四十数冊の文庫本の中から十六冊を精選し、その十六冊をトーナメント戦で勝ち抜かせ、「一九九九年度〈文庫本〉日本一」を決めていったのだ。ベスト十六から決勝戦に至る組み合わせは、情実を加えず、まったく機械的に行なったから、意外な組み合わせが続出し面白かったし、実際、一部でとても評判が良かった。

しかし私は、今回、その二〇〇〇年度版は行なわない。

めんどうくさいからではない。

あきてしまったのだ。

あれは、一発芸の面白さだ。そして一発芸はしょせん一発芸に過ぎない(と言いつつ来年は復活させてしまうかもしれない)。

ということで、私のこの原稿に、「二〇〇〇年度〈文庫本〉日本一トーナメント」を期待した読者の皆様、期待に答えられなくてごめんなさい。

もちろん、今年もまた私は「文庫本を狙え!」で四十数冊の文庫本を取り上げた。その四十数冊が私にとって、今年の文庫本のベリーベストかと言えば、実は、必ずしもそうとは限らない。

なぜなら……。

既に何度も書いたことだが、私は、あの連載で単に好きな本だけを無原則に取り上げているわけではない。例えば、「一九九九年度〈文庫本〉日本一トーナメント」で私は、こう書いていた。

〈いくら岩波文庫やちくま学芸文庫が好きだからといって、そればかり取り上げるわけには行かない。出来るだけ各社まんべんなく(だから、あまり期待していない光文社文庫や小学館文庫には、かえって基準が甘くなりがちだ)。同じ筆者の本は一年以内には取り上げない(出来れば二年以上たってから)。それから硬と軟のバランス。もちろん、翻訳物をまぜるタイミングも常に考えている〉

私のこの種の公平さによって犠牲になった文庫本が、今年も、何冊も登場してしまった。

だから、私は今回、この一文を利用して、その敗者復活を行ないたい。

例えば、ちくま文庫の九月の新刊、殿山泰司『三文役者の無責任放言録』。同じくちくま文庫の殿山泰司の『三文役者のニッポンひとり旅』を私は二月に取り上げていた。

『ニッポンひとり旅』も名著であるが、『無責任放言録』も、さらに名著である。文章の達者さという か熱練という点では『ニッポンひとり旅』の方が上だが、デビュー作ならではの初々しい熱気という点で、私は、『無責任放言録』をさらに高く買う。

ディテールの面白さにも満ちている。例えば、こういう一節。

〈確かオレが小学校へ入った時に、今民芸に居る名優信欣三が卒業して行った。だからつまりヒッチャンは、ヒッチャンと言うのは信欣三氏のことである。オレにとっては6つちがいのお兄さんである。オレがこの話をするとイヤがるイヤがる。あのシワクチャの顔をもっとシワクチャにしてイヤがる。オレが京都の仕事で加茂川辺の宿屋で静かに寝てると、午前4時頃ヒッチャンに起こされる。一緒に酒を飲もうというのである。オレは大先輩だと思うからオトナシクついて行く。いくら観光都市京都でも午前4時ともなれば宮川町の場末ぐらいしか店は開いてない。オレは静かにカウンターで酒を飲み、ヒッチャンはカウンターの上で胡坐をくみオレの事を叱咤勉励するのである〉

信欣三というのは日本の左翼演劇人の草分けで、映画の名脇役としても知られた怪優だ（信欣三と小澤栄太郎と松本克平と嵯峨善兵の四人がその若き日の演劇的青春を語り合った名著『四人でしゃべった』早川書房一九八七年、ぜひ文庫化してもらいたい。あまり売れないだろうけれど）。そうそう、彼のジイちゃんが、あの岸田吟香や岩谷松平と並ぶ明治銀座の三畸人といわれた函館屋（日本最初のアイスクリーム屋）の信大蔵だ。こういう一節を目にすると、私は、去年の初夏に渋谷のユーロスペースで開かれた中平康映画祭で見た『砂の上の植物群』で、さりげなく印象的な床屋の親父を演じていた信欣三の姿をしみじみと思い出す。

それから、また、こういう一節はどうだろう。

〈午前五時、雨の中を日活撮影所へ行く。『喧嘩しゃも』のアフレコ。天気だったらロケに出て、オレは休みだったんだけど、雨になりやがったからアフレコや。ふとんに入ったのが今朝の4時。頭がボーッとしてるので食堂へ行きブラックコーヒー。

二谷英明に会ったら、子供が出来るんだとソワソワしてる。何人目のコドモや。直ぐそういうこと言うんだからな、結婚したばかりですよ。何回目の結婚や。雨の中を走って何処かへ行ってしまった。

部屋へ帰り台本を読み乍らセリフを覚えてたら、伊丹一三氏夫妻が入ってくる。ここは完全な個室ではなくて、イロンな俳優が使うこととなっとる。初対面なり。お互いに自己紹介をする。仲々スッキリした好青年だな。この人があの伊丹万作氏の息子さんか。『漫画読本』の文章読んでますよと言われる。テレちゃうよ〉

「『漫画読本』の文章」というのは、同誌の一九六二年九月号から連載の始まったこの『三文役者の無責任放言録』(「三文役者無責任放言録」)のことだ。新饒舌体とも言える新たな言文一致を開拓した『ヨーロッパ退屈日記』の伊丹一三(十三)が、やはり新饒舌体の先駆者殿山泰司をマークしていたのは、さすがである。

しかし『三文役者の無責任放言録』のディテールの味といえば、「小さな《川島雄三伝》」と題する川島雄三への「小さな」追悼文だ。泣ける。川島雄三はまた中公文庫の五月の新刊『松竹大船撮影所前松尾食堂』(山本若菜著)でも印象的な描かれ方をしていた。『三文役者の無責任放言録』の混っていた九月のちくま文庫の新刊は粒揃いで、他にも例えば森茉莉の『マリアのうぬぼれ鏡』や青山光二の『ヤクザの世界』が並んでいた。森茉莉も青山光二も普通なら「文庫本を狙え!」でぜひ取り上げたい作家なのだが、『三文役者の無責任放言録』と同じ理由で、つまり、既に、しかも一年以内に、別の作品を取り上げていたから、涙を飲んだ。で、この月のちくま文庫の新刊から私は夏目房之介の『あの頃マンガは思春期だった』を選んだ。

だが、粒揃いと言えば、何と言っても凄かったのは、岩波文庫の六月の新刊だ。「文庫本を狙え！」で取り上げたのは鶯亭金升の『明治のおもかげ』だが、その他に真山青果の『随筆滝沢馬琴』、河野与一の『新編学問の曲り角』、それから加島祥造訳のウィリアム・フォークナー『熊　他三篇』といったラインナップだったのだから。四冊合わせてもたった二千四百円だ。その四冊だけでひと月の間充分楽しめるのだから、何とお安い娯楽だろう（それにしても、岩波文庫の、ここ数年の、新刊の質の充実の独走態勢は大したものだ）。

河野与一の『学問の曲り角』は学生時代の私の愛読書のひとつだ。碩学というのはまさにこういう人のことを指すのかと思った。多数言語に通じたいわゆるポリグロットだったし（ただし『プルターク英雄伝』やベルクソンの哲学小品をはじめとする翻訳は、あまり上手くなかったけれど）。

それから例えば、『熊』の巻末に載っている加島祥造の「回想まじりの解説」や『随筆滝沢馬琴』の巻頭に載っている無題の序文（「序」という題すらついていない、まさに無題の一文）のためだけにも、これらの文庫本を手に入れる価値はある（書いている内に思い出したけれど同じ岩波文庫の九月の新刊、永井荷風の『下谷叢話』の巻末に載っていた成瀬哲生の注と解説も素晴らしかったね）。

特に『随筆滝沢馬琴』の序文。これは、本当に、しびれてしまう名文だ。

真山青果は、まず、こう言う。

〈もう十年にもなるだろう。わたしは彼の生涯の歴史に興味をもって、彼の日記や告白によって少しく研究の歩を進めたことがあった。しかし読むほど彼の人物や性格に厭わしさを覚えて、むしろある時に

は彼の言行に激しい憤怒をさえ覚えて、中途にして研究を抛（なげう）ってしまったことがある〉

彼というのはもちろん滝沢馬琴のことだが、青果は馬琴の、どんな点に「厭わしさを覚え」たのだろう。

〈これはわたしの病的な性格のひとつであろう。自分の性質の偏狭を始終病みながらも、古人の書簡や日記を読んで、その人の心の狭隘さを見せつけられるときには、何ともいわれぬ憤りを感ずる。自分がいつも経済の拙さに苦しみながらも、他人のあまりに細かく行届いた節倹ぶりを見ると、筍の根のつぶつぶを見た時のような一種の戦慄が皮膚をはしるのが、明かに感じられる。臆病にしておどおど人の顔色を読みながら、しかも小さく固くなって、少しでも他人の侵入をうけまいとしている人を伝記の上に見出した時には、小児らが土にうごめく青虫を見つけて、蹈（ふ）み潰さずにいられなくなるような、生理的ないらだたしさをわたしは覚える〉

「筍の根のつぶつぶ」だとか「土にうごめく青虫」だとかいった表現が、ぞくっとくるではないか。

そんな青果が、ではなぜ、この馬琴伝を書くに至ったか……。それは各自、直接、この岩波文庫を手に取って確かめてほしい。

解説や序文だけでなく、オマケにつられて文庫本を買ってしまうのも私の悪いクセだ。

ミルチア・エリアーデの『世界宗教史』（ちくま学芸文庫）の第六巻も、私は、巻末に載っているオマケにつられて買ってしまった。全人類世界の宗教を、その発生から二十世紀までカバーするこの大著、文庫版で全八巻が先月完結したけれど、第七巻八巻はエリアーデ没後の著作で、この第六巻までがエリアーデの作品だ。巻末に百頁近い詳細な（「一般項目」、「神・神話的存在・歴史的人物」、「地名・時代区分」、「民族・文化」、「研究者・著述家」、「文献」などに分類されている）索引が載っていて、これがとても役に立つ。それから、エリアーデとシカゴ大学で同僚だった宗教学者ジョセフ・ミツオ・キタガワの一文「ミルチア・エリアーデの思い出」も楽しめる。

『「ぷろふいる」傑作選』をはじめとする光文社文庫の「幻の探偵雑誌」シリーズ（すなわち『「シュピオ」傑作選』および『「探偵趣味」傑作選』）も、また、表紙の美しさもさることながらオマケにつられて買った。ミステリーや怪奇小説に興味のない私でも、巻末に載っているそれぞれの雑誌の「総目次」や「作者別作品リスト」は古雑誌好きの私の好奇心のツボをくすぐる。

『「ぷろふいる」傑作選』で芦辺拓の「プロファイリング・ぷろふいる」という一文を読んだ時は、ちょっと興奮した。

こんな書き出しで始まる。

〈一九八二年ごろのことです。ある探偵小説愛好家が、阪神間にある一軒の古本屋に立ち寄りました。店はごく普通の構えで、七十歳をとうに越えたご主人が店番をしておられました〉

何気なく入ったその「ごく普通の構え」の古本屋で、「探偵小説愛好家」は掘り出し物に出会った。ずっと探し続けていた幻の雑誌『ぷろふいる』に。大きな喜びと共に、勇んで、その雑誌をレジに持って行くと。

〈あまりにうれしそうだったせいか、パイプをくわえたご主人は「こういうの、お好きでっか」と尋ねてきました。その人が「ええ」と答えると、ご主人は驚いたことにこう言ったのです。「その雑誌、わたいが出してましたんや」と〉

古本好きには夢のような話である。

この一文を目にして数ヵ月後、私は雑誌『スムース』の最新号（第四号）を読んでいた。『本の雑誌』の「読書日記」でもしばしば書いているように、『スムース』は、関西の古本好きが発行している素晴しく質の高い同人誌だ。特集「甲鳥書林周辺」と題されているこの号に、同誌同人の扉野良人の「ぷろふいる社一九三三―三七」という一文が載っている。

扉野氏も『「ぷろふいる」傑作選』を新刊ですぐに買い求めた。

〈かつての探偵小説熱を思い出すよう帰りのバスでさっそく本を開いた。まず芦辺拓氏の「あとがき」を読むと、ある探偵小説愛好家が一九八二年ころ阪神間にある一軒の古本屋で『ぷろふいる』の末期に刊行された一冊を見つけ狂喜した話からはじめられていた〉

「こんな偶然は古本屋歩きしなければ望めない」と、扉野氏は、「感慨ぶかくそのくだりを読んでいたところで」、乗り換えのためバスを降り、つい足は近くの古本屋にむかった。

〈いつものように店のおじさんにあいさつをしようと笑いかけたその頬が、そのまま硬直してしまいました。おじさんの背後に、いま私が読んでいた『「ぷろふいる」傑作選』の口絵にかかげられている創刊号とおなじ表紙が飾られてある！〉

本当にあった話である。

だから文庫本という獣道（ワンダーランド）は、普通の人の想像を遥かに超えて、スリリングなまでに奥深い。

この一年の岩波文庫の新刊の迫力を見よ！

そりゃあ講談社文芸文庫も素晴らしいし、ちくま学芸文庫も、『江藤淳コレクション』全四巻や『デュメジル・コレクション』同じく全四巻をはじめとして相変らずの存在感だし、平凡社ライブラリーも毎月楽しみだけれど、何と言っても凄いのは、やっぱり岩波文庫だろう。

私が大学生時代、つまり一九八〇年前後、はっきり言って、岩波文庫の新刊は、魅力がなかった。単なる改版を新刊と銘打ったりして、老舗のブランドに甘えているとしか思えなかった。当時、岩波書店全体の刊行物は、「岩波現代選書」をはじめとして、知の新しい層を切り開き、それなりに魅力的だったのに、岩波文庫は、それと反比例するかのように、ツマラなかった。

反比例、と今私は書いた。

まさに反比例するかのように、ここ数年、岩波書店は、中途半端な若返り作戦の失敗により、本のクオリティはどんどん下っているのだが（それに、なぜ、無意味な講座や、原著のアウラを失なった安易な復刊を次々と出して行くのだろう）、岩波文庫の輝きは増している。

そう思うのは、私が年を取ったからなのだろうか。

いや、違う。

岩波文庫は、変に若作りをしていないけれど、以前のそれのような、単なるカビ臭い古典でもない。一種の開き直りとも言える迫力がある。そしてその迫力が、現代という時代に対して、アクチュアリティを生み出している。しかもその迫力が、今年、さらに増している。

とにかく、実例をあげよう。

つまり、この一年、二〇〇〇年十月から二〇〇一年十月にかけての、岩波文庫の全新刊を、刊行順に列挙してみよう。

二〇〇〇年十月。ジェーン・オースティン／工藤政司訳『エマ』(上)(下)、前野直彬注解『唐詩選』(上)(中)(下)、曲亭馬琴編・藍亭青藍補・堀切実校注『増補 俳諧歳時記栞草』(下)、アダム・スミス／水田洋監訳・杉山忠平訳『国富論』(二)。

二〇〇〇年十一月。千葉俊二編『鷗外随筆集』、外間守善校注『おもろさうし』(下)、トロツキー／藤井一行訳『ロシア革命史』(三)、フローベール／小倉孝誠訳『紋切型辞典』。

二〇〇〇年十二月。武藤禎夫校注『万治絵入本伊曾保物語』、伊波普猷著・外間守善校訂『古琉球』、ハイシッヒ／田中克彦訳『モンゴルの歴史と文化』、森田成也訳『トロツキー わが生涯』(上)。

二〇〇一年一月。サド／植田祐次訳『ジュスチーヌまたは美徳の不幸』、セルバンテス／牛島信明訳『ドン・キホーテ』前篇(一)(二)、『ロシア革命史』(四)。

二〇〇一年二月。J・R・ヒメーネス／長南実訳『プラテーロとわたし』、『ドン・キホーテ』前篇(三)、同じく後篇(一)、フッサール／浜渦辰二訳『デカルト的省察』。

二〇〇一年三月。桑原隲蔵『考史遊記』、『ドン・キホーテ』後篇(二)(三)、『国富論』(三)、志田昇訳『トロツキー　わが生涯』（下）。

二〇〇一年四月。松田権六『うるしの話』、中川和也訳『ユトク伝』、ジュール・ヴェルヌ／鈴木啓二訳『八十日間世界一周』、小金井喜美子『森鷗外の系族』。

二〇〇一年五月。池上洵一編『今昔物語集　本朝部』（上）、『ロシア革命史』（五）、ベルクソン／中村文郎訳『時間と自由』。

二〇〇一年六月。松沢弘陽編・丸山眞男『福沢諭吉の哲学』、サン＝シモン／森博訳『産業者の教理問答』、アッリアノス／大牟田章訳『アレクサンドロス大王東征記』（上）（下）、イブン＝ハルドゥーン／森本公誠訳『歴史序説』（一）。

二〇〇一年七月。パース／伊藤邦武編訳『連続性の哲学』、クザーヌス／八巻和彦訳『神を観ることについて』、幸田露伴『努力論』、『今昔物語集　本朝部』（中）。

二〇〇一年八月。小出昌洋編・森銑三『新編　明治人物夜話』、野上弥生子『欧米の旅』（上）（中）（下）、『歴史序説』（二）。

二〇〇一年九月。『今昔物語集　本朝部』（下）、コルネイユ／岩瀬孝・井村順一訳『嘘つき男・舞台は夢』、チェーホフ／小野理子訳『ワーニャおじさん』、M・K・ガーンディー／田中敏雄訳『真の独立への道』。

二〇〇一年十月。モーム／行方昭夫訳『人間の絆』（上）、宇佐美英機校訂・喜田川守貞『近世風俗志』（四）、『歴史序説』（三）、『国富論』（四）。

本当に凄いラインナップだ。

すべて揃えて積ん読したくなってしまう。

そして実際、私は、すべて揃えて積ん読している。

理由は簡単だ。

毎月、同文庫の編集部から全冊送られてくるから。

『週刊文春』で連載「文庫本を狙え！」を担当しているから、私の所には、よく文庫本が送られて来る。嬉しいかというと殆ど嬉しくない。そんなことされたら、散歩途中で、お土産として、お気に入りの新刊文庫を買う楽しみを奪われてしまう。

それでも、私を確実な読者として目指して送られて来る文庫本は、編集者の人間的な熱意が見えて、やはり、嬉しい。

腹が立つのは無差別に送られて来る文庫本だ。例を出して悪いが、角川文庫のミステリー物や、文春文庫の翻訳物が毎月のように送られて来る。その手の物は読まないと何度も書いたり語ったりしているというのに。そのくせ、文春文庫や角川文庫、いかにも私が興味を持ちそうな物は送られて来たためしはない（別に、送れとおねだりしているわけではないからね）。文春文庫や角川文庫のその部門の担当者が、機械的に私を、文庫本ライターとして認知し、献本リストに入れているだけなのだろう。腹が立つ。

半年ほど前、ある飲み会で、某文庫の中間管理職的編集者に会った。彼は言った、私の書いているものを愛読してくれていると。それから数日経って、その文庫のその月の全刊行物（二十冊近くあっただろうか）が宅配便で送られて来た。これから毎月送らせていただきますというワープロ打ちのメッセージを添えて。すぐに私は怒りのＦＡＸを送り、以後の献本を中止してもらった。

話を元に戻す。

自動的な文庫本の献本嫌いな私も、岩波文庫の、毎月全冊献本は嬉しい。岩波文庫のラインナップの凄さ、迫力を認めてはいるものの、ほっておくと私は、岩波文庫、毎月の新刊の半分、いや三分の一ぐらいしか購入しないだろう。

読めば面白いだろうに違いないだろうけれど、その面白さに一目でピンと来るわけではない。

例えば、これは今年の新刊ではないが、岩波文庫の青帯に犬丸義一校訂『職工事情』（下）がある。全三巻本の一冊で、奥附けを開くと一九九八年十一月十六日第一刷発行とある。その頃、私は、まだ岩波文庫の献本リストに入っていなかった。

私の住んでいる三軒茶屋の駅近くに文教堂書店の三軒茶屋店がある。私はよく、平日の午前中、その本屋を覗く。講談社文芸文庫や同学術文庫や岩波文庫がかなり揃っていて、それらの棚を眺めているだけで楽しい。

特に岩波文庫の棚。『職工事情』（下）も、そうやって岩波文庫棚ウォッチングを行なっていた時に、ピンと来て購入した一冊だ。今年の春頃のことである。

明治期日本に関心はあるものの、その時期の労働事情に、とりたてて興味があるわけではない。むしろ、その種の社会問題は苦手とする方だ。なのになぜ、この本に、しかも上巻中巻をすっ飛ばして下巻に、手が伸びたのかは、わからない。

しかしとにかく、何やらピンと来るものがあって、立ち読みした。すると、これが、やたらと面白い本なのだ。

正確に言えば、『職工事情』は、（上）（中）で一巻をなし、この（下）巻は「付録」の一、二なのであるが、この「付録二」が猪瀬直樹先生の名著『日本凡人伝』を思わせる面白さなのだ。

例えば、「明治三十三年八月、大阪の〇〇紡績会社元工女の談話」の中のやり取り。

〇「工場で男と女の中を世話する者があるか」●「ある。あの人を取り持ってくれという」

〇「礼を取るか」●「取ることもある、遣らぬこともある」

〇「何処で男にあうか」●「待合（まちあい）が沢山ある。男の下宿に行くこともある」

〇「男の出来た者は外の会社へ行くか、続けて工場へ出るか」●「出る。外の会社に行くこともある」

〇「仲間の工女から笑われたり嫉まれることはなきや」●「歌に作って歌う」

〇「そんなことのため外へ行く者もあるか」●「ある」

〇「寄宿で小供の出来る者もあるか」●「七月（ななつき）か八月（やつき）になれば会社から舎の外へ出よという。大抵は二月（ふたつき）位で外へ出て、男と一処に家を持つ。会社に社宅というて沢山家がある。七十銭か八十銭で貸してくれる」

〇「腹が大きくなり外へ出る者は沢山あるか」●「ずいぶんある」

〇「工女の内で淫売をする者はないか」●「淫売ということはないが、男工ばかり沢山泊まり居る下宿家という所へ泊まりに行く者もある。仕事がつらいで、工女を止（や）めて淫売になったのもある。会社の近所に淫売家がある。其処へ這入る」

その他にもこの『職工事情』(下)の「付録二」には、「明治三十四年一月二十三日、某紡績工場女工談話」だとか「明治三十四年二月、某メレンス工場工女の談話」だとか「明治三十四年十月、印刷工場事務員談話」だとかいった読みごたえのあるインタビューが幾つも収録されている。

そして(上)(中)(下)本といえば、先のリストにもあったように、今年八月、野上弥生子の『欧米の旅』(上)(中)(下)が三冊まとめて、新刊で同時に出た(普通の文庫だと、こういった三冊本は、ちまちまと三カ月に渡って、時には数カ月に渡って、刊行していくのだが、さすが岩波文庫は豪気だ。そしてこの豪気さが一つの迫力を生み出してもいるのだ)。

野上弥生子は私のあまり好きな作家ではない。それに、私は、海外旅行記物にさほど強い関心を持っているわけではない。

だから、送られて来なければ、この新刊に目を通すことはなかったと思う。

そんなこんなで、何となく手を出し、またまた私の悪いクセで、(上)(中)(下)の(下)から読みはじめ、パラパラと頁をめくっていったら、巻末の「ボストン」の章で、私の大好きな固有名詞に出会い、はまってしまった。

つまり、あの『赤露の人質日記』(中公文庫)の著者エリセーエフの名前が登場するから。

大学の東洋学部の教授をしているエリセーフさんとは、日本の共通の友だちの噂話をしながらお昼飯の御馳走になり、ソルボンヌ大学の学生劇で見た息子さんのことをも話してあげた。食卓に加わった助教授のライシャワーさんも東京で育って、エリセーフさんに劣らぬ立派な日本語であった。この

土地ですでに二十年から歯科医をしているFさんの夫人は、Tさんとともに駅に出迎えてくれたりして、着いた時から立つまで親切に世話をして下すったが、晩餐のおよばれの時には、思いがけない日本の人たちにお逢いすることができた。

実際、読者もこのあと、「思いがけない日本の人」に出会うことになる。

大学の経済学部に学んでいるTさん夫妻、I少佐、外務省から来ている若い人、立教大学からの留学生、植物学を研究しているというHさん夫妻、大学のまだフレッシュマンの鶴見さんの息子さん――これらの人たちは、土地の古株で面倒をよく見るF家を中心として、大学町らしい文化的な愉しいグループをつくっている風であった。

「大学のまだフレッシュマンの鶴見さんの息子さん」こと鶴見俊輔さんはこの一節を目にしているのだろうか。

ところで、先の、岩波文庫のこの一年間の新刊リストを眺めればわかるように、去年の十一月から今年の五月にかけてほぼ毎月のようにトロツキーの本が刊行され、『ロシア革命史』と『わが生涯』が完結した。岩波文庫編集部には誰か一人、トロツキストがいるのだろうか。

私は以前からトロツキーに少なからず興味を持っていたから（既に岩波文庫に収録されている『文学と革命』（上）（下）二巻もちゃんと購入している）、私の文庫コレクションにトロツキー物が充実して行ったのは嬉しい。

いつか時間を見て、まず、『わが生涯』を読破してやろうと考えていた。

しかも今年の九月、私は、メキシコに旅行し、晩年のトロツキーが過したコヨアカンのトロツキー記念館を訪れ、当時のままのトロツキーの書斎の書棚の本の並びに、やはり近くにあったディゴ・リベラのそれの凡庸さと比べて、深い感銘を受けていたから、まさに機は熟していたはずである。

ところが帰国直後、例のテロ事件が起きた。

私の今の関心、つまり、岩波文庫の近刊のバーチャルな読破は、トロツキーの『わが生涯』から、イスラムの古典、イブン＝ハルドゥーンの『歴史序説』に移りつつある。

やはり本は身銭をはらって買わなければいけないのだろうか。

私が今年出会った文庫本あれこれ

今年もまたこの『本の雑誌』の増刊号で、文庫本を通じて一年を回顧する季節がやって来たわけであるが、いままでにも増してピンと来る文庫本の少ない年だった。『週刊文春』の連載「文庫本を狙え！」に登場させる文庫本のラインナップを考えるため、私は、毎月、トーハン（東販）が発行しているその月の「文庫新刊案内」をチェックし、これはと思った文庫本に赤丸印をつける。

今年は去年より、その赤丸印が減った気がするし、何より、赤いボールペン（もちろん『文学を探せ』に登場するパイロットの「太字」速記用だよ）を持って最新の「文庫新刊案内」を開いてチェックしていく時の、ささやかな心の高ぶり、つまりドキドキ感が失せていった。要するにありきたりの新刊しか並ばなくなったのだ。

来月はどんな新刊が登場するのだろうという期待感を持たせてくれたのは、結局、というか去年と変らず、ちくま文庫（及びちくま学芸文庫）と岩波文庫と講談社文芸文庫の三種（四種）に絞られてしまった。それから学研M文庫の種村・澁澤系のラインナップにも小さくドキドキした。そうそう、「高橋克彦コレクション」をはじめとする角川文庫のエッセイやノンフィクションも悪くなかった。例えば新潮文庫の単なる自社本の文庫化に比べて芸を感じられた。

ちくま文庫で「田中小実昌エッセイ・コレクション」全三巻が刊行されたのは嬉しい。極私的には、この三冊が、今年出た文庫本のベストかもしれない。今は亡き（と書くのはちょっと寂しいが）社会思想社の現代教養文庫で出ていたやはり同じ三巻本の「田中小実昌作品集」と殆ど重なる所がなかったのもさらに嬉しい。編者は大庭萱朗という一九六二年生まれの文芸評論家兼フリー編集者だが、おヌシなかなかやるじゃないかと思った（これは私の単なる推測だが、この大庭萱朗は以前某リトルマガジンの編集長だった某氏ではないだろうか）。

その「田中小実昌エッセイ・コレクション」の第一巻『ひと』に「シイ子のこと」というエッセイが収録されている。

『コミさんの二日酔いノート』（PHP研究所一九八一年）というエッセイ集に収録されていた一篇だ。そのエッセイ集を私は、かつて、軽いエッセイ集として読み流した。だから、たぶん「シイ子のこと」も軽いエッセイとして読み流した。

しかしこの、見かけ（装丁）の軽妙さとは裏はらの（もちろんこれはホメ言葉である）内身が重くつまった「田中小実昌エッセイ・コレクション」で「シイ子のこと」を読み直してみると、それがとても深い洞察に満ちた一文であることを知った。収穫だった。

誰にでも体をゆるすシイ子に、「コミちゃん」も、「おれにもやらせろよ」とせまったけれど、「コミちゃん、冗談もいいかげんにしなさい」と言って、シイ子から全然相手にされなかった。何で自分だけが相手にされないのだろうと不思議に思った「コミちゃん」が、その理由をシイ子に尋ねると、彼女は、「だって、コミちゃんとあれをやるときのポーズなんてものも、想像できないんだもの」と笑いながら答えた。

それに続く田中小実昌の哲学的な記述が凄い。初読時の二十三、四歳の私の青二才の頭（体）では理解出来なかっただろう（いや、四十過ぎた今だって、その手のことに理解が届いているとは言えないのだが）。

少し長い引用だがゆっくりと熟読してもらいたい（傍点は原文）。

〈つまりは、ぼくとの性行為が想像できないと言う。しかし、セックスというものは（この言葉にも、たいへんに抵抗がある）行為だろうか。また、関係だろうか。

ある小説のなかで、ぼくは、セックスは、行為でも関係でもなく、物ではないか、と言ってみたりした。これは、とんでもない仮定で、その仮定が、なんらかの証明によって、事実になる、というようなものではなく、そんなとんでもない仮定をたてて、考えてみたかったのだ。これは、セックスという言葉に抵抗があるのにもかからんでいて、セックスといえば、自明のことみたいにおもわれてるのが、ぼくには、みょうな気がする。

この自明という言葉は「完結したもの」と言いかえてもいいかもしれない。

つまりは、われわれの外に、対象としてあるもので、なにかの手段で、それを処理したり、定義したりできるものだ。

その定義したのが、セックスという言葉なのだろう。しかし、セックスは、われわれの外にあるものだろうか。性は、われわれの生であり死でもあるとすれば、われわれの外に、対象としておくことはできまい〉

一度読んだことのあるはずの文章が、文庫化によってまったく新たな文章に見えてきたりするのも、文庫（特にアンソロジー的文庫）読みの楽しみの一つだ。

それから、ちくま文庫と言えば、十月から、ちくま文庫の月印（海外の作品や古典や全集物）の強化キャンペーンが始まった。

その「キャンペーン・ボーイ」の私が言うのも何だが、私は、ちくま文庫のその反時代的行為を強く支持する。例えば『尾崎翠集成』全二巻や『プルースト評論選』全二巻や、柴田翔訳『若きヴェルテルの悩み』といったラインナップの本格性を。

ただし、だからこその注文を一つつけておきたい。注文というよりもグチを。

今回のキャンペーンの目玉として、井波律子「訳し下し個人全訳」『三国志演義』全七巻と『内田百閒集成』全十二巻がある。

共に素晴らしい企画だと思うけれど、しかし、なぜ、今、内田百閒なのだろうか。

もちろん、私も内田百閒の愛読者だ（私の書棚には旺文社文庫版の内田百閒が全冊、そして福武文庫版の内田百閒が半分ぐらい、並んでいる）。しかし、なぜ、今、内田百閒なのだろうか……。

というのは、なぜか、この一年の間に、内田百閒の文庫本を新刊で良く見かけたからだ。まず、講談社文芸文庫で池内紀編の『百閒随筆』Ⅰ、Ⅱが出た。続いて新潮文庫から『百鬼園随筆』と『続百鬼園随筆』が出た。

内田百閒に今、何かがきているのだろうか。それならば、それで喜ばしい。

しかし私は、もっとバーチャルな印象を受ける。内田百閒て渋いよね。ウン、渋いよね。こういうの案外今の若者にも受けるかもね。ウン、受けるかもね。それに百閒て根強い読者を持っているからね。

ウン、持っているからね。だから、けっこうセールスにも結びつくかもね。かもね。といったバーチャルな会話がかわされたのではないか。

つまり、私は、この、文庫本の世界での、時ならぬ内田百閒の小ブームに、編集者の人たちの本当にこの文庫本を出したいという熱意以上に、これってどう渋いでしょという一種の下心の方を感じ取ってしまったのだ（間違っていたらごめんなさい。私はかなりひねくれ者ですから）。

それ以上に、私は、もったいない気がしたのだ。最初に述べたように、このような私好みのシブい文庫本の新刊は、どんどん減って来ている。だからこそ、その数少ない地味シブ本の議席を内田百閒が独占してしまうことが残念なのだ。もちろん私は、ダブリ（あるいはトリプル）だと知っていても、講談社文芸文庫版も新潮文庫版もちくま文庫版も、内田百閒、入手してしまいましたけれどね。

去年に続いて今年も、岩波文庫、頑張った。ただし、ある時期まで。

今年は正岡子規の没後百年に当っていたから、それに合わせて、岩波文庫で、子規関係本の刊行が相い継いだ。しかも、ハダ色時代の（つまり一番輝いていた頃の）中公文庫の新刊を思い出させる通好みの本が。順に列挙して行けば、河東碧梧桐『子規を語る』（六月）、内藤鳴雪『鳴雪自叙伝』（七月）、高浜虚子『回想　子規・漱石』（八月）、そして『漱石・子規往復書簡集』といった具合に。

ただし、『漱石・子規往復書簡集』の含まれていた十月の岩波文庫の新刊には驚いた。と言うよりも、悪い予感を抱いた。

この本とマルクス、エンゲルス著『新編輯版　ドイツ・イデオロギー』（廣松渉編訳、小林昌人補訳）を除いて、本当の「新刊」は一冊もなかったから。

つまり、普段の倍近くもの八冊の新刊の内、六冊は、森鷗外『雁』や島崎藤村『破戒』といった近代日本文学の古典のただの改版だったからだ。

ただの、というのは、二十年も三十年も前に書かれた解説をそのまま流用した「ただの」改版だからだ。『山椒大夫・高瀬舟他四篇』に附された斎藤茂吉の解説なんて「昭和十三年六月十日」に執筆されたやつだ（ただし『小僧の神様　他十篇』に附された紅野敏郎の解説だけは新しく執筆されたもののようだ）。

それが、先に私が「ある時期まで」と書いた理由だが、この芸のない岩波文庫の新刊を眺めて、私は、私が大学生だった二十数年前のことを思い出した。例えば一九七八年八月から一九七九年八月までの一年間で刊行された岩波文庫の新刊五十七点の内、改版または改訳が二十九点もあった（何でこんな細かいことを私が憶えているかといえば、当時私はメモを取っていたからだ。その頃から私は岩波文庫ウォッチャーだったのだ）。

あの頃の岩波文庫の新刊はひどくつまらなかった。世間では当時、若者たちの岩波文庫離れが話題になっていたが、そもそも岩波文庫の新刊に全然魅力がなかったのだ。

それから二十数年の時を経て、特にここ数年、岩波文庫の新刊はとてもディープで、かつある意味でオーソドックスで素晴らしかったのに、またあの頃に戻ってしまうのだろうか。心配だ。

ところで、極私的なベストが「田中小実昌エッセイ・コレクション」だとすれば、もっと客観性を持たせた私の今年の文庫本のベストは光文社文庫の大西巨人『神聖喜劇』全五巻だ。

もともと光文社から刊行されていた本だから、この大長編小説は、文春文庫（一九八二年）、ちくま文庫（一九九二年）を経て、一番収まるべき所に戻ったという感じがする。しかも装丁、表紙絵、紙質、つまりその造本のすべてが素晴らしい。何て念入りに作られた文庫本なのだろう。

実は私はこの文庫本の第五巻の解説を担当した。だから中途で挫折していたこの大長篇小説を初めて通読した。そして圧倒された。

優れた小説というのは幾通りもの読み方や小説の楽しみ方が出来るものだが、『神聖喜劇』は、まさに、そういう重層性を持った傑作だった。『神聖喜劇』は例えば読書小説の傑作だ。本屋小説であったりもする（だから目黒さんにもお勧めだよ）。

と思っていたら、ちょうど、似たような感想を抱いたある人の一文に出会った。

雑誌『スムース』の同人たちが、この秋、リブロ池袋と同青山店で、「本屋さんでお散歩『sumus』が選ぶ秋の文庫・新書１００冊」という企画展を開いた。

いくつかのテーマに分けて同人たちが趣向をこらした文庫本や新書本を選んでいたのだが、「本をめぐる本」を担当した林哲夫は、その一冊に『神聖喜劇』を取り上げ、パンフレットでこう書いていた。

〈『神聖喜劇』がどうして？　と思われる方は、ぜひ一読していただきたい。書物によって組み立てられた怪作なのである、これが〉

林哲夫は、また、『神聖喜劇』に、「書物によって書かれたメタ小説、メタメタ面白い！」というキャッチーなコピーもつけていた。

光文社文庫版『神聖喜劇』の表紙絵を素晴らしいと私は書いたが、第一巻を手にした時、私は、それが誰の手になるものか気づかないでいた。

だから、やはり『スムース』の同人である山本善行の新刊『古本泣き笑い日記』（青弓社）の中で、

〈〇月〇日
丸善に光文社文庫の大西巨人『神聖喜劇』を見にいく。買いにいったと書けないのが情けないが、林哲夫の灯台がカバーに使われていると聞いたので見にいったのだ〉

という一節に出会った時には、自分の不明をはじ、あわてて『神聖喜劇』のカバー絵を眺め直した。林さんごめんなさい。でも私は、その作者名に気づかずに、そのカバー絵を素晴らしいと思った純粋鑑賞者だったわけですからね。

私が今年出会った文庫本あれこれ二〇〇三

またまた「今年（前年十一月から今年十月まで）の文庫本」の季節がやって来た。

去年はどんなことを書いていたのかなと思って、『おすすめ文庫王国2002年度版』の自分の頁を開いてみたら、やっぱしな、と思ってしまった。

〈来月はどんな新刊が登場するのだろうという期待感を持たせてくれたのは、結局、というか去年と変らず、ちくま文庫（及びちくま学芸文庫）と岩波文庫と講談社文芸文庫の三種（四種）に絞られてしまった〉

この感想は、今年もまったく変らない。

毎月の新刊の平均的なクオリティは、今年もちくま文庫、特にちくま学芸文庫が群を抜いていた。

具体的に列挙して行けば、パノフスキー（浅野徹他訳）『イコノロジー研究』上下、アンドレ・シャステル（桂芳樹訳）『ルネサンス精神の深層』、フレイザー（吉川信訳）『初版　金枝篇』上下、ヒューリマン（野村ひろし訳）『ヨーロッパの子どもの本』上下、バタイユ（中山元訳）『呪われた部分』、カッシーラー（中野好之訳）『啓蒙主義の哲学』上下、カントーロヴィチ（小林公訳）『王の二つの身体』上下、カール・ポランニー（玉野井芳郎他編訳）『経済の文明史』、フロイト（渡辺哲夫訳）『モーセと一神教』などなどである。

パノフスキーやシャステル、カッシーラーら、いわゆるワールブルグ学派の人びとを私が知ったのは、二十歳の頃、山口昌男の『本の神話学』（中公文庫）によってだが、その頃私は、まさか『イコノロジー研究』や『啓蒙主義の哲学』が文庫で読める日がやって来るとは思っていなかった。それはカントーロヴィチの『王の二つの身体』も同様である。今挙げた書目の多くは岩波文庫でいえば青帯に当るが、実際の岩波文庫の青帯よりもある意味で迫力がある。

もちろん、ちくま学芸文庫は、日本のものも充実していた。廣末保『新編　悪場所の発想』、木村荘八『東京風俗帖』など。特に嬉しかったのは、『青山二郎全文集』上下。この、二冊合わせて二千八百円は安すぎる。

ちくま文庫では、去年の『田中小実昌エッセイ・コレクション』全三巻の兄弟編（？）ともいえる『色川武大・阿佐田哲也エッセイズ』全三巻が刊行されたし、その『田中小実昌エッセイ・コレクション』の続巻三冊の刊行も始まった。それから北原尚彦『新刊！古本文庫』や岡崎武志『古本極楽ガイド』といった文庫オリジナル（つまり古本についてのバリバリの新刊）はとてもお得な感じがした（ちくま文庫の中で、古本物という強力なジャンルが確立されたようだ）。

ちくまの次は岩波文庫。

私にとって今年の岩波文庫は尾崎紅葉の年として記憶されることになるだろう。『三人妻』、『多情多恨』、『金色夜叉』といった作品が次々と岩波文庫に収録（正確に述べれば改定版として）されていった。たまたま今年が紅葉没後百年に当ったからかもしれないが、ぜひこののちも、『二人女房』や『不言

不語』といった作品を岩波文庫に再収録してもらいたい。そして出来れば、私小説的名作『青葡萄』を初の文庫化（岩波文庫化）してもらいたい。

それから講談社文庫。

講談社文芸文庫の今年の私のベスト3を選べば、川端康成『文芸時評』、宇野浩二『独断的作家論』、安藤鶴夫『随筆集　歳月』（次点は結城信一『セザンヌの山・空の細道』）ということになる。本当は、川端康成、宇野浩二に続けて、正宗白鳥『自然主義文学盛衰史』と並べた方が形としてすっきり行くのだが、『自然主義文学盛衰史』はかつて創元社や角川などからすでに文庫化されていたからね。

そうそう、講談社文芸文庫で忘れてはいけないのは埴谷雄高の『死霊』がついに文庫化（全三巻）されたことである。

新聞や雑誌などでも話題を呼び、第一巻は、確か、すでに三万部を越えたはずだ。

同じ講談社の、こちらは学術文庫に入った中沢新一『チベットのモーツァルト』も元版（せりか書房）刊行二十年目にしての、初の文庫化である。こちらの方も、一つの象徴的な出来事であるはずなのに、私が思っていたほど話題にはならなかった。

だが、『死霊』や『チベットのモーツァルト』以上に、あるいは『イコノロジー研究』や『王の二つの身体』以上に、私を驚かせたのはヴァルター・ベンヤミンの『パサージュ論』全五巻の文庫化（岩波現代文庫）である。しかも、さらに驚いたことに、先日、その巻末頁（奥附けの対向頁）に目を通していたら、さりげなく、「本書は、一九九三年八月に岩波書店より刊行された『パサージュ論』I～Vを新編集したものである」（傍点は引用者）とある。「新編集」だって。そんなことに全然気がつかなかったよ。

この文庫化を機に、あやうく、元版を古本屋に処分してしまおうと思っていたところなのだが……。

ところで、冒頭で引用した去年の私の一文に戻せば、私は、続けて、こう書いていた。

〈それから学研M文庫の種村・澁澤系のラインナップにも小さくドキドキした。そうそう、「高橋克彦コレクション」をはじめとする角川文庫のエッセイやノンフィクションも悪くなかった〉

この前半部分、学研M文庫はそういう「小さくドキドキ」のラインナップは消えてしまったが（例外は東雅夫編『村山槐多耽美怪奇全集』と藤原マキ『私の絵日記』）、後半部分（角川文庫について）は、「高橋克彦コレクション」を、例えば「青木るえかの二冊」などと書き換えれば、そのまま通じる。

それ以外に、今年私が個人的にホメたい文庫を一つ挙げる。それは光文社文庫だ。

去年の文章で、私は同文庫の大西巨人『神聖喜劇』全五巻の「装丁、表紙絵、紙質、つまり造本のすべてが素晴らしい」と書いた。

今年は大西氏の『三位一体の神話』全二巻が同文庫に収録されたが、やはり同じように「素晴らし」かった。それどころか、すでに同文庫に入っていた大西氏の『迷宮』も、やはり同じ、カバー装画林哲夫、カバーデザイン間村俊一のコンビによってリニューアルされた（だから私は、もう一冊、『迷宮』を買うはめになってしまった）。

大西巨人だけが特別扱いされているわけではなく、光文社文庫では、秋から刊行の始まった「江戸川乱歩全集」も、同様の重厚さを持った、いわば、かつての単行本のような雰囲気を持った文庫本になっている。私は江戸川乱歩に特別の興味はいだいていないのだが、本としての魅力に引かれて、光文社文庫の「江戸川乱歩全集」をすでに数冊、購入してしまった（実は私は、また別の意味での、本としての魅力を、創元推理文庫版の江戸川乱歩シリーズに感じていて、同文庫版の乱歩も十冊近く持っている）。

大西巨人や江戸川乱歩ならまだわかる。

だが、光文社文庫が素晴らしいのは、同様の神経を、マンガである『赤塚不二夫傑作選』全三巻にもそそいでいたことである。

光文社は『ＦＬＡＳＨ』も面白いし、『ＶＥＲＹ』だとか『ＳＴＯＲＹ』だとか『ＪＪ』だとかいった主流派に対して、これらの傍流派が、ぜひ来年（今年）も頑張ってもらいたいものだ。

と、ここまで書いて、まだ原稿スペースが三枚半分ぐらい余っている。

私は、わざと余らせておいたのだ。

今年私が新鮮に出会った「文庫」シリーズについて書きたかったから。

それは思潮社の「現代詩文庫」シリーズだ。

すでに何度か書いているように、私はいわゆる「現代詩」には殆ど興味がなかった。だから、これまで「現代詩文庫」と無縁できた。

それゆえ新鮮に出会ったわけだけではない。

今年読んだ新刊や、雑誌の連載がきっかけとなって、私は「現代詩文庫」の何冊かに手を出したのだ。

例えば、「配られたプリントが、その年になって思潮社が刊行を開始した現代詩文庫の刊行順に、一人一編ずつ選びだして作ったものであ」ったという喚起的な一節が登場する、四方田犬彦の回想記『ハイスクール１９６８』（『新潮』十月号）。同じ頃私は、絓秀実の一九六八年論、『革命的な、あまりに革命的な』（作品社）を読み、絓さん自身の個人的な一九六八年体験についてももっと知りたいな、と絓秀実に詳しい私の若い友人に尋ねたら、彼は、その点については「現代詩文庫」の『守中高明詩集』の絓さんの解説で少し語っていますよ、と答えた。その解説のために私は『守中高明詩集』を買った。

それから、二カ月前の新刊『永遠の文庫〈解説〉傑作選』（メタローグ）に収録されていた陣野俊史の「私が選ぶ文庫〈解説〉ベスト3」で、

〈忘れがたいのが岩成達也による入沢康夫詩集の解説で、「入沢康夫に関する一つの虚像」と題する。「入沢康夫氏。氏は、ただ一つの点を除いては、いかなる意味においても、異様な人物ではない。氏は、十年ほど前に、東大仏文の修士課程を卒業した。」以下、家庭や住居環境を詳細に述べる。その細部への拘泥は作品読解と直結する、秀逸な解説〉

という一節を目にして、「現代詩文庫」の『入沢康夫詩集』を買ってしまった。

しかし今年出会った「現代詩文庫」で一番のヒットは、春に出た新刊、杉山平一『戦後関西詩壇回想』（思潮社）で知った『大木実詩集』だ。

大木実について杉山さんは、こう書いていた。「大木氏は東京下町に生れ」、「何事にも地味で簡素」で、彼の好きな「フランスの作家ルイ・フィリップと同じように、役所の吏員を勤めていた」。「忘れられ、片隅に埋れる在り方こそが、大木実の独壇場の世界」であり、「都会っ子らし」い作風である、と。

このように杉山さんに導かれて知った大木実の詩は私のとても好きな世界だった。

ところで、『大木実詩集』には丸山薫について回想した「中野新山通り」というエッセイも収録されていた。「丸山さんの住んでおられたのは中野区新山（にいやま）通り三丁目であった。新宿から出る

京王電車の三つ目の笹塚で降り、歩いて十五分程のところである」。「笹塚の駅を出て、直ぐの甲州街道を横断し、十号通りという狭い賑やかな商店街をぬけて、しばらく往くと新山通りである。笹塚は渋谷区だが新山通りは中野区である。その新山通り三丁目は、いまは南台四丁目という町名に変わっていた」。

もしかして、この場所は、「本の雑誌社」のすぐ近くじゃないかな、担当のKさん。別にどうでも良い話かもしれないけど。

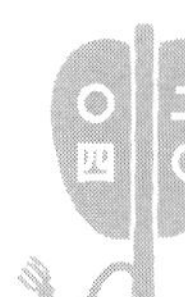

月刊中山康樹文庫の三冊は期待通り過剰に熱かった

また『本の雑誌』の増刊で一年を振り返る季節がやって来た。

一年が経つのは本当に速い。

たしか今年で、この増刊号も六年目だ。

もう書くことがなくなってしまった。

しかし困った。

つまり、どういうことなのかというと。私に与えられたテーマは、今年一年の文庫本を振り返って、中で特に素晴らしい文庫本について書くように、ということだと思う（たぶん）。

素晴らしい文庫本といっても、周知のように（?）、私は『週刊文春』で毎週、「文庫本を狙え！」という連載を続けている（その最新の四年分が、ちょうどこの増刊号が出る頃、季節にふさわしい『文庫本福袋』というタイトルで刊行されるので、よろしく）。

それから、今年私は文庫本の解説を八本書いた（いつもの年は平均二～三本だから、これは、多過ぎ）。

ということは、今年私は、私の選んだ六十冊ぐらいの新刊文庫本についての文章を書いた。

自分で選んだのだから、全部、素晴らしいと感じた文庫本ばかりである。

それについて、書くべきことはもう書いてしまった。

私は原稿の二重売りはしたくない。

それならば、その「文庫本を狙え！」で取り上げた五十数冊の文庫本で、トーナメント戦か何かを開いて、その中から今年の究極の一冊を選ぶというのはどうだろうか。

面白いじゃないか。

と思う人（例えばこの連載の新担当の荒木クン）もいるかもしれないが、それは、この連載の最初の年にやってしまった。

私はネタの使いまわしはしたくない。

で、正攻法で行こうと思うのだが。そうなると去年やおと年と同じ発言を繰り返すことになる。

つまり、相い変らず（いや、年を経るごとに）、面白味がなくなって行く新刊文庫の世界の中で、今年も私を楽しませてくれたのは、ちくま文庫（含むちくま学芸文庫）と岩波文庫と講談社文芸文庫（毎日出版文化賞おめでとう！）の三文庫だった。

だから言ったでしょう、去年やおと年と一緒だって。

これだけでは原稿が三枚弱で終わってしまうので、とりあえず、新味はないけれど、話を続けることにしよう。

と、ダラダラと書いている内に、おっと、突然思い出したぞ、ちくまや岩波や講談社文芸文庫に関係のない、今年の私の「ある種の新刊文庫ベスト3」を。

それは中山康樹の『ディランを聴け!!』（講談社文庫）と『マイルスを聴け！』（双葉文庫）――ディ

ランの方がびっくりマークが二つ「!!」でマイルスが一つ「!」というのは故意になのだろうか、てきとうにだったのだろうか——と『ビートルズ全曲制覇 完結編』(柑文庫)——同じ文庫で一年前に出た『ビーチ・ボーイズのすべて』も感動的だった——の三冊である。

刊行月を書けば、順に、(二〇〇四年)八月、九月、十月といった具合で、まさに月刊中山康樹文庫であるが、三冊がそれぞれ別の版元というクロスオーバー振りが、かえってかっこ良い。本棚に揃えて並べたくなる。

ビートルズに対して私は普通の聴き手である。つまり、かつてそのLPレコードはひと通り買い揃えたが、CD時代になってのち『アンソロジー』1〜3が出た時、新譜で買い逃し、中古CDショップで九百八十円ぐらいで売られていても、今さら買う気が起きない、その程度のファンである。

しかし中山康樹のこの『ビートルズ全曲制覇 完結編』の熱気のこもった文章を読み進めている内に、『アンソロジー』1〜3、聴いてみようかという気になってきた。もっとも、実際に聴いてみたら、中山康樹の文章の方がずっとロックしているではないかという思いもあるのだが。

マイルス・デイビスに私はまったくの初心者である。そんな私であっても『マイルスを聴け!』は楽しめる。よく見ると「Version 6」とあるように、この文庫本、中山康樹のその種のマイルス本の「バージョン6」で、改訂版ごとにボリュームがアップし、八百頁を超えるぶあつな文庫本である。その前の「バージョン5」より百三十二枚分多い全三百八十一枚のマイルスのレコード(CD)についての論評が収録されている。なんでそんな膨大な数のCDがあるのかといえば、ブートレグまでが「細大漏らさず収録」されているからである。だから、私の中のオタク心を刺激する。

例えば『ライブ・アット・ボトムライン'74』というブートレグについての書き出し。

出たっ！　これぞ誰がなんといおうとマイルス全アルバム史上、い〜やこのさいシングル盤まで入れよう、サイテーのジャケットなのだ。どうだ、まいったか（まいった）。機会があれば手に取ってみていただきたい。おまけに薄い紙っぺら。それにこの文字、手書きやで。この不況下、どこまでも経費を節約しようという姿勢が頼もしい。トドメはこのマイルスのイラストだ。ヘタだなあ〜。それにしてもヘタだなあ〜。

こういう口上を聞くと、マイルスのまったくの初心者の私でもこのCDの実物を目にしたくなる。ビートルズやマイルスに比較して、ボブ・ディランについては、私は、大ファンといえる。ライブやベスト盤を含めて全CDをかなり聴き込んでいる。

だから、今年出た中山康樹の文庫本三冊の内で、『ディランを聴け!!』は一番夢中になって読んだ。「文庫本を狙え！」でも取り上げた。

ディランは、例えば有名な「風に吹かれて」をはじめとして、一つの曲を様々にアレンジを変えて歌う。オリジナルアルバム以外のライブやベスト盤や別音源盤にはそれが収録されているわけだが、『ディランを聴け!!』が凄いのは、そのそれぞれの論評を載せている所だ。

例えば「レイ・レディ・レイ」という曲は一九六九年のアルバム『ナッシュヴィル・スカイライン』に収録された。「ディランにしては珍しくシングル・チャートの7位まであがった。一見チャートとは無縁に思えるディランだが、結局のところ聴きやすい、覚えやすい曲であればディランでもヒットが出せるということか」。

そしてザ・バンドとのコンサートツアーのライブ盤『ビフォー・ザ・フラッド』（一九七四年）にも収録された。「ここには『ナッシュヴィル・スカイライン』におけるのんきでのどかな《レイ・レディ・レイ》の姿はない。オリジナル・ヴァージョンを知っている耳にはその力強さ、ディランのエネルギッシュな歌になにもそこまで力を入れなくてもと思うが、これはもはやまったく別次元の《レイ・レディ・レイ》」。

さらにローリング・サンダー・レヴュー・ツアーのライブ盤『ハード・レイン』（一九七六年）にも収録された。「《レイ・レディ・レイ》のベスト・ヴァージョンはこれにつきる」と述べたのち、中山康樹は、こう言葉を続けている。

『ナッシュヴィル・スカイライン』でふにゃふにゃのラヴ・ソングとして登場したこの曲、つづくザ・バンドとの共演ヴァージョンでは原形を残しながらもパワーが加わり、まったく別の雰囲気をもった曲として生まれ変わった。しかしその時点ではまだ《レイ・レディ・レイ》は《レイ・レディ・レイ》のまま。ところがこの『ハード・レイン』に収録されたライヴ・ヴァージョンにおいては《レイ・レディ・レイ》もへったくれもなく、《レイ・レディ・レイ》の一部を転用したハードなロック・ナンバーへと変身を遂げている。

中山康樹の文章を読む楽しみの一つに、時に過剰すぎる**ケレン**があるが、この一文も、「《レイ・レディ・レイ》はここでついに成仏（じょうぶつ）した。本望だろう」というケレン味たっぷりのフレーズで結ばれる。

話を戻せば、ちくま文庫（ちくま学芸文庫）は今年もまた充実したラインナップだった。

中でも私好みの書目（シリーズ）をあげると、ちくま文庫の「吉行淳之介エッセイ・コレクション」、「野坂昭如エッセイ・コレクション」、『井伏鱒二文集』、ちくま学芸文庫の『定本武江年表』全三巻、仲田定之助『明治商売往来』正続、アビ・ヴァールブルク『異教的ルネサンス』といった所か。そうそう、ちくま学芸文庫といえば、大槻文彦の『言海』が文庫化されたのは驚いた。正当に言えばこれが今年の文庫本ベスト1で、八十頁近い武藤康史の解説も期待通りの作品でこの文章のためだけでもこの文庫本を買う価値がある。それからエリアーデの『シャーマニズム』は上下合わせて三千円を超える大著であるが、学生時代、元版（冬樹社版）が一万円以上するので買い逃してしまっていた人間にとってこの廉価版の刊行は有難い（と言いつつ実はまだ購入していない）。

ホメてばかりでなく、ちくま文庫に、ここで一つ苦言を呈しておきたい。

ちくま文庫は、品切れだとか絶版だとか、版を切らすのがけっこう早い感じがする。

良書が揃っているから、必要以上にそう感じてしまうのかもしれないが、良書が揃っているのだからこそ、採算についてはヤセ我慢して（無理な注文だろうか?）、出来るだけ（少なくとも三年ぐらいは）本を切らさないでほしい。そうでなければ、例えば「コレクション」シリーズ名に偽りありである。

それに関連してもう一つ。

今年三月に出たちくま学芸文庫の『日夏耿之介文集』を新刊時に買い逃していたので、先日（十月の終わり)、神保町の大型書店で買い求めようとした。すると、初版であるのに既に帯がないのはともかく、ヤスリで美装された本しかなかった。どの本屋でもそうだった。

美装というのはもちろん私のイヤミで、私は、ヤスリで無惨に腹をこすられた文庫本が大嫌いだ。少しぐらいよごれていても、私は、サラサラでなく、あのザラザラした手ざわりが好きなのだ。だから私は、絶対にヤスリがかけられることのない岩波文庫が好きなのだ(その点で私は買取り制を支持する)。

差別的な言い方をすれば、読み捨ての文庫本なら、いったん版元に引きあげたのち、化粧直しにヤスリをかけて、並べ直すのもOKだろう。本(ほん)ではないポンなのだから。

しかし、こういう種類の本(本の中の本)にヤスリをかけるのはいかがなものだろう(著者である日夏耿之介が生きていたならどう思っただろうか)。

しかも、一年前の本ならともかく、半年前に出た新刊である。こういう悪習を、ちくま学芸文庫、以前から続けていたのに、私が気づかないでいただけなのだろうか(欲しい新刊はたいてい、出てから三ヵ月以内で買っていたから)。これが今年(最近)の私の文庫本に関するショックなトピックだ。

実際のマチがつまらないから、まぼろしのマチに逃避するよ、例えば『文楽の研究』で

また『おすすめ文庫王国』の季節がやって来た。

担当のFさんは〝お祭り〟のような一冊を作りたいと原稿依頼状に書いてきたけれど、私は、そういう気分になれない。

最近、特に渋谷の旭屋書店を失なってから、私は、本屋（新刊書店）に通うことが楽しくない。

ふた月ぐらい前、たぶん秋の読書週間に合わせて、「本屋の楽しみ」といった感じの特集を作るから、その特集の対談に出てくれないか、というオファーが、某月刊誌からきた。

私はその特集タイトルのバーチャルな感じがイヤだった。だから、編集者にイヤミを言った。

今、本屋の楽しみなんてどこにあるんだ。

個性的な店員の作る個性的な棚はあるかもしれない。だけど私は、そんな個性なんて嫌いだ。

私が好きな棚は、かつての銀座近藤書店のような、そしてこの間まであった渋谷旭屋書店のようなさり気なくいい本が並らんでいる中型書店の棚だ。私が少年時代になじんだ経堂のレイクヨシカワやキリン堂、あるいは下高井戸の近藤書店にも、同様の雰囲気があった（というより、そういう書店で、私は、幼なくして本屋的感受性を養なったからこそ、近藤書店や旭屋書店に心ひかれたのだろう）。

最近は大型書店が次々とオープンする。

たしかに、本はたくさんある。しかし、たくさんありすぎて、楽しめない。大型書店というのは、中型書店があってこそ意味(価値)があるのだ。

すべての分野で、今、二極化が進んでいる。本屋までがその二極化の波にのまれてしまったことが私には悲しい。その意味で、銀座の教文館や高田馬場芳林堂といった良質の中型書店にはまだまだ頑張ってもらいたい。神保町の東京堂や岩波ブックセンターは言わずもがなだ(神保町といえば、書泉グランデの入ってすぐの新刊コーナーの本の並び、以前よりちょっと良くなった気がするのだが、担当が変ったのだろうか)。

渋谷旭屋の閉店は、私から、文庫の新刊を眺める楽しみを奪った。

もちろん、私がよく行く、同じ渋谷のブックファーストや、あるいは神保町の東京堂や三省堂も文庫本の新刊コーナーは充実している。

でも、何かが違うのだ。

渋谷旭屋の文庫本売り場の新刊の並べ方は理想的だった。

『週刊文春』で「文庫本を狙え!」を連載している私は、毎週のように渋谷旭屋の文庫本コーナーに足を運んだけれど、それは単なる職業的な義務ではなく、本当にそれが楽しかったのだ。

例えば私はミステリーや冒険小説を殆ど読まない人間なのに、渋谷旭屋書店で眺めるハヤカワ文庫や創元文庫は、とても魅力的に見えたのだ(実際に買ったりもした)。

本屋というのは私にとって都市の一つの日常風景であり、今や、そういう都市性が崩壊しつつあるの

かもしれない。そのことに私は脅えているのだ。

さて今年の文庫本の話だ。

今年もまた、私の新刊文庫本生活の中心は、岩波文庫とちくま文庫（学芸文庫も含む）と講談社文芸文庫にあった。去年やおと年と変らずにである（それにしても岩波文庫の赤帯、特にヨーロッパ文学の新刊の「注釈」は迫力があるな——何しろ時に本文より長かったりするのだから）。

その内の何冊かは『週刊文春』で紹介したけれど、そのコラムで取り上げなかった愛読書もある。愛読書、と書いたのは、それらの本は私は通読していないからである。

つまり、愛〝拾い読み〟書である。

それらの本は、私の仕事机の脇の、すぐ手に取れる位置に平積みしてある。

そして仕事の合い間に、それらの本を拾い読み、というか、つまみ読みして、私の心のエネルギーを補給する。

例えばそういう三冊に小沢昭一さんの『私は河原乞食・考』（岩波現代文庫、九月刊）と三宅周太郎の『文楽の研究』（岩波文庫、八月刊）と『続　文楽の研究』（同九月刊）がある。全部芸能物だ。これは偶然か？

私は学生時代から歌舞伎はそれなりにみてきているが、文楽に関しては初心者以下である。

しかしそんな私も、数年前から『関西ぴあ』で「まぼろしの大阪」という連載コラムを持ち、大阪の事を身近に思いはじめているので、大阪が本場である文楽にも強い関心が出てきた。

とはいうものの、実際の文楽に出会うためのきっかけが、まだ、よくつかめない。

そのきっかけをつかもうと思って『文楽の研究』を手に取ったのだ。

まずは最初の頁から読み通そうとした。

つまり、「上の巻　文楽物語」、「中の巻　文楽人形物語」という順でである。ところが、中々面白い内容であるのだが、文楽そのものにあまりなじみがないので、やはり、途中で挫折してしまった。

そして一気に飛ばして「下の巻　批評と研究」を開き、その冒頭に載っている「文楽「忠臣蔵」見物記」という一文を読んだ。

これが何とも心地良い文章なのである。

こういう書き出しではじまる。


文楽の「忠臣蔵」というと、私に私的苦笑事がある。――

それは昭和三年の六月であった。


その時大阪の弁天座で「仮名手本忠臣蔵」の通しが上演されていた。「前年来、私は私の『文楽物語』に着手している。それをやって見ると、今まで多少興を失いかけていた人形も、雨で蘇生した植木のように、ここに新に私の感興をそそり出した。で、右の六月になると、私は文楽の「忠臣蔵」が見たくてたまらなくなり出した」。

実はこの同じ演目が翌月、東京の明治座で特別興行として上演されたのだが、「そういう奇蹟同然の事実が、この昭和の御代にあろうとは」考えられなかった。

「この機会だ。この時機だ。これを外しては悔いを永遠に残すだろう。行け！　行け！　大阪へ」。

このあとの、「しかし」という言葉に続く一節が楽しい。『文楽の研究』という固いタイトルからは想像がつかない（すでに今引いた幾つかの文章からわかるように）。


私は元来旅嫌い、汽車嫌いである。殊に、東海道の東京大阪十時間は私には、余り度々の往来で一分一厘の興味さえない。その十時間余の無味乾燥は、中学時代の数学の時間に等しい。見たい「忠臣蔵」と、この十時間余の幾何・代数の時間の退屈と、あれを思い、これを考えると正に「河豚は食いたし命は惜しし」の感じさえないでなかった。


話の本筋とは関係ない、三宅周太郎のこういう話体が私は好きだ。私の感情のポイント（懐しポイント）を刺激する。

そうやって六月のある朝、三宅周太郎が、大阪駅に着いたら、偶然、中学時代からの旧友に出会った。その旧友は「穏健忠実なよき学生」だったのだが、当時、三宅青年の「芝居熱」をサポートしてくれた。

今彼は、固い会社のサラリーマンとして順調に出世し、大阪支社長だ。そんな二人が偶然、朝の大阪駅で出会った。

私はさすがに赤面した。敏感聡明の彼は、もう私の様子で、「はは、また文楽で来たな。やはり昔と同じ三つ子の魂百までだな」と悟ったらしいのである。単ににやにや笑っているだけだ。

素晴らしく都会的なシーンだ。こういう偶然が、今の東京や大阪で、果してあるだろうか。こんな贅沢な偶然が。

『続　文楽の研究』は、『文楽の研究』以上に、この種の都会的エピソードに満ちている（解説の児玉竜一は、今和次郎の「考現学」や村嶋帰之（よりゆき）の『カフェー考現学』になぞらえて、三宅周太郎のこの作品を文楽考現学と名付けている）。

現実のマチに失望を感じている時、ひょいと、手軽に、素晴らしい「まぼろしのマチ」を再現（というより現前化）してくれること、それが文庫本読みの大きな魅力の一つだ。願わくば来年またそういう文庫本に出会えますように。

私は『戦争と平和』を通読できるのだろうか

また文庫番の季節が来た。

相い変らず一年が経つのは早い。

そして、相い変らず今年も何を書いて良いのかよくわからない。

繰り返しになるが、私は、『週刊文春』で「文庫本を狙え!」という連載を持っている（だからこそ文庫番の役目をおおせつかっているわけだ）。

年間で五十本以上、新刊文庫本の書評を書いている。

いわばそれが、私の、今年の文庫本ベスト50である。

その50を、例えばトーナメント方式で勝負させ、ベスト1を決めれば、文字通り、それが今年の私の文庫本ベスト1になる。

面白いじゃないか。

やってみようか。

いや、それは、この連載の最初の年にやってしまった。

二番煎じはやりたくない（実はとても手間がかかって面倒くさいのだ——来年あたり復活させるかもしれ

ない)。

それでは、「文庫本を狙え!」で拾い落としてしまった面白本を紹介するのはどうだろう。その手も使ってしまった。

と、前フリはこれぐらいにして、今年の文庫界(っていい言葉だね文庫界)の一番の話題は新訳のブームだ。

既に何年か前から、新潮文庫や岩波文庫や講談社文芸文庫などで、海外の古典や名作の新訳が盛んに刊行されているけれど(例えばメルビルの『白鯨』が岩波文庫と講談社文芸文庫で時をほぼ同じくして新訳され、どちらの訳が優れているか専門家の間で小さな論争があったことは記憶に新しい)。

小説の言葉が、新言文一致とも言えるぐらい変ってきている。

そのような変質が翻訳の言葉にも起きているのだろう(というか、そういう欲求がわき上ってきているのだろう)。

それにしても今年は新訳文庫本が数多く刊行された。

新潮社のカポーティの『冷血』とナボコフの『ロリータ』の新訳が一年足らずで文庫本になった(ちょうど手元に新潮文庫の最新刊『ロリータ』があって、その「訳者あとがき」を読むと末尾に、「今回の機会を与えられて、訳文の気になっていた個所や誤訳を犯していた個所に手を入れることができた」とある——さすが若島正のこの正確な性格!)。

それから何といってもスペシャルなのは、九月に創刊された光文社の「古典新訳文庫」というズバリなタイトルの文庫シリーズだ。

まず第一弾はドストエフスキーの『カラマーゾフの兄弟1』（亀山郁夫訳）やサン＝テグジュペリの『ちいさな王子』（野崎歓訳）やケストナーの『飛ぶ教室』（丘沢静也訳）をはじめとする十点。以降、十月四点、十一月四点、そのあとは毎月二点づつ刊行だから順調に行けば四年弱で百点を突破する（そうなったら一つの文庫としての顔が形成されるだろう）。

スペシャルといえば、実は、ある意味でさらにスペシャルな新訳があった。

それはもちろん岩波文庫のトルストイ『戦争と平和』（藤沼貴訳）である。

何が「さらにスペシャル」かといえば、全六巻のこの文庫の第一巻の刊行は今年の一月。そして第六巻が見事完結したのは今年の九月。

つまり僅か一年足らずで岩波文庫はこの大長篇小説（一巻のボリュームはそれぞれ五百頁以上ある）の新訳を刊行させたのだ（三十年近い時をかけていまだ未完結のドス・パソス『USA』をはじめとしてかつての岩波文庫の翻訳長篇はなかなかペース通りに刊行されないという定評があったのだが）。

完結後二カ月近く経つのに新聞や雑誌（例えば文芸誌）で書評をまったく見ないのは何故だろう。や、はり読み切れた人がまだいないのだろうか。

やはり、と書いたのにはわけがある。

この「文庫番」の原稿依頼が来たのは九月半ば、ちょうど『戦争と平和』全六巻が完結した頃だ。

当初私は、これはナイスなタイミング、「文庫番」は『戦争と平和』で行こうと考えていた。

ネタとしてではなく、私は、第一巻が出てすぐ、岩波文庫の新訳『戦争と平和』を読みはじめていたのである。

あれは確か去年（二〇〇五年）の秋の事だったと思う。

雑誌『ニューヨーカー』にとても面白くて読みごたえのある（四百字詰め原稿用紙で三十枚ぐらいの長さの）記事――同誌の編集長自身の手になる記事――が載った。

その『ニューヨーカー』が見当らないので記憶で書く。

ロシアからアメリカに移り住んで十年以上になる主婦がいる。旦那はアメリカ人だ。

文学好きのタダの主婦だ。

ある日、英訳のロシア文学を手に取った。

定評のあるガーネット女史の訳したロシア文学だ。

そのチェーホフだかドストエフスキーだかトルストイだかの小説を読んで彼女は驚いた。

あまりにもひどい訳だったから。

誤訳とかそういうレベルではなく、原文とは掛け離れた雰囲気の訳だったから。

そして彼女はある事を決意する。

自分でそれらのロシア文学の名作を新訳してやろうと考えたのだ。

その決意を実行に移し、まず、ドストエフスキーのある作品（確か『地下生活者の手記』だったと思う）を英訳した。

ロシア語はネイティブであっても英語は母語でない。だから彼女が英訳した英語を旦那が添削した（彼はその専門職でなかったのにそこまでネイティブに近いロシア文学読解力があったのは驚きだ）。

その英訳は小さな出版社から刊行されたが、まったく話題にならなかった。

しかし続けて二作目三作目と刊行された。

その内の一作トルストイの『アンナ・カレーニナ』はイギリスのペンギン文庫に入れてもらえた。

そこから〝アメリカンドリーム〟が始まる。

ペンギンの『アンナ・カレーニナ』は刊行後一年以上経て、アメリカでもっとも有力なブッククラブの推薦を受け、それに合わせてペンギンは大宣伝をかけ、この『アンナ・カレーニナ』の売り上げは一気に五十万部を突破し百万部に達しようとしている。

しかも翻訳の美しさと正確さを専門家たちが認めた。

この記事を読んで、私は、売り方一つでトルストイの長篇小説が百万部も出てしまうアメリカの読書人の層の厚さにも驚いたが（アメリカ人が馬鹿だなんて誰が言った）、何故か無性にトルストイの『戦争と平和』を新訳で読みたくなったのだ。

まさにトルストイの『アンナ・カレーニナ』やドストエフスキーの『白痴』をはじめとして、私には、未読あるいは途中挫折してしまったロシアの長篇小説は数多いが、中で一番（特に最近ますます）気になっているのが『戦争と平和』なのだ（『戦争と平和』についてたびたび参照される小島信夫の長篇小説『別れる理由』を精読したからかもしれない）。

大学に入学した年の夏休み、岩波文庫の米川正夫訳『戦争と平和』を手にし、最初の二〜三十頁ぐらいで挫折してしまった（そのくせ同じ頃手にした本多秋五の評論集『「戦争と平和」論』に収められていた『戦争と平和』についての評論はすべて読んでしまったのだから）。

以来私は『戦争と平和』を一度も手にしていなかった。『ニューヨーカー』の記事を読んで少し経った頃、PHP研究所の旧知の編集者、Yさんと会って打ち合わせをした。『VOICE』時代に一緒に仕事をした事のあるYさんは、今は新書編集部に在籍で、来年（二〇〇六年）の秋にPHP新書が十周年を迎えるので、坪内さんも何か一冊書いてもらえませんか、と言った。

その時私は幾つかの案をYさんに提供したのだが、その内で一番、私自身のモティベーションが高かったのが、『初めて読む『戦争と平和』』（仮題）という一冊だった。

世間から私は読書家と思われているが、その私が『戦争と平和』を二〜三十頁しか読んだことがなく、この年（五十歳近く）になってそれを初めて通読し、その読書体験をライブ風に読者に伝えていったら面白い一冊が出来るのではないか（しかも同様のテーマを私以外の読書家たちにふって『初めて読む〜』としてシリーズに出来るのではないか）、と私は思ったのである。

それは面白いですね、ぜひ、とYさんは言った。

しかし問題は翻訳だよね、岩波文庫の米川訳は論外としてけっこうちゃんとした翻訳は出ているのだろうけれど、いずれにせよもう三十年以上『戦争と平和』は新訳されていないんじゃない、せっかくだから新訳で読みたいんだよ、と私は、『ニューヨーカー』の記事の影響もあって、Yさんに答えた。

結局、新書は、別のテーマ（『「近代日本文学」の誕生』）で行くことになった。

そして年が明け、私は岩波文庫の藤沼貴新訳『戦争と平和』に出会ったのだ。

すぐに読みはじめた。

最初の数十頁を軽くクリアーし、一気に第一巻の三分の二ぐらいまで読み進めた。

ところが、そこで途中休憩してしまったのが失敗だった。

『SPA!』十月二十四日号の福田和也さんとの連載対談「これでいいのだ!」で私は、こんなことを言っている。

「岩波文庫で『戦争と平和』の新訳が出て、オレ密かに読んでるんだけど、これがすごくいいの!」

この言葉にウソはない。

ウソはないのだが、しかし、この段階(福田さんとの対談が行なわれたのは十月始めのことだ)でも実はまだ、私は、その読書の再開をしていなかった。

再開を予定していたのは、原稿の締め切りが殆どない十月九日からの週だった。

その週で一気に六巻までを完読し、『本の雑誌』増刊号の「文庫番」で自慢してやろう。

というはずだったのだが……。

その週に私は何をして遊んでいたのだろうか。

そして私は今、第六巻巻末の訳者による「『戦争と平和』Q&A」のこのようなQ&Aを熟読玩味している。

Q 書き出しの部分は何か漠然としていますね。二、三度読み直しましたが、どうもはっきりつかめない。

A 人間の生活が起承転結の形ではなく、流れの途中でとらえられていますね。これは生涯を通じてトルストイの基本姿勢で、彼の文学手法ですが、『戦争と平和』はほかの作品以上に茫漠としています。形式の枠がほとんどない小説の特徴を最大限に生かして、書きたいことを書きたい形で書いたのがこの作品です。

これはトルストイ自身の、「『戦争と平和』とは何か？　これは長篇小説ではない、まして叙事詩ではない、ましてや歴史的な編年記ではない。『戦争と平和』は著者が表現しようと思い、それが現に表現されている形式で、表現することのできたものにほかならない」という言葉を踏まえての発言だ。ほらね、やはり、かなり面白そうな小説ではないか。

十年振りで『ベンヤミン・コレクション』の新刊を出したちくま学芸文庫は立派だ

今年もやはり岩波文庫と講談社文芸文庫とちくま文庫（およびちくま学芸文庫）の質が図抜けていた。

まず岩波文庫だが、八十周年記念の年にふさわしいラインナップだった。

一月に、『北原白秋詩集』（上）（下）、『新編　百花譜百選』、『響きと怒り』（上）（下）、『倫理学』（一）、『啓蒙の弁証法』、『新版　世界憲法集』という八点が刊行され、二月にも『阿片常用者の告白』をはじめとする八点が刊行された。

二月はこのド・クインシーの『阿片常用者の告白』以外にも、サマセット・モームの『サミング・アップ』、J・B・プリーストリーの『夜の来訪者』とイギリス文学物が合わせて三種刊行されたが、八十周年の年のこの岩波・イギリス文学・文庫は、なおも続く。

三月には『阿片常用者の告白』の続篇である『深き淵よりの嘆息』、五月は『アーネスト・ダウスン作品集』、六月はジェイムズ・ジョイスの『若い芸術家の肖像』とガーネットの『狐になった奥様』、七月はエドウィン・ミュアの『スコットランド紀行』、八月（および九月）はプリーストリーの『イングランド紀行』（上）（下）、そして十月十一月のヘンリー・ジェイムズ『大使たち』（上）（下）に至る。

つまり月に一点ぐらいのペースでイギリス文学関係が刊行されたのだ。

私は岩波文庫のこの片寄りを支持する。

それから、片寄りと言えば、今年の岩波文庫、紀行本も多く刊行された。『五足の靴』、田山花袋の『温泉めぐり』、ル・コルビュジエの『伽藍が白かったとき』、ダンピア『最新世界周航記』（上）（下）、デューラー『ネーデルラント旅日記』、さらに先の『スコットランド紀行』と『イングランド紀行』も合わせれば八冊にも及ぶ。

私はこの片寄りも支持する。

だから岩波文庫の担当者は来年以降も、そのそれぞれの片寄りをつらぬいてほしい。

講談社文芸文庫で嬉しかったのは、しばらくとだえていた吉田健一本の刊行が再開されたことだ。しかもその久し振りの一冊、『旅の時間』と同時に出たのが、吉田健一と縁が深く（ある意味で彼の文学的師匠ともいえた）横光利一の『欧洲紀行』であったのは、イキなはからいだった。この二冊を続けて読めば、二つの紀行文が共振していることが経験出来る。贅沢な同時刊行だった。

さらに嬉しい驚きだったのは、講談社文芸文庫の吉田健一、これで打ち止めではなく、続けて七月に、まったくの新刊『ロンドンの味』が刊行されたことだ。

まったくの新刊というのは、文庫オリジナルとかそういったレベルではなく、『ロンドンの味』は、吉田健一の「単行本未収録エッセイ六十八篇」を収める、まったくの新刊だったのだ。

講談社文芸文庫の値段が高いと批判する人もこの千五百円には文句が言えまい（むしろ安すぎるくらいだ）。

それから今年の講談社文芸文庫でもう一つ嬉しかったのは加能作次郎の作品集『世の中へ・乳の匂

い』が収録されたことだ。

加能作次郎は大正期を代表するマイナーポエット的私小説家で、文庫本という小さな本にふさわしい作家だ。

『世の中へ・乳の匂い』は、その作家の、没後六十六年目にしての初の文庫本なのだ。

ところで、この一年に出た文庫本のベスト1をあげろと言われれば、それは、ヴァルター・ベンヤミンの『ベンヤミン・コレクション』4（ちくま学芸文庫）である。
4、ということは3まで出ているわけだが、その第3巻が刊行されたのは一九九七年三月、つまり、もう十年も前のことである。
十年一昔というが、本や雑誌や書店をめぐる環境はこの十年で大きく変った（それはそうさ二十世紀から二十一世紀に移ったのだもの）。

十年前というのは、頃度私が単行本デビューした頃だから、よけいに私は、この十年間での本や雑誌や書店の変化を肌身で感じる。

本や雑誌が売れなくなったと二十年以上前から言われ続けている。

しかし十年ぐらい前までは、にも関わらず、売れない本や雑誌を出してくれる出版社がかなりあった。

もちろん最初から売れ行きを期待していないわけではない。期待しつつ、だが期待通りに売れなくとも、辛抱してそれを出してくれる、そういう出版社がかなりあった。

いや、売れ行きを度外視した上での信念というものもあった。

そういう辛抱や信念がここ十年の間に消えていった。

そんな時代にあって、ちくま学芸文庫は、十年振りに、『ベンヤミン・コレクション』の最新巻を出したのだ。

全国の公共図書館と大学図書館を併わせて何館になるのかは知らないが、少なくとも、その数だけは部数が出るべきである。一館にワンセット、『ベンヤミン・コレクション』を。

『ベンヤミン・コレクション』4について私は、『週刊文春』の連載の「文庫本を狙え!」で既に触れた。

しかし何度でも紹介したい。

まず巻頭に載っている「雑誌『新しい天使』の予告」。

『新しい天使』というのはベンヤミンが中心となって発刊するはずだった雑誌であるが、その「予告」の中でベンヤミンはこう述べている。

〈雑誌の真の使命は、みずからの時代の精神を顕(あら)わにすることである。時代精神の統一性あるいは明晰ささえよりも、時代精神のアクチュアリティこそが、雑誌にとっては大切なのだ〉

今から八十年以上前に書かれたこの言葉は増す増す説得力を持っている。

そう、重要なのは「時代精神のアクチュアリティ」なのだ。そして、「時代精神のアクチュアリティ」を持つ雑誌は今どこにあるのだろう。

そもそもそれを目指している雑誌はあるのか。目指してつかまえられないことと、はなから目指さないことはまったく違う。

十年前まではそういう雑誌が残っていた気がするし、私が同人をつとめる『エンタクシー』はそれを

目指しているつもりだ。

この「予告」の最後でベンヤミンは「はかなさ」というキーワードに触れる。

〈本誌はそのはかなさを初めから意識している。というのもこのはかなさは、本誌が真のアクチュアリティを求めるがゆえに強いられる、正当な報いなのだ〉

ここでベンヤミンの言う「はかなさ」とは、やはりこの『ベンヤミン・コレクション』4に収められている名篇「遊歩者の回帰」の冒頭で彼が語ろうとしていることに通底している。

〈現存するすべての都市描写(シルデルンゲン)を、その著者たちの生誕地によって二つのグループに分けようとしたとき、きっと、その土地生まれの人が書いたものは非常に少数である、と判明することだろう。表面的なきっかけ、異国情緒的(エクソーティシュ)なものや絵のように美しい(ピトレスク)ものは、ただ他所生まれの人びとにしか作用しない。その土地生まれの者としてある都市の像を手に入れるには、それとは別の、より深い動機を必要とするのだ。それは、遠くへ旅する者の動機ではなく、過去へ旅する者の動機である。その土地生まれの者による都市の本は、いつも、回想録(メモワール)との親縁性をもっていることだろう〉

過去への旅といっても、それは単なるノスタルジー(『ALWAYS 三丁目の夕日』的ノスタルジー)ではない。現在性を持った過去、への旅である。

そしてその旅の導引き役となってくれるのがムーサ(ミューズの女神)である。

〈このムーサが先に立って通りを歩いてゆく。するとどの通りも、このムーサが歩めば急坂になるのだ。このムーサは、母たちのもとへではないにしても、ある過去のなかへと案内して下ってゆく。著者自身の私的な過去であるばかりではないだけに、いっそう呪縛的なものでありうる、そのような過去のなかへと。彼がアスファルト道を歩めば、その足音は驚くべき共鳴を呼び起こす。舗道を照らしているガス灯は、この二重の層をもつ地面に、二義性を帯びた光を投げかける〉

この「遊歩者の回帰」はドイツの作家ヘッセルの『ベルリン散策』という本の書評として書かれたものだが、優れた本はまさにムーサとなる。そしてそういうムーサに出会える場として町（街）の書店がある（あった）。

どこで買おうと、例えばインターネットで買おうと本は同じに見えるが、同じではない。

その場所で買うのにふさわしい本がある。

大学時代に、早稲田の古本屋などでよく見かけ、いつか買おうと思っている内に買い逃し、気がつくとべらぼうな古書価格がついて入手出来なくなってしまった二冊の晶文社の本がある。

一冊は足立正生の『映画への戦略』だ。

そしてもう一冊は中平卓馬の『なぜ、植物図鑑か』だ。

東京の街から私の愛用している書店が次々と消えて行くのは寂しい。

東急本店通りにあった渋谷のブックファーストが店を閉じる前日、十月十三日土曜日、夕方五時半頃、私は、同店の文庫本売り場にいた。

三日前に出たばかりのちくま学芸文庫の新刊『なぜ、植物図鑑か』を買おうと思って、ちくま文庫とちくま学芸文庫の新刊が平積みされているコーナーに向ったら、そこだけが、つまり『なぜ、植物図鑑か』が積まれている山だけがぼこっと減っていた。

最後の一冊だった。

このあとにその文庫本を買い求めに来るかもしれない若者に悪いと思いながら、私は、その最後の一冊を購入した。

晶文社からの版が出た一九七三年なら、『なぜ、植物図鑑か』、新宿の紀伊國屋書店で買うのがふさわしいだろう。

だが二〇〇七年に文庫本となった今、渋谷のブックファーストのあの場所こそがふさわしい。

そのブックファーストが消えてしまったのだから寂しい（寂しいといえば、センター街のＨＭＶの上にあった青山ブックセンター、いつの間に消えてしまったのだろう——たしか去年の十一月に開店したばかりなのに——好きな本屋だったから残念だ）。

ところで、私は先に、『なぜ、植物図鑑か』を学生時代に古本屋でよく目にしながら買い逃してしまった、と述べた。いつか買おうと思っていた、とも書いた。

だが実は、そのタイトルは気になりながら、『なぜ、植物図鑑か』、買おうと思っていなかったのだ。学生時代の私は、その種の前衛、というか一九六八年的なものが苦手だった。むしろ嫌っていた。

しかし、年がたつうちに、そういう一九六八年的なものへのパースペクティブが出来、改めて興味を持った。

それにしても、今、『なぜ、植物図鑑か』。

理由は『本の雑誌』にある。

『本の雑誌』で私が一番愛読している連載に津野海太郎の「サブカルチャー創世記」がある。

津野海太郎の晶文社によって学生時代の私はベンヤミンを知った（読んだ）のだが、その頃の晶文社はまさに「時代精神のアクチュアリティ」に満ちた雑誌的な出版社だった。

そういう「時代精神のアクチュアリティ」が回想されるのだから、「サブカルチャー創世記」、面白くないわけがない。

その連載「サブカルチャー創世記」の今年（二〇〇七年）九月号の回で、津野海太郎は、一九七一年秋に中平卓馬とパリで出会った時の思い出を書いていた。

その一文を読んだ私は、無性に『なぜ、植物図鑑か』を読みたくなった。

その直後にちくま学芸文庫の新刊で出たのだ。

『本の雑誌』は、ある種の人たちが思っているような、単に面白本好きの雑誌ではない。「サブカルチャー創世記」が連載されるような、雑誌らしい雑誌なのだ。

だから私も、今年の文庫本を振り返ってというテーマをもらいながら、こういう自分勝手な文章がかけるのだ。

講談社文庫に続いて朝日文庫で「池波正太郎エッセイ・シリーズ」を刊行してくれたのは嬉しい

また今年の文庫本を振り返る季節がやってきた。と、こう書いて、何だか見憶えというか、書き憶えのある一文だと思った。

この『おすすめ文庫王国』のバックナンバーを書棚から取り出してみた。

すると、2002年度版で、早くも、

〈今年もまたこの『本の雑誌』の増刊号で、文庫本を通じて一年を回顧する季節がやって来た〉

と書いている。

さらに2003年度版でも、

〈またまた「今年（前年十一月から今年十月まで）の文庫本」の季節がやって来た〉

と書いている。

さらにさらに2004年度版でも、

〈また『本の雑誌』の増刊で一年を振り返る季節がやって来た〉

と書いている。

つまり、繰り返し繰り返し、同じ書き出しでこの文章をスタートさせているのだ。

読者の人は、何だよ芸がないな、と思うかもしれないが、他ならぬこの文章の書き手である私には、こう書き出してしまいたくなる筆者の気持ちが良くわかる。

2004年度版の書き出しの続きを見てみよう。

〈一年が経つのは本当に速い。

たしか今年で、この増刊号も六年目だ。

もう書くことがなくなってしまった。

しかし困った〉

二〇〇四年が六年目だとしたら、今年は十年目に当るわけだが（十周年お目出とう）、なぜ私が「困った」のかといえば、私は『週刊文春』で「文庫本を狙え！」というコラムを連載中で（五百五十回を越えた――とりあえずの目標はベーブ・ルースの七百十四）、年間約五十冊ほどの文庫本を書評している。

いわばそれが私の「年間文庫本ベスト50」だから、その五十冊に絞って原稿を書けば良いわけだが、それは既に『週刊文春』の誌上で行なってしまった。

だから困っているのだ。

この連載の依頼が来ると、一年の速さを感じつつ、さて何を書いて良いのか、と、ちょっとユウウツな気分になる（でもあと十年は続けたい――そうすると本一冊分になってそれはそれで資料的価値のあるものになると思う）。

と、これは本題に入っていく前の、枕。

先に私は「文庫本を狙え！」で取り上げた五十冊が私の「年間文庫本ベスト50」だと述べた。

しかし、正確に言うと、それは、違う。

あの五十冊の内、上位十冊（刊行順で書いて行くと、舟橋聖一『相撲記』講談社文芸文庫、岩本素白『東海道品川宿』ウェッジ文庫、『吉田健一対談集成』講談社文芸文庫、森銑三『風俗往来』中公文庫、戸板康二『思い出す顔』講談社文芸文庫、和田芳恵『ひとつの文壇史』講談社文芸文庫——それにしても私は講談社文芸文庫好きだな、豊下楢彦『昭和天皇・マッカーサー会見』岩波現代文庫、金子光晴『世界見世物づくし』中公文庫、矢野誠一『戸板康二の歳月』ちくま文庫、内堀弘『ボン書店の幻』ちくま文庫）は決まっているけれど、他の四十冊に関しては必らずしも私の「年間文庫本ベスト11〜50」ではない。

つまり、「文庫本を狙え！」で扱えなかったけれどランキング入り（例えば四十三位ぐらいで）する本もあった。

具体的に述べよう。

『週刊文春』の締め切り日は毎週木曜日である。

十月八日締め切りの号で私は十月三日発売の『澁澤龍彦書評集成』（河出文庫）を取り上げた。

澁澤龍彦の全書評が一冊にまとめられるのはこれが初めて、つまり文庫オリジナルの名著であるから、これは、絶対にはずせない（しまった、さっきのトップ10にこの本を入れるのを忘れてしまった）。

はずせないといえば、同じ時期に出た内堀弘『ボン書店の幻』も同様だ（「文庫版のための少し長いあとがき」を読んで私はとても驚いた——この本を未読の人はその「あとがき」から先に読んではダメです——本当に驚くべきクライマックスが待っているのだから）。

同じ時期といっても『ボン書店の幻』の刊行は十月八日。

だからこの本は十月十五日締め切りの号で取り上げた。

『ボン書店の幻』の二日後（十月十日）、八木福次郎の『新編 古本屋の手帖』（平凡社ライブラリー）が出た。

本関係の本（特に古本関係の本）が続いてしまうが、私はあえて、『ボン書店の幻』に続いて、つまり十月二十二日締め切りの号で『新編 古本屋の手帖』を取り上げた。

なぜならちょうど神田神保町の「古本まつり」と時期が重なっていたからだ。

そしてそれで割をくった（紹介するタイミングを逸してしまった）のが、十月七日に刊行された朝日文庫の村木良彦・今野勉・萩元晴彦『お前はただの現在にすぎない　テレビになにが可能か』だ。

ＴＢＳを退社してテレビマンユニオンを立ち上げる、いわゆる〝ＴＢＳ闘争〟の主人公たちが、その事件の真実を描いて行くドキュメンタリ・ノンフィクション（当時活躍していた様々なテレビ人たちの言葉も挿入される）の名作だが一九六八年本としても貴重な資料だ。

出版部門を独立させ、ますます採算至上主義となった朝日新聞にあって、よくぞこういう地味で売り上げを期待出来ない本を文庫化させた、と、その英断を称讃してあげたかったのだが、結局、先に述べたように、スルーしてしまった（別の月の刊行だったら間違いなく紹介していたのに）。

毎月八日前後は、私の好きな講談社文芸文庫やちくま文庫、さらには河出文庫の発売日に重なるから朝日文庫は少し不利だ（二十日前後に変えてもらえないだろうか）。

同じ文庫で紹介したい本が重なることもある。

例えば私の大好きな講談社文芸文庫でしばしばそういうケースがあるが、五月九日刊の新刊では頭を悩ませた。

三冊共に取り上げるべき価値のある本だったからだ。

つまり、戸板康二の『思い出す顔』、花田清輝の『復興期の精神』、そして森敦の『酩酊船（よいどれぶね）　森敦初期作品集』の三冊だ。

結局、『週刊文春』では『思い出す顔』を取り上げた（数年前にあるリトルマガジンの戸板康二特集で私は、数多い戸板康二の本の中でもこの書き下し回想集が一番好き、と書いたことがある）けれど、残りの二冊も「文庫本を狙え！」に登場すべき文庫本だった。

『復興期の精神』は今さら私が語るまでもない名著であるが、この評論集を私は、大学生の時、講談社文庫版で読んだ。

その後、それが絶版になったら、講談社学術文庫に移籍した。

それがさらに文芸文庫に移籍した。

その偉業（講談社文庫初のトリプルクラウン？）を私は「文庫本を狙え！」でホメてあげたかったのだ（この場でその借りを果せて良かった）。

森敦の「酩酊船」（作品名なので一重カギにした）は六十二歳で芥川賞を受賞した遅咲き作家が二十二歳の時に「東京日日新聞」（および「大阪毎日新聞」）に連載した早熟なデビュー作であるが、作品もさることながら、巻末に「参考資料」として載っている小島信夫の回想的エッセイ「『酩酊船』の出発」がとても読みごたえある（ボリューム的にも十五頁ぐらいある）。

その文学的炯眼にはっとさせられる。

「酩酊船」は一種の恋愛小説でもあったのだが……。

〈当時の旧制高校生は、すべて文学青年で、彼らは『ウェルテルの悩み』の中のロッテにあこがれるか、そうでなければ、川端康成の『伊豆の踊子』の旅芸人の少女を、哀れみをもってあこがれるので、忽ち世帯じみてくる女性など、捨てて顧みなかった。そういう相手の彼女たちは、何もその頃だけのものではないともいえる。ひょっとしたら、『羊をめぐる冒険』や『ノルウェイの森』の女性たちもそうであるらしく、彼女たちが離れて行くか、自殺するかのどちらかであろう〉

なるほどこれは村上春樹論としても鋭い気がする。

ところで、実は私が今年一番しばしば、例えば仕事休めの時などに、手にした文庫本（シリーズ）の新刊は、朝日文庫の「池波正太郎エッセイ・シリーズ」だ。

中島梓だったか青木るえかだったか（って二人は全然タイプ違う文筆家だ）が池波正太郎の小説は読まないけれどエッセイは愛読している、と書いていた。

私も同じだ。

池波正太郎の小説、「剣客商売」や「仕掛人・藤枝梅安」どころか、あの「鬼平犯科帳」でさえも、私は、一篇も読んだことがない（ついでに言えば藤沢周平の小説も読んだことがない）。

しかし私は、池波正太郎のエッセイが大好きだ（時代小説作家でありながら池波正太郎のその種の文章は「随筆」というより「エッセイ」といった方がふさわしい——そのハイカラといおうかモダニズムに池波エッセイの持ち味がある）。

同じエッセイでも何度も何度も読み返してしまう（そしてそのたびに楽しんでしまう）。例えば『散歩のとき何か食べたくなって』（新潮文庫）や『食卓の情景』（同）を私は何度繰り返し読んだことだろう。

同じエッセイでも楽しめるのだから、未読のものならなおさらである。

五年ぐらい前に講談社から池波正太郎の未刊行エッセイ集全五巻が出た。

すぐに読みたかったのだが、文庫に降りてくるまで待つことにした。

私は池波正太郎のエッセイを文庫本で読みたいのだ（そういえば私は池波正太郎の単行本を一冊も持っていない）。

そのシリーズが文庫化され、『おおげさがきらい』『わたくしの旅』『わが家の夕めし』『新しいもの古いもの』と来て、去年（二〇〇七年）十月、『作家の四季』で完結した。

もう池波正太郎のエッセイの文庫本の新刊は出ないのか、残念、と思っていたら、そのバトンを受け継ぐ形で、十一月から朝日文庫の「池波正太郎エッセイ・シリーズ」全七巻の刊行が始まった。

今年五月に完結したそのシリーズの、私は、特に、第三巻『新年の二つの別れ』と第四巻『チキンライスと旅の空』を愛読している。

その二冊の文庫本は、仕事休めでゴロンと横になるソファーから手軽に取れる場所に積んである。

そして適当な頁を拾い読みし、これはと思う箇所に付箋を張る。

再読、再々読する時はその付箋の部分を中心に読んで行く。

これは、といっても、特別な一節や一文ではない（それが私には特別なのだが）。

例えば「旅と私」のこんな一節。

〈東京にいるときは、ほとんど外へは出ない。映画は月に二、三十本見るが、それも歩いて五分とかからぬ近くの商店街にある四つの映画館で、内外の映画はほとんど観賞出来る。それと、駅前の書店へ毎日本を買いに出かけること位が、外の空気を吸う日課と言えば言える〉

あるいは「私の一日」のこういう一節。

〈食事を終ってから、ヒゲを剃る。ヒゲを剃ってから、またしても便所へ入る。

そして、近所へ散歩に出る。

このときが、たいせつだ。

一日の仕事の段取りが、この散歩の中で決まる。決まらぬ日の仕事は非常に苦しい〉

さらにはまた、ズバリ「散歩」と題したエッセイのこういう一節。

〈散歩が、いちばん、たのしいときは、仕事のことを忘れてしまわなくてはならない。

ところで……。

商店街が私鉄の駅前に近づくと、書店がある。ここへは、かならず立ち寄る。人間の眼というものは、昨日、同じ書店の棚を見ていて気づかなかった本を、今日、見出すことがあるのだ。そこにはやはり、昨日とちがった今日の神経がはたらいているのだろう〉

仕事の「段取り」としての散歩と仕事を「忘れ」るための散歩。矛盾しているようだが、池波正太郎のその気持ちが私にはよくわかる。

そしてソファーに横たわりながらこういう一文を目にすると、私まで散歩している気分になってくるのだ。

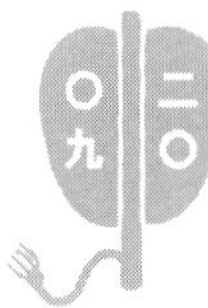

ランダムハウス講談社文庫から刊行された三冊の吉行淳之介のエッセイ集は、まったくの新刊だった

今年もまた、『週刊文春』の連載で扱い忘れた文庫本のことを書く。

いや、扱い忘れたわけではない。

刊行されたことを知っていたのに、あえて紹介しなかった本。

例えばランダムハウス講談社文庫の吉行淳之介のエッセイ集『なんのせいか』と『樹に千びきの毛蟲』と『街角の煙草屋までの旅』。

私は吉行淳之介のエッセイ集が大好きだ。

高校時代に角川文庫の『面白半分のすすめ』や『軽薄のすすめ』や『不作法のすすめ』などの「すすめ」シリーズに出会い愛読し（これらの文庫本を私は一度も放出したことがない）、以来、吉行淳之介の単行本や文庫本を、収録作品のダブリをいとわず、新刊や古書店で買い続けている。

だからもちろん潮出版社の「わが文学生活」シリーズ全十二巻や、ちくま文庫の「吉行淳之介エッセイ・コレクション」全四巻も私の書架に並らんでいる。

『樹に千びきの毛蟲』や『街角の煙草屋までの旅』は文庫本はもちろん単行本も持っている。

文庫化されていない『なんのせいか』は大光社版も面白半分社版も持っている。

だから、ランダムハウス講談社文庫版の『なんのせいか』の背表紙を本屋の棚で見かけた時も（私の住む三軒茶屋の書店ではその文庫本は新刊コーナーに平積みでなく最初から書棚に並んでいた）、別に今さらといって手に取ることなかったのだ。

先日、井の頭公園のジブリ美術館の近くで行なわれていた唐組の赤テント芝居を観に行った時、少し早めに吉祥寺駅に着いてしまったので、喫茶店で時間をつぶそうと思い、その時間つぶし用の文庫本を買うため、南口近くの書店に入った。

チェーン店ではなく、昔はよく見かけたタイプの（つまり最近は殆ど消えてしまった）少し広目の駅前書店だ。文庫本の棚もいい感じだ。なごめる。さすがは吉祥寺。その時私の目に、『なんのせいか』の背表紙が飛び込んできた。

これはちょうど良い。四十分ほどの時間つぶしに最適の文庫本だ。

そして私は喫茶店に入り『なんのせいか』を読みはじめたわけだが……。

これは私の持っている『なんのせいか』とはまったく別のエッセイ集だった。

そして改めて表紙に目をやると、タイトルの上に、「吉行淳之介自身による吉行淳之介①」とある。

そうか、これは、『なんのせいか』の文庫本ではなく、そのタイトルを借りた吉行淳之介エッセイ名作選の第一巻だったのか。

例えば「日記」という文章が単行本版『なんのせいか』には一篇も収められていないのに、この文庫本には四篇（「某月某日」と「酒中日記」も加えれば六篇）も収められている。

その内、一九五八（昭和三十三）年九月に「日本読書新聞」に連載された「日記」の一節を引いてみ

る（この文庫本は「初出一覧」がきちんとしているのもありがたい）。

〈上野公園横の映画館に「風速四十米」という絵看板が出ているのでちょっと覗く。石原裕次郎をはじめて観る。厭味のない好青年である。現代風に仕立てられた甘いウェットな魅力、というと首をかしげる人もあろうが、長谷川一夫を連想した〉

吉行淳之介の石原裕次郎評としてこれは貴重だ。

翌日、三軒茶屋駅前の文教堂書店に行き、『樹に千びきの毛蟲』と『街角の煙草屋までの旅』を購入した。

『樹に千びきの毛蟲』は『なんのせいか』以上に、同名タイトルの本とまったく別のエッセイ集だった。いや「作家のノート」と「上野毛だより」の二部構成からなるオリジナルの『樹に千びきの毛蟲』は、エッセイ集というよりは、短かい文を集めた断章だった（それはそれでとても味わい深く角川文庫版を私は三冊も持っている）。

ランダムハウス講談社文庫版の『樹に千びきの毛蟲』には「庄野潤三のこと」という一文が収められている。

庄野潤三追悼の意味を込めて、ますその一文に目を通した。

吉行淳之介と庄野潤三はいわゆる「第三の新人」の仲間だったが、そういう文学的信頼関係にあったからこその正真な意見を吉行は口にしている。

〈昭和二十九年の六月号に、庄野は二つの作品を発表している。「桃李」と「黒い牧師」で、私は後者にすこぶる感心したが、前者には首を傾げた。と同時に、こういうずいぶん違った角度のものを共存さ

せている庄野という男が、不思議な複雑な男として考えられた。入院中の病院からかなり長い手紙を出して「黒い牧師」を褒め、「桃李」については強い反撥を示した。

一方、庄野にとっては「桃李」は絶対の自信作で、「黒い牧師」については曖昧な判断しかもてない、という返事がきた。

昭和三十二年に彼はアメリカ留学をしているが、そのあとごろから「桃李」的傾向の作品がつづきはじめた。年齢に似合わない落着きぶりが気になっていたが、庄野潤三もいまでは五十歳をすぎ、その作品世界のなかで独特の姿勢で佇みかつ動いている〉

つまり「桃李」こそがその後の（最後まで続く）庄野文学のきっかけとなる作品だったわけだ。そうなると逆に、「黒い牧師」が読んでみたくなる（今度図書館で『庄野潤三全集』に当ってみよう――でもそれに収められているだろうか?）。

『街角の煙草屋までの旅』は一九七九（昭和五十四）年から、吉行淳之介が亡くなる一年前、一九九三（平成五）年までのエッセイを集めたアンソロジーだ。

目次を順に眺めて行くと、「五味康祐のこと」、「石川淳氏との一夜」「梶山季之の思い出」、「追悼・立原正秋」、「永井龍男氏との縁」、「向田邦子に御馳走になった経緯」、「小島信夫その風貌」、「川崎長太郎さんのこと」……、そして最後に置かれている「井伏さんを偲ぶ」に至るまで、作家の肖像（ポルトレ）や追悼文が数多く収録されている。

同様のエッセイ集として吉行淳之介生前最後の本となった『懐かしい人たち』（講談社一九九四年、ちくま文庫二〇〇七年）がある。

くる。

ただし「井伏さんを偲ぶ」はその巻頭に置かれ、それだけで一冊の本を通したトーンがだいぶ違って

結城信一を追悼した「日暮里本行寺」はどちらのエッセイ集にも収められている。

〈結城信一の死は、新潮編集部のI氏に報らされた。つづいて、講談社のK氏からも電話があった。すぐに、私は和田芳惠氏のことをおもった。作風は違うが、七十歳前後で大きく脱皮した点が似ている。和田さんの葬儀は築地本願寺でおこなわれ、多数の人が集まった。このとき、香奠袋に金を入れ忘れたのを葬儀のあいだに気付いて、慌てて係の人に届けた思い出がある。

結城信一の葬儀は、きっと小説家の数はすくないだろう。にぎやかしに出かけるか、それにしても億劫だな、本人はもういないのだし、遺族とはまったく面識はないし〉

電話で教えられた場所は「日暮里の本行寺(ほんぎょうじ)というところで」、葬儀は午前十一時からだという。

〈いつも昼過ぎまで寝ているので、目覚時計をセットした。寺の建物の中にいた小説家は、二、三人だった。お経を聞きながら、結城信一は案外頑固な男だったんだろうな、私にはそういうところを見せたことはなかったけれど、とフト思った。あとで聞くと、狷介そのもののところがあり、ずいぶんあちこち喧嘩をしたということだったが、すこしも知らなかった。つき合いが淡かったためだろう〉

この「二、三人」の小説家が誰であったかは、最後から四番目に載っている「野口冨士男氏のこと」で明らかになる(ちなみに「野口冨士男氏のこと」は『懐かしい人たち』には収録されていない)。

〈昭和五十九年の十月に、旧友の結城信一が亡くなった。日暮里の本行寺というところで葬儀がおこなわれると知って、地図で調べて出かけていった。作家は野口さんと八木義徳さんを見るだけだった。野

口さんと結城信一と交友があったのかどうか、私は知らない。日本文芸家協会理事長という立場によるものだったのだろうか。その頃から、私は病気がかさなり、ほとんどの会合パーティの類に欠礼している〉

　わずか三人しか集まらなかった小説家が野口冨士男と八木義徳と吉行淳之介だった。とてもシブく豪華なトリオだ。昔の文壇の独特の親しさ、暖かさを感じる。

　そしてその親しさ、暖かさは、巻末に置かれている「井伏さんを偲ぶ」に続いて行く。

　ここでもまた追悼の会が描かれる。

　八木岡英治という、世間的には無名だが、伝説的な編集者がいた。その「八木岡英治が亡くなって、追悼の会の案内がきた」。

〈新宿の会場に行ってみると、意外なことに七、八人の少人数の会だった。井伏さん、河盛好蔵さん、大岡昇平さん、竹之内静雄さん、寺田透さんがいらしたかどうか。

会が終ると、新宿のどこかで飲み直そうということになり、当時はもう新宿の地理については曖昧になっていたが、このメンバーでは最年少の私は命令されてうろ覚えのバー「風紋」に案内した〉

　この一節を書き写し、私は、久し振りで「風紋」に顔を出したくなってきた。

ありがとう、そしてサヨウナラ、ウェッジ文庫

文庫の世界で私的に今年一番の出来事はウェッジ文庫が今年（二〇一〇年）二月末刊の新刊をもって消えてしまったことである（最初は路線変更かと思っていたのだがその後の新刊は出ていない）。

ウェッジ文庫に私がとても驚かされたのは二〇〇七年の暮に岩本素白の『東海道品川宿』と新刊で出会った時だ。

これは本当に素晴らしい文庫本だった。

私はもともと岩本素白が好きで、特に長篇随筆「東海道品川宿」が大好きで、このエッセイを文庫本で読めれば良いな、それを持って旧東海道の品川宿のあたりを歩いてみたい（私はそのあたりを既に四～五回散策している）、と思っていたのだ。

それが例えばちくまや講談社文芸でなく、ウェッジで文庫になったのだから驚きが大きかった（小林清親の表紙絵も素敵だし素白のオリジナル原稿がカラー口絵としてついているのも嬉しい）。

ウェッジというのはＪＲの子会社で、新幹線のグリーン車を利用すると『ウェッジ』（正確には英語表記だったと思う）というビジネス誌が無料でもらえる（キオスクで購入することも出来る）。

ＪＲの子会社ということはビジネス優先のはずだ。

それが何故こんなシブい昔の中公文庫のような（つまり今では売れ行きを期待出来ない）作品をラインナップに加えたのか。

その少し前に同じウェッジ文庫から小池滋の『余はいかにして鉄道愛好者となりしか』が出たけれど、それは、鉄道物であるというゴマかしがきく。

しかし、『東海道品川宿』は……と思っていたら、なるほど、と合点がいった。

東海道、山陽新幹線の品川開通以来、品川駅はエキュートをはじめ、JRの中でも重点的に再開発されている場所だ。つまり要注目のエリアだ。

だから、『東海道品川宿』というタイトルは、これまた、ウェッジの上層部の人にゴマかしがきいたのでは、と私は一人合点した。

それにしてもシブい編集者がいたものだ。

ところが私はウェッジ文庫にさらに驚かされることになる。

先に私は「昔の中公文庫のような」と述べたが、それは『東海道品川宿』一冊だけでなく、そのラインがさらに続いていったのだ。

すなわち、浅見淵『新編 燈火頬杖』、川上澄生『明治少年懐古』、平山蘆江『東京おぼえ帳』、岩佐東一郎『書痴半代記』、内田魯庵『貘の舌』、食満南北『作者部屋から』、馬場孤蝶『明治文壇の人々』（二〇〇九年十月二十日）、平山蘆江『蘆江怪談集』（同じく）、薄田泣菫『独楽園』（二〇〇九年十二月二十一日）、野口冨士男『作家の手』（同じく）などの。

とりあえず十冊並べてみたけれど、それにしても素晴らしいラインナップだ（古本屋の棚にこれらの

元本が並んでいたらうっとりと眺めてしまうが、文庫本で並べても、とても楽しい)。この内の四冊(いや、少なくても二冊)はこの一年の文庫本と言えるから、ここに紹介する資格はある。

それが室生犀星『天馬の脚』(二〇一〇年二月十九日)を最期に消えてしまったのだ。

わずか二年数ヵ月であったが、夢をありがとうウェッジ文庫、と私は言いたい。

その三冊の内、二冊を紹介したい(実は『独楽園』はいまだ通読していない)。

野口冨士男の随筆集『作家の手』は『週刊文春』の「文庫本を狙え!」でも紹介したが、野口氏若き日の演劇時評四篇と最晩年のエッセイ二篇、計六篇の単行本未収録文を収めるマニアックな作りになっている(さすがは武藤康史編)。

五十数年共に過した妻を見とった「臨終記」(『新潮45平成五年六月号)で野口氏はこう書いている。

〈今の世代の人たちとは違って、八十一歳になった私のような世代まで、日本語には愛するという言葉がなかったように思う。愛(め)でるというような読み方のものはあったが、それは愛するという言葉の意味、英語でいうラブとはちょっとニュアンスが違う。妻を愛していますというような表現は、どうも私らの世代としては口に出すことがためらわれる〉

野口冨士男ならではの正確な言葉だ。その正確(しかも文学的正確)を私はずっと愛読してきたのだ。その正確は晩年に至るまで変らない。

いや、さらに凄みを増す。

野口氏が亡くなったのは平成五(一九九三)年十一月二十二日。『新潮45』平成五年十一月号に載った、まさに絶筆と呼ぶべき「残日余語」で野口氏はこう述べている。

〈年老いて病気になることは覚悟していたものの、一応治癒した状態から死を迎えるまでに、これほど間があるとは私の計算に入っていなかった。若いころには、病後から死までの間を短いものとばかり考えていた。予想もしていなかった状態に置かれてみると、繰り返しになることを承知の上でいえば、自分がまだずいぶん若かったころからいかに生命に対する執着心が薄かったかにあらためて気づかされる〉

私はこれまで室生犀星のそれほど熱心な読者ではなかった（軽井沢にある犀星の旧宅は何度か覗いたことがあるが、やはりさほど熱心な読者ではない林芙美子の中井にある旧宅を何度も覗いたのと同じだ）。だからその随筆集を通読したのはこれが初めてだ（ウェッジ文庫に入らなければたぶん私は犀星の随筆とずっと無縁だったろう）。

面白かった。

そうか、犀星はこんなに俗っぽい人だったのか（それは私の好きな俗っぽさだ）。

「詩銭と稿料」という文章で犀星は、「自分は三十歳まで詩銭や原稿料を取ることが出来なかつた」、「父の遺産を僅かづつ取り出して暮してゐた」と述べている。

つまり彼が筆一本で生活出来るようになったのは三十歳を過ぎてからだった（人ごととは思えない）。

〈自分は三十歳後に小説を書いて漸（や）つと生計上の一人前の資格を得たが、同時に小説を書き出してから、その仕事から人間が次第に出来上つてゆくことを感じた。詩に遊ぶこと十五年だつたが小説を書いて二三年の間に、どれだけ自分は人になれたかも知れなかつた〉

彼が原稿生活者となれたのはある人のおかげだった。その人物の名前をタイトルに持つ文章で彼はこう書いている。

〈大正六年の春だつたかに自分は当時「新潮」にゐた水守亀之助君あてに「海の散文詩」といふ十七枚の散文を頼まれないのに送つて「新潮」に載せて貰ふやうに手紙を添へて出したが、一週間ほど後に水守君から原稿を返送して来てどうも長くてこまると云ふ返辞であつた。自分は試作的に散文を書いた折であるから失望も大きかつた〉

水守から返された原稿はそのまま反古にして別の原稿を書きはじめた。それは『抒情詩時代』といふ変な題の小説と散文との中間的な小説だつた」。

それを水守とはまた別の編集者に送った。

水守同様に作家で『文章世界』の編集者だった加能作次郎だ。

そして送ってから一週間経って加能の元を訪れた。

〈恐る恐る先日の原稿はどうでせうとたづねた。あれは仲仲面白いので印刷に廻してある。小説としては疑問はあるが、散文として面白いものだと云つてくれたので、自分は内内興奮をしていい按配だと思うた。当時詩人といふ埒もない美名の下に逆境を嘆いてゐた自分は、加能氏の夢にも想像しないやうな心嬉しさに雀躍したくらゐであつた。さういふことが動機になり元気づいて自分は文章をかき始めたのであつた〉

つまり加能作次郎が作家室生犀星の生みの親だった（この文章は「加能作次郎氏」と題されている）。

加能作次郎の名前は巻末の自伝的エッセイ「自画像」の中で再び登場する。

〈改造社の文学全集は何故か豊島與志雄や加能作次郎や宮地嘉六の諸先輩と同様、その作品の編入を美事に超越した。自分の諸作品の特色や存在は決して全集にある諸君に劣るものではない。寧ろその傾向と特質の相違は或意味に於て逸早く全集に編入し、此存在を記録すべき必然性のあるものであつた〉加能作次郎は「その温籍の文章結構や文章世界編輯当時に於ては、可成りに高い諸作品を公表してゐる」し、「宮地嘉六の如きもその最近の作品にはずば抜けて佳いものがある」と犀星は言う。

なるほど、かなり本（古本）好きの青年でありながら私が三十歳を過ぎるまで加能作次郎や宮地嘉六の名前に見憶えや聞き憶えがなかった理由がわかった（その点で豊島與志雄は円本からはもれたものの――しかし彼が新潮社の円本『レ・ミゼラブル』の翻訳で巨額の印税収入を得たのは皮肉だ――戦後に未来社から全集が刊行されたから作家としてのネームバリューは残った）。

しかし、改造社の現代日本文学全集の選にもれた怒りをここまで率直に筆にする犀星はシブい（しかもこの『天馬の脚』という随筆集は昭和四年に他ならぬ改造社から刊行されたものだ）。

そういう犀星の魅力を私に教えてくれたウェッジ文庫よ、改めて、ありがとう。

この一年に刊行された文庫本百冊で図書室を作ってみる

またまた文庫番の季節がやって来た（「文庫番」という名称がつくようになったのはこの連載が始まって五回目か六回目だったと思う）。

今年で十何回目だろう？

一番最初の時を憶えている。まだ二十世紀だった（だとしたら干支が一廻りした）。

私は『週刊文春』で「文庫本を狙え！」という連載を続けていて（当時まだ二百回に満たなかったその連載はもうすぐ七百回を越える——私の目標は千回でその時に私家版で『文庫千冊』という三巻本の文庫を出すこと）、たぶんその関係もあって、当時の『本の雑誌』の編集長（だったっけそれとも発行人だったっけ）目黒考二さんから電話があって、今度ウチでこういう増刊号出すんだけど、文庫好きで知られる坪内さん、今年の文庫本を振り返って、総合的なベスト1とかベスト10のようなもの書いてもらえませんか、と言われた。

もちろん私はその依頼を引き受けた。

引き受けたものの、しばらく私は考えた。

ありきたりなものにはしたくない。

何かアングル（この言葉がわからない人はプロレス好きの友人に聞いてみてね）が必要だ。

そして私はトーナメント戦を考えた。

合併号やミステリー特集などがあるから、『週刊文春』で一年間に私が紹介した文庫本の総数は四十数冊。この数字はだいたい春の甲子園大会の出場校と同じぐらいだと思う。

だからその四十数冊でトーナメント戦を行ない、一回戦、二回戦、……準決勝、決勝と進み、年間ベスト1を決めるのだ。

しかも組み合わせは遊びでなく真剣にやった。「文庫本を狙え！」で取りあげた全文庫にノンブルを振り、そのノンブルを書いた紙切れを袋に入れ、二枚づつ引いて一回戦の組み合わせを決めた。

これはけっこう手間がかかった。組み合わせを全部決めるまで一時間以上かけた。

このアイデアは自分ながら面白く、しかも私は凝り性だから、与えられた四百字十枚では収まりきらず、しかし強引にフィニッシュし、ＦＡＸで送った。

するとその数分後に電話のベルが鳴り、出たら、目黒さんが、ツボちゃんこれもの凄く面白いからあと五枚プラスできれいにフィニッシュして、と言った。

そうして出来上ったのが第一回の原稿だ。つまり、書き手と編集者の見事なコラボだ。

しかしその技は一回しか使えない。

だからその後は手を変え品を変え、どうにか原稿用紙をうめてきたわけだが、もうくたびれてしまった。

そこで私は考えた。

今回はオーソドックスで行こう、と。

では、そのオーソドックスとは？

それを今から披露する。

この一年、つまり二〇一〇年十一月から二〇一一年十月までに刊行された文庫新刊の中から百冊を選び（それはベスト百とかそういったものではなく、あくまで私の選んだ百冊だ――だから文庫本の主流である時代小説やミステリーや現代小説は殆ど入らないだろう）、それを一つの図書室に見立てて、棚を作ってみるのだ。

それでは百冊のラインナップを刊行順に並べてみよう。

ここで一つ注釈を入れさせてもらえば、予想通り岩波文庫と講談社文芸文庫とちくま文庫とちくま学芸文庫に集中してしまったので、岩波文庫は「岩」、講談社文芸文庫は「文芸」、ちくま文庫は「ちく」、ちくま学芸文庫は「ちく学」と略記させていただく。

二〇一〇年十一月。ここでいきなり迷ってしまった。岩波文庫のゴンチャロフ『断崖』と『哲学の根本問題・数理の歴史主義展開・田辺元哲学選』それぞれ第二巻、第三巻と、連続刊行物の途中巻だ。だから『断崖』ははずすけれど、田辺元哲学選は独立した著書として読めるから入れる（以下これを原則とする）。

ではもう一度二〇一〇年十一月。田辺元『哲学の根本問題・数理の歴史主義展開』（岩）、ジョン・ロック『完訳統治二論』(岩)、プルースト『失われた時を求めて』(岩)、上林暁『聖ヨハネ病院にて・大懺悔』(文芸)、ウィトゲンシュタイン『青色本』(ちく学)、『深沢七郎コレクション　流』(ちく)。

二〇一〇年十二月。ホッケ『迷宮としての世界』上(岩)、田辺元『死の哲学』(岩)、ジャン・ジュネ『女中たち　バルコン』(岩)、小沼丹『銀色の鈴』(文芸)、ベンヤミン『思考のスペクトル』(ちく学)、アラン『プラトンに関する十一章』(ちく学)、『柳宗悦コレクション』1(ちく学)、『深沢七郎コレクション　転』(ちく)。

二〇一一年一月。ホッケ『迷宮としての世界』下(岩)、柳田國男『野草雑記・野鳥雑記』(岩)、オクタビオ・パス『弓と竪琴』(岩)、色川武大『小さな部屋・明日泣く』(文芸)、藤枝静男『藤枝静男随筆集』(文芸)、ホブズボウム『匪賊の社会史』(ちく学)、アルチュセール『哲学について』(ちく学)、ドナルド・キーン『日本文学史　近世篇』1(中公)、澁澤龍彦『西欧文芸批評集成』(河出)、ベンヤミン『ベンヤミン・アンソロジー』(河出)。

二〇一一年二月。横井也有『鶉衣』上(岩)、庄野潤三『野鴨』(文芸)、永井龍男『へっぽこ先生その他』(文芸)、『岡本太郎の宇宙』1(ちく学)、『柳宗悦コレクション』2(ちく学)、『ドナルド・キーン自伝』(中公)、久生十蘭『十蘭万華鏡』(河出)。

二〇一一年三月。柳田國男『孤猿随筆』（岩）、木山捷平『大陸の細道』（文芸）、『岡本太郎の宇宙』3（ちく学）、ロラン・バルト『中国旅行ノート』（ちく学）、『中井久夫コレクション』1（ちく学）、常盤新平『銀座旅日記』（ちく）。

二〇一一年四月。T・S・エリオット『四つの四重奏』（岩）、カルヴィーノ『アメリカ講義』（岩）、『柄谷行人中上健次全対話』（文芸）、フレーザー『図説金枝篇』上（講談社学術）、バタイユ『呪われた部分』1（ちく学）、『岡本太郎の宇宙』2（ちく学）、『柳宗悦コレクション』3（ちく学）、大村彦次郎『文壇挽歌物語』（ちく）、吉田健一『書架記』（中公）、佐藤泰志『そこのみにて光輝く』（河出）、佐藤泰志『移動動物園』（小学館）。

二〇一一年五月。ボルヘス『七つの夜』（岩）、プルースト『失われた時を求めて』2（岩）、深沢七郎『笛吹川』（文芸）、フレーザー『図説金枝篇』下（講談社学術）、新島繁『蕎麦の事典』（講談社学術）、『想い出の作家たち』（文春）、『フーコー』（ちく学）、『岡本太郎の宇宙』4（ちく学）、ドナルド・キーン『日本文学史　近世篇』3（中公）、佐藤泰志『きみの鳥はうたえる』（河出）、佐藤泰志『黄金の服』（小学館）。

二〇一一年六月。横井也有『鶉衣』下（岩）、ボルヘス『詩という仕事について』（岩）、『富士川英郎随筆選』（文芸）、『岡本太郎の宇宙』5（ちく学）、『中井久夫コレクション』2（ちく学）、『渡辺京二コレクション』1（ちく学）、佐藤泰志『大きなハードルと小さなハードル』（河出）、藤澤清造『根津権現裏』（新潮）、レイモンド・チャンドラー『さよなら、愛しい人』（ハヤカワ）。

二〇一一年七月。ミル『大学教育について』（岩）、『小林秀雄全文芸時評集』上（文芸）、吉田健一『交遊録』（文芸）、バタイユ『呪われた部分』2（ちく学）、メルロ＝ポンティ『知覚の哲学』（ちく学）、ドン・デリーロ『ボディ・アーティスト』（ちく）、ドナルド・キーン『日本文学史　近代・現代篇』1（中公）、『ラテンアメリカ五人集』（集英社）。

二〇一一年八月。チョムスキー『生成文法の企て』（岩現）、ルフェーブル『パリ・コミューン』上（岩）、ヘンリー・ジェイムズ『ワシントン・スクエア』（岩）、『小林秀雄全文芸時評集』下（文芸）、『第三の新人名作選』（文芸）、和田芳恵『順番が来るまで』（文芸）、『俳句歳時記』春（角川）、同夏、同秋、渡辺温『アンドロギュノスの裔』（創元）、ロック『市民政府論』（光文社）。

二〇一一年九月。『孫文革命文集』（岩）、佐多稲子『私の東京地図』（文芸）、『寺山修司全歌集』（講談社学術）、ナボコフ『カメラ・オブスクーラ』（光文社）、ヴィアン『うたかたの日々』（光文社）、『中井久夫コレクション』3（ちく学）、ルフェーブル『都市への権利』（ちく学）、ドナルド・キーン『日本文学史　近代・現代篇』2（中公）、久生十蘭『パノラマニア十蘭』（河出）。

二〇一一年十月。『碧梧桐俳句集』（岩）、バルガス＝リョサ『密林の語り部』（岩）、ルフェーブル『パリ・コミューン』下（岩）、高見順『如何なる星の下に』（文芸）。

さて、百冊が決まった所で、棚を作ってみよう。つまり本を並べてみよう。と思っていたら、もはや紙数が尽きてしまった。

残念。

しかしこの一畳敷のスペースの図書室にこもって、週に二冊ずつのペースでこの百冊を熟読すれば、きっとあなたはかなりのレベルの読書家になるだろう。

だからまだまだ日本の新刊文庫本文化の層は深いのだ。

奥野信太郎、岡本喜八、岸田國士、そしてヴァルター・ベンヤミン

また年刊文庫番の季節がやって来た。

今年はあまり技を使わずに思いついたことを書いて行く。

私は『週刊文春』で「文庫本を狙え!」という連載を持っているが、そこで取り上げることの出来なかった本を何冊か紹介して行きたい。

まずは奥野信太郎の『荷風文学みちしるべ』(岩波現代文庫)。

これは文庫オリジナルだし、ローテーション的にそろそろ岩波現代文庫の新刊を取り上げようと思っていたのだが、この月(二〇一一年十二月)の岩波現代文庫の新刊は強力だった。

他にも中島岳志編『橋川文三セレクション』や四方田犬彦の『李香蘭と原節子』があり、結局私はジョン・バイロン/ロバート・パック著・田畑暁生訳『龍のかぎ爪　康生』全二巻というすさまじく迫力ある伝記を選んだ。

しかし『荷風文学みちしるべ』は面白かった。

中国文学を専門とする慶応義塾大学教授の奥野信太郎は文人学者として知られていた(あの草森紳一のお師匠さんでもあった)。

彼が慶応大学の文科を目指したのはそこで永井荷風が教鞭をとっていると思っていたからだ。「永井壮吉教授」で奥野信太郎はこう書いている。

> 自分の迂闊さ加減をさらけだすことになるけれど、そもそも三田の文科をめざしたというのは、永井教授がずっとひき続いて教壇に立っていると思いこんでいたからであった。
> それがなんと大正九年のことである。永井教授は大正五年に三田を去っているのであるから、すでに四年もたっているということをてんで気がつかなかったということは、われながらあきれた次第である。

慶応の教授だったからこそ知り得た資料による永井壮吉の慶応教授時代の活動（例えば「演劇に関する功績」）の紹介も興味深いが、読み進めて行くとオヤッと思える点も出てくる。

そしてその「オヤッ」に『週刊文春』のコラムで触れたらコラムとしてのバランスをくずしてしまう。それが連載でこの本を扱わなかった大きな理由でもある。

その「オヤッ」について書きたい。

「荷風追憶」で奥野信太郎はこう書いている。

> ある日の夕刻ちかく、銀座尾張町の電車通りにあった烏竜（ウーロン）ティーでお茶をのんでいると、そこに偶然荷風先生がはいってこられた。

烏竜ティーは昼間は今日いうところの純喫茶であるが、夕刻からはカフェーに早変りする店であった。

ぼくが坐っていた時刻は、ちょうどその変りめくらいの時間であったから、女たちがそろそろ出勤してきて、もう勢ぞろいをすませたころであった。

すると荷風は大きな紙袋をカフェーのテーブルにおき、「さあ、木村屋のパンを買ってきたからみんなおあがり」と言って、白い小さなエプロンをかけた女たちにそれをプレゼントした。

先生は葡萄酒を、たった一杯だけ注文されただけであったが、女たちはパンの御馳走になりながら、あれで結構長い間荷風先生の卓で笑い興じていた。

ぼくはそれを眺めながら、なるほど先生は達人だと思った。

巻末に収録されている大岡昇平との対談「永井荷風の人と作品」では同じエピソードが別な風に語られる（その対談の担当者でもあった近藤信行の解説「奥野信太郎さんのこと」によればこの対談の三カ月後、昭和四十三年一月十五日、奥野信太郎は急逝する）。

大岡昇平に向って奥野は言う。

「大正十四年の秋でしたか、丸善で先生にお目にかかったのです。それは四時過ぎだったと思いますね。いろいろな話をしていて、きみ、カフェというところ知っているか、と言われるんです。実は知っていたんですが、大先生の前で、ええ知っていますと言えなくて、いいえ、存じませんと言ったら、じゃあ、連れていってやろう。もう一時間もすればいいだろうから、と言われて、尾張町までブラブラ歩いていったわけです。あそこに烏竜茶(ウーロンティ)というのがありましたね、昼間喫茶店で、夕方からカフエになる」。

大岡昇平が、「そこまで、私、知りませんでした」と言うと、奥野はこう言葉を続ける。

「私もはじめてなんです。喫茶店のことは知っていたんですけれども、夜のほうは知らなかった。あそこへ行こう。その前にちょっと買物があると言われて、木村屋へ寄りまして、先生はアンパンを五十銭買うのです。一つ一銭でしょう。だから五十個あるんです（笑）。カフエに行くのに、なんでアンパン買うのかと思って、不思議がっていたんですけれども、ついて行きました」。

そこから先の話は「荷風追憶」とほぼ同じだ。ほぼ、と書いたのは、その店で荷風が注文したのは葡萄酒ではなくて紅茶だったからだ。「一杯十銭の紅茶だけで、一時間以上ねばりましたよ。ちょいと、ぼくは恥ずかしかったんですよ」。

これが私が「オヤッ」と思った箇所だが、私は奥野を批判したいわけではない。

さすがである。と誉めたいのだ。

文人学者奥野信太郎は随筆の名人だった。

そして普通、随筆はノンフィクションだと思われがちだが、実はフィクションでもあるのだ。

そのフィクションでもある随筆の、奥野信太郎は、名手だった。

ところで岩波現代文庫は秋庭太郎の『考証 永井荷風』や川本三郎『荷風と東京』をはじめとして荷風物が充実しているが、『荷風文学みちしるべ』同様に文庫オリジナルの形で今年（二〇一二年）七月、加藤郁乎の『俳人荷風』が刊行され（これは加藤氏の遺著でもある）、こちらの方は『週刊文春』で紹介することが出来た。

紹介出来なくて残念、と思った一冊に岡本喜八の対談集『しどろもどろ』（ちくま文庫）がある。

ちょうどこの本に目を通した直後、ザムザ阿佐谷で開かれた「マキノ雅広特集」（ドキュメント&トークショー）を見に行き、一九九一年夏の湯布院映画祭「マキノ雅広特集」のドキュメンタリーを見て感銘を受けたのでその映画祭参加者である岡本喜八と澤井信一郎の対談が収録されているこの本（文庫オリジナル）をそれにからめて紹介したかったのだ。

しかし私は既に去年の暮にやはりちくま文庫から文庫オリジナルで刊行された岡本喜八のエッセイ集『マジメとフマジメの間』を取り上げていたのだ。

シリーズ物を紹介するタイミングも難しい。

ハヤカワ演劇文庫の『岸田國士』全三巻の刊行が始まったのは二〇一一年九月であるが、岸田の代表作と言える「チロルの秋」や「牛山ホテル」が収められているのは二〇一一年末刊の第二巻だった。

しかしその時期、年末は合併号やミステリー特集などあって、私の連載コラム、通常よりも二回か三回分減る。だから紹介することが出来なかった。

全三巻が完結したのは二〇一二年三月だが（この第三巻で私は岸田の失敗作と言われている「風俗時評」を初めて読んだ――私には面白かった）、岸田國士の戯曲が三巻もの文庫本で読めるのは演劇史的いや文学史的事件だと思う（なのに新聞の書評や文化面でそれに関する記事を殆ど目にしなかったのは不思議だ――やはり新聞の文化面の記者のレベルはかなり落ちているのだろう）。

しかし事件といえばちくま学芸文庫の『ベンヤミン・コレクション6　断片の力』の刊行にとどめをさす。

このシリーズの第四巻『批評の瞬間』が刊行された時（二〇〇七年三月）、『週刊文春』の連載で私はこう書いた。

全三巻で完結したと思っていたちくま学芸文庫の「ベンヤミン・コレクション」の新刊（第四巻）が出た。嬉しい驚きだ。

何故それほど驚いたのだろう。

第三巻『記憶への旅』の奥附けを見ると、「一九九七年三月十日　第一刷発行」とある。つまりちょうど十年前の同じ日附けだ。

ベンヤミンのこのシリーズ、第一巻『近代の意味』が刊行されたのは一九九五年六月（その時はまだ私の『週刊文春』の連載は始まっていない）。そして第二巻『エッセイの思想』が刊行されたのは一九九六年四月（この時もまだ私の連載は始まっていない）。

そして、第三巻の一九九七年三月と至るわけだから一年毎のペースで三冊刊行された。

それで完結したと私は思っていた。

ところが十年後に、その次があったのだ。だから驚いた。

しかしさらに二〇一〇年十二月、第五巻『思考のスペクトル』が刊行された。

いよいよこれでフィニッシュだろうと思っていたら、まだその先があったのだ。それが二〇一二年九月に刊行された『断片の力』だ。

しかも、訳者代表である浅井健二郎の「解説」を目にすると、さらにその先があるというのだ。二十年がかりの仕事になるのか。

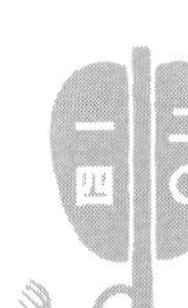

私はいつ『存在の大いなる連鎖』を通読出来るのだろう

今年（二〇一三年）は文庫本というパッケージの中で特筆すべきシリーズ物が三種あった。

まず第一に角川ソフィア文庫の柳田國男。

そもそも角川書店は柳田國男の文庫をもっとも数多く揃えていた版元だが、その大半が品切だった。それを没後五十年に当たる去年（二〇一二年）、著作権が切れたのに合わせて次々と新装版を刊行し始めた。

一見セコいとも思われる行動だが、この「新装版」が素晴らしいのだ。

まず装丁が美しい。江戸千代紙で知られる「いせ辰」の店内にいるみたいだ（しかも同じテイストを持ちながらそれぞれ微妙に異なる）。既に持っている物でもこの装丁のために買い直したくなる。そして机の上で並べたくなる。

八月刊の『桃太郎の誕生』と『昔話と文学』で全十八冊が完結し、私が持っているのはその内六冊（つまり三分の一）だが、その六冊を並べてみるだけでも壮観だ。

それから解説も書き改められている。例えば『海上の道』は中沢新一、『山の人生』は山折哲雄、『火の昔』は池内紀、『小さき者の声』は鶴見太郎といった具合に。

さらに新たに加えられた注釈も充実している。

『海上の道』に収められた「稲の産屋」にこういう一節がある（「トッワラ」とは藁帽子のこと——引用者注）。

楢木範行君の『日向馬関田の伝承』に説くところによれば、ここのトッワラは作り方がむつかしく、誰にでも出来るというわけにはいかぬので、それを翌年の用にしまっておく家が多いということである。ところがこれとよく似た話を、偶然に私は遠く福島県会津の農村についても聴いている。山口弥一郎君の談であるが……

この「楢木範行君」と「山口弥一郎君」に早稲田大学の大学院生酒井貴広による注釈がついている。「楢木範行君」の最後の一行。「楢木は柳田から、今後の地方民俗学を担う若手のホープとして期待されたが、一九三八年四月一日、脳溢血によって満三十三歳で夭逝し、残された柳田を悲嘆に暮れさせた」。

それから「山口弥一郎君」の全文。

福島県大沼郡新鶴村出身の地理学者・民俗学者（一九〇二—二〇〇〇）。民俗学において柳田に師事したため、二人の間には深い関係がある。故郷東北の研究に生涯を捧げた。主著として、三陸海岸における津波後の集団移転や現地復興に注目した『津浪と村』がある。三陸海岸が津波常習地帯であることを重視し、東日本大震災の発生以前から、三陸地方における集団移住の必要性を説いていた。

装丁の美しさ（しかも千代紙風の色合い）では岩波文庫の「近代欧米訳詩集」シリーズも負けてはいない。

「近代欧米訳詩集」シリーズとはもちろん私が勝手につけたシリーズ名だが、最初私はそれがシリーズ物だとは気づかなかった。

最初、というのは五月刊の堀口大學訳『月下の一群』を目にした時だ。

単に、他の岩波文庫の装丁とは違うな、と思っただけだ。

ところがそのあと、六月に吉田健一訳『葡萄酒の色』、八月に中原中也訳『ランボオ詩集』に出会い、これがシリーズ物であることを知った（そして先日、十月の新刊は西條八十の訳詩集『白孔雀』だ）。

このシリーズがこの先どれぐらい続くのかわからないけれど、近代日本文学の重要な流れの一つに訳詩集（による欧米文学の咀嚼）があることを痛感した。この流れを無視してはいけない（この流れはエリオットやオーデンを受容した「荒地派」の詩人たちまで続くわけだがどこで断ち切られてしまったのだろうか）。ところで不思議なのは『葡萄酒の色』が緑帯（日本文学）ではなく青帯（日本思想）であることだ（吉田健一の帯の色に合わせたのだろうか）。

シリーズ物で今年一番迫力があったのは創元推理文庫の『大坪砂男全集』だ。

一月末に第一巻の『立春大吉』が出た時にはすぐに『週刊文春』の連載「文庫本を狙え！」で紹介したが、今年中に（と言うか僅か半年で）全四巻が完結したのには驚いた。さすがは創元推理文庫と思った。

第四巻『零人』には幻想小説とコント、そしてSF（ロボット物が三本あってその内の一つは「プロ・レス・ロボット」という魅力的なタイトルを持つ）が収録されているが私はコントを堪能した。

特に「ビヤホール風景」。

僅か六頁で二つのエピソードが描かれているが、その二つが合わせ鏡のようになっている。

まず最初の「I　静かな紳士」の書き出し。

彼は視線のやりばをなくしてホールのなかを見渡した。そして窓ぎわの孤独な紳士に気がついた。麻子の話はもう終っていた。それに対して彼はなんと答えたら良いのだろう？　言葉がみつからない。その適当な言葉をさがそうとする努力が、失意の彼の胸中で空転するばかりだった。

窓ぎわの静かな紳士は卓上にビールのグラスを置いたまま、そとの濡れた鋪道を眺めている。ひとしきり秋雨の降りすぎて行った土曜日の午後。

続いて「II　讃えよ青春」の書き出し。

窓ガラスを透かして、秋雨に濡れた鋪道がくろずんでいる。彼はビールのグラスを卓上に置いたまま、まだ手をつける気にはなれなかった。

彼の目は見るともなく、窓ガラスの上に二重写しになったホールの人影を眺めていた。彼から三メートルの距離に、若い男女のすがたが映っているのだった。

その青年にはめずらしく粗暴なところがなく、女の身だしなみも不必要なアクセサリーは使ってない。まずは現代の才子佳人と言えるのだろう。しかし、いまの彼の心境では、このアベックを祝福してやる気にはなれなかった。


『立春大吉』だけでなく柳田國男の『先祖の話』（角川ソフィア文庫）、中原中也訳『ランボオ詩集』（岩波文庫）を「文庫本を狙え！」で紹介した。つまりこの三種のシリーズをそれぞれ『週刊文春』に登場させた。

だからその連載で取り扱わなかった一冊を最後に紹介したい。

週刊誌の連載で紹介するには専門的でありすぎることも理由の一つだったが、何より私はその本を積ん読したままでいたからだ。

それは五月に刊行されたちくま学芸文庫のアーサー・O・ラヴジョイ著（内藤健二訳）『存在の大いなる連鎖』だ。

一九七五年に晶文社から刊行されたこの本の存在を知ったのは今から三十年前、英文科の大学院に入学し、由良君美や高山宏の本を読みあさった頃だ。

ちょうど今年（二〇一三年一月）ちくま文庫に入った『みみずく古本市』で由良君美はラヴジョイの大著『二元論への反抗』（一九三〇年）を紹介したあと、続けて、こう述べていた。「しかしこれでは、ラヴジョイという巨人のまだ一角が現れたにすぎなかった。一九三二年から翌年にかけて彼が行なったウィリアム・ジェームズ記念講演が三六年に『存在の大いなる連鎖』となって公刊されたとき、観念史家としての彼が初めて姿を現したといえる」。

この一節に目を通して、私は、そうだ改めて『存在の大いなる連鎖』を読まなければ、と思った。いつか、いつか、とつぶやいている内に、三十年の歳月が経ってしまった。その種の「現代の古典」と言える作品で、そのようにして未読の物は数多い。

いつか、いつか、と思っている内に、晶文社版の『存在の大いなる連鎖』、私の書棚から消えた（デリダやドゥルーズをはじめとする現代思想系の翻訳書を大量に処分したことがあるからその時だろうか――しかし晶文社のその手の本はケネス・バークやフレデリック・ジェイムソンをはじめとして処分していないのに）。

そういうタイミングだったから、ちくま学芸文庫の『存在の大いなる連鎖』、刊行と同時に購入した。

そしてまっ先に高山宏による解説を読んだ。「脱領域の知性」というのがキーコンセプトだという。

脱領域、エクストラテリトリアルというのはジョージ・スタイナーの造語で、それに「脱領域」という訳語を与えたのが由良君美だった。

脱領域すなわち学際ということを三十年前の私は信じていた。自分もそのような人間になりたいと思った。

だから『存在の大いなる連鎖』は私の青春の一冊でもあるのだ。この本を通読出来るのはいつの日のことだろう。

今年私は徳田秋聲記念館文庫に出会えた

『週刊文春』で「文庫本を狙え！」という連載を始めてからもう二十年近い。

だからどこの出版社や文化事業館（団体）からどのような文庫本が出ている（いた）かは、自費出版的なものを除いて、殆ど把握している。

世に文庫好きは多いが、こと新刊文庫については私以上に詳しい人間はいないはずだ（文庫オリジナルのゴルフ本もチェックしている）。

つまり私の知らない文庫シリーズはないはずだった。

今年（二〇一四年）の夏まで。

記憶の良い人なら、『本の雑誌』の連載「坪内祐三の読書日記」十一月号中の八月三日の一節を憶えているだろう。

その日私は神田の古書会館で「新宿展」を覗いていた。そして……。

徳田秋聲記念館文庫の『車掌夫婦の死・戦時風景』（平成二十二年）を見つけ驚く。

わけである。何しろノーマークだったのだから。しかもなかなか洒落た装丁の文庫らしい文庫だったから。

ここで余談を一つ言わせてもらえば、「文庫本を狙え！」の単行本第一弾は晶文社から刊行されたが、当時その編集を担当してくれた今は亡き中川六平さんに、ツボウチ何かリクエストあると言われて、せっかくだから文庫本サイズで出そうか、と答え、中川さんも、それ面白いねと賛成してくれたのだが、翌週中川さんに会ったら、ウチみたいに文庫本シリーズのない出版社が文庫本出したら文庫サイズの紙だとかその他で経費がものすごくかかってしまい、定価が三千五百円ぐらいになってしまうの、ということで断念したのだが、平成二十二年に出たこの『車掌夫婦の死・戦時風景』、定価は八百円だ。

ところで私の日記はこう続いていた。

> この作品集を含めて、徳田秋聲記念館文庫、既刊は四冊となっているが、現在まで何冊刊行されたのだろう。それに、東京では買えるのかな？

四冊というのは『爛（ただれ）』と『風呂桶・和解・チビの魂』『足迹（あしあと）』、そして『車掌夫婦の死・戦時風景』の四冊だ。

奥附に記念館の電話番号が載っていた。

早速電話してみたのだが、その日はこの文庫シリーズの担当者はお休みだった。

それからひと月以上経った。

『本の雑誌』の編集部からこの「年刊文庫番」の原稿依頼があった。

今年はどういう切り口で、と頭を悩ましていることは毎年書いているけれど、よし、今年はこれで行こう。

たぶん今年になってもこの文庫シリーズの最新巻が出ているはずだから。

また記念館に電話し、刊行リストをＦＡＸしてもらい、必要な本に印をつけ、代金と送料を現金書留に入れ、送った（『爛』はもう品切れだった）。

そして送られて来たのが『風呂桶・和解・チビの魂』、『足迹』、『縮圖』、『仮装人物』、『秋聲少年少女小説集』、『黴』の六冊だった。

『黴』の刊行は平成二十六年すなわち今年だ（どうやら一年に一冊の刊行ペースらしい――となると平成二十七年は何が出るのかな?）。

私はもう三十年以上前から徳田秋声のことが気になって気になって仕方ないのだが（そして実際幾つかの作品を読んだのだが）、いまだそのポイントがつかみきれていなかった。

三十年以上、と述べたが、三十七年前のことだ。

つまり私の浪人生時代のことだが、その頃、よく日曜日に私たちは経堂にパチンコを打ちに出かけた。

私たち、というのは、父と私と弟二人のことだ（時には私や弟たちの友人も含む大集団になることもあった――父は玉を購入してくれるだけではなくパチンコ名人だったから皆のパチンコ台を見て歩き、減っている台は自らの玉を追加してくれた）。

父と私の二人だけで出かけることもあった。

そういう時はもっぱら本（主に文学）の話をした。

その中で私の頭に一番強く残ったのは、日本の近代文学作家の中で一番凄いのは徳田秋声だ、と父が言ったことだ。

浪人時代の私は主に岩波文庫で近代日本文学を読みまくったが、それは漱石と鷗外、露伴、鏡花、荷風といった所で、秋声とはまったく無縁だった。

それだけに父の言葉が印象に残ったのだ。

一九七八年、大学に入った私は現代日本文学も読むようになった。

それは村上春樹のデビュー直前で、当時の若手作家のナンバー1は中上健次だと言われていた。

私は中上健次の小説にはなじめなかったけれどエッセイは愛読していた。

特に好きだったのは『週刊プレイボーイ』の連載「ＲＵＳＨ」だった。

その「ＲＵＳＨ」で私は野口冨士男の短篇小説「なぎの葉考」を知り、続けて同氏の「散るを別れと」や「かくてありけり」を読み、すっかり野口冨士男にはまった。

同時期にはまった作家に川崎長太郎がいて、その二人に影響を与えたのが徳田秋声で、二人が若き日、秋声をかこむ親睦団体「あらくれ会」のメンバー（野口氏は最年少のメンバー）だったことも知った。

やはり秋声を読まなければ、と思い、『あらくれ』だったか『黴』だったか『爛』だったか明治期すなわち自然主義の秋声の代表作を読んだがピンと来なかった（だいたい二十歳そこそこでそれらの秋声の作品にピンと来ていたら変だ）。

それから三十年以上経って冷静に振り返ると、私は、私小説は大好きだが自然主義の小説は嫌いなのだ。

田山花袋も嫌いだし、藤村も嫌い（大嫌いと言って良いかもしれない）、正宗白鳥だって評論や随筆は素晴らしいと思うけれど、その小説はあまり好きではない。

だから自然主義の徳田秋声の小説にピンと来なかったのも当然かも知れない。野口冨士男や川崎長太郎の小説が大好きだったというのに……。

先に私は、徳田秋声の「ポイントがつかみきれていなかった」と述べた。

ところが『車掌夫婦の死・戦時風景』によってそのポイントがつかめたのだ。

文庫本になっている秋声の短篇集に岩波文庫の『新世帯／足袋の底』（四篇収められている）と『或(ある)売笑婦の話／蒼白(あおじろ)い月』（九篇収められている）がある。

それぞれ明治期の短篇と大正期の短篇、ということは昭和期の短篇は収められていないのだ。

徳田秋声は明治四（一八七一）年に生まれて昭和十八（一九四三）年に亡くなったから昭和に入った時、五十五歳だった。

その年、大正十五・昭和元（一九二六）年、妻を失ない、山田順子を知り、いわゆる「順子もの」と呼ばれる一連の作品群が発表されて行くが、それは文壇で嘲笑を買った。

昭和四年から七年にかけてはまったくのスランプで（昭和三年十一月に『徳田秋聲集』が改造社の現代日本文学全集いわゆる円本に入り賢明な秋声はその印税でアパートを経営する）、昭和八年三月、雑誌『経済往来』に「町の踊り場」を発表し復活し、最晩年の見事な作家活動が生まれるのだ。

昭和八年は野口冨士男が「あらくれ会」に入会した年でもある。

そして野口冨士男と川崎長太郎に共通しているのは徳田秋声同様、六十歳過ぎて作家として復活して行くことだ。

『車掌夫婦の死・戦時風景』には「白い足袋の思出」（初出は『経済往来』昭和八年七月号）、「一つの好み」（初出は『中央公論』昭和九年四月号）、「戦時風景」（初出は『改造』昭和十二年九月号）と昭和期に入って発表された作品が三篇も収録されている。

どれも素晴らしいが特に素晴らしいのは「一つの好み」だ（川崎長太郎や野口冨士男は明らかにこの作品の影響を受けている）。

主人公の庸三は生活面でも仕事の上でも「難場」にいる（「生活の切岸（きりぎし）に追い窮（つ）められていたし、芸術の方面でも影が薄くなっていた」）。しかし彼は「頑張るより外に手がなかった」。「彼自身のぼろぼろになった自然主義から建て直さなければならなかった」。

白山の芸者・小林政子（芸名・富弥）とのアフェアーを描いたこれらの作品によって彼はその「建て直し」に成功する。いや、明治末の自然主義を越えた、もっとナチュラルな、本当の自然主義文学を生み出して行くのだ（その延長線上で生まれた長篇が『縮圖』で私はワクワクしながらその冒頭部をもう何十回も読み返しているのだが未完に終ったことを思っていまだ通読していない——これは通読しなければ）。

先にも述べたように、『車掌夫婦の死・戦時風景』に収められたこの「一つの好み」と「戦時風景」によって私は徳田秋声が「つかめ」た。

だから今年この文庫本に出会えたことはもの凄く嬉しい。

岩波文庫の「86年ぶりの新版」『万葉集』全五巻が完結した

大手新聞の書評欄や文化紹介記事の劣化（特に記者が書くやつ）が激しいな、と感じているのだが、それに追い打ちをかける事態が起きた。

今年（二〇一五年）、文庫本の世界でとても大きな出来事があった。

つまり岩波文庫の『万葉集』全五巻が完結したのだ。

「86年ぶりの新版」という謳い文句でその第一巻が刊行されたのは二〇一三年一月。

最初の内は順調で、第二巻は同年七月、第三巻は二〇一四年一月刊。

そして第四巻が同年八月。オヤッ、ひと月遅れか、すると全巻完結するのは二〇一五年の三月？

その予想通り今年三月、完結したのだ。

それからもう半年以上経つのにこの快挙にふれた記事は見当らない（何故オマエさん自身が『週刊文春』の連載で取り上げなかったのだ、と突っ込まれたら、同じ月の岩波文庫の新刊『明治詩話』（木下彪著）を紹介したからだとお答えする――同じ月と言えばやはり岩波文庫でアンドレ・バザンの『映画とは何か』の下巻が出て完結したがこれも紹介しそこねた――岩波文庫さんもう少しバラして出して下さいとお願いしても私のために岩波文庫がまわっているわけではない）。

何が快挙かと言えば、この岩波文庫の新しい『万葉集』はとても使い勝手が良いのだ。

それまで出ていた佐佐木信綱編『万葉集』全二巻は味も素っ気もなかった。

「新訂新訓」とあるように佐佐木信綱が「厳密な学問的な手続きによってこの難解な原典をだれにでも親しめる読みやすい表記に改めた」わけだが、少なくとも「私」は「親しめ」なかった（昭和二年に刊行されたものがまだ生きていたこと自体異常だ）。

「私」というのは大学に入学した頃の私である。

私の曾祖父である歌人の井上通泰は万葉集の専門家でもあった。昭和三年から四年にかけて『万葉集新考』という全八冊の著作を発表した。つまり岩波文庫の『万葉集』と相い前後する頃だが、実は大正時代に原稿は完成していたのだが関東大震災ですべて焼けてしまい、いちからやり直したのだという。

その曾祖父の血が私にも流れているはずだと思い（彼に可愛がられて育った私の母は私と曾祖父は似ているとよく口にした）、岩波文庫の『万葉集』を手に取ったのだが、ハネ返された。

だから私の『万葉集』に関する知識は断片的だ（というよりも微微たるものだ）。

しかし気にはなっていた。

日本の古典と言われる文学作品は数多くあるが、そのツートップが万葉集と源氏物語だ。

その内、源氏物語はここ十年以上ブームが続いていて、そういうブームが嫌いな私は手を出さないでいる（折口信夫が言うように本居宣長を理解するためには源氏物語を知る必要があると知っていながら）。

となると万葉集だ。

そのよい機会を岩波文庫が与えてくれた。

もっとも一巻から四巻までは例によって積ん読状態で、この原稿を執筆するため、今年出た第五巻を手にした。

素晴しい。

五百頁の内、本文は三百頁ほどで、残りは用語解説、文献解説、地図、年表そして校注者の山崎福之による解説（「万葉集の歌を学ぶ人々」）などだ。

有り難いのは初句索引（八十頁ある）と人名索引だ。

この二つの索引のためだけでも買う価値は十二分にある（繰り返すが新聞は何故記事にしないのだろうか）。

この第五巻には万葉集の「巻第十八」から「巻第二十」までが収められているのだが通読していて気がついた。

というより本当に私は万葉集について無知だった。

明治に入って万葉集（いわゆる万葉調）を復活させた人物は正岡子規だ。

その子規が中心となっていた同人誌が『ほととぎす』（『ホトトギス』）だ。

万葉集にはそのほととぎすを詠んだ歌がたくさんあるのだ。

初句索引でほととぎすで始まる作品を数えたら四十二あった（その内の十六つまり三分の一以上がこの第五巻に収録されている）。

これはあくまで「初句」だから、ほととぎすが詠まれている作品の総数はもっと多いわけだ。

実際何度も登場する。

最初はまず四作目（全体の作品ナンバーでは四千三十五番）。

「ほととぎす厭ふ時なしあやめ草かづらにせむ日こゆ鳴き渡れ」。

その「現代語訳」はこうだ。

「ホトトギスは、いつ聞いても嫌な時などない。しかし、菖蒲をかずらにする日にはきっとここを通って鳴いて行ってくれ」。

「菖蒲をかずらにする日」とは「五月五日の節句」のことだ。

今私は作品ナンバー四千三十五と書いたが、この第五巻にはナンバー四千三十二から四千五百十六までの約五百首が収められている。

四千三十五の次に登場するのは四千四十二。

「藤波の咲き行く見ればほととぎす鳴くべき時に近づきにけり」。

藤波というのは藤の花。つまり藤の花が次第に咲いて行くのを眺めるといよいよホトトギスの鳴く時が近づいて来たのだなぁ、という意味だ。

二首共に作者は田辺史福麻呂で、この人はかなりのホトトギス好きだ。四千五十二番。

「ほととぎす今鳴かずして明日越えむ山に鳴くとも験あらめやも」。

もちろんホトトギス好きという点では万葉集を代表する歌人の大伴家持も負けてはいない。四千九十番から四千九十二番にかけてホトトギスの三連発だ。

「行くへなくあり渡るともほととぎす鳴きし渡らばかくやしのはむ」。「卯の花の共にし鳴けばほととぎすいやめづらしも名告り鳴くなへ」。「ほととぎすいとねたけくは橘の花散る時に来鳴きとよむる」。

いやぁ、「卯の花が咲くのに合わせて鳴くので、ホトトギスはますますすばらしい。名のって鳴く上に」と詠んでみたり、「ホトトギスのひどく嫌なところは、橘の花が散る時になって来て鳴き響かせることだ」と詠んでみたり、家持はけっこう自分勝手な人だ。

いや、それどころか、家持はホトトギスの捕獲まで試みている。

「ほととぎす聞けども飽かず網捕りに捕りてなつけな離れず鳴くがね」。「ほととぎす飼ひ通せらば今年経て来向かふ夏はまづ鳴きなむを」。

ホトトギスを捕獲して飼い馴らしてしまえば来年の夏が来る前に、まっ先にその鳴き声を聞けるだろう、というわけだ（やはりホトトギスを心待ちにしている他の人たちの都合はどうでも良いのだろうか）。

「更に霍公鳥の喧くことの晩きを怨みし歌三首」というのも詠んでいる。

「ほととぎす鳴き渡りぬと告ぐれども我聞き継がず花は過ぎつつ」。「我がここだ偲はく知らにほととぎすいづへの山を鳴きか越ゆらむ」。「月立ちし日より招きつつうち偲ひ待てど来鳴かぬほととぎすかも」。

便利な時代になったもので、私の使っている電子辞書に『新ヤマケイポケットガイド野鳥』と『里山の野鳥ハンドブック』が収録されている。

その内のまず『新ヤマケイポケットガイドブック野鳥』の「見出し語検索」に「ホトトギス」と打ち込み、検索してみる。

すると鳴き声まで聞くことが出来、説明文に「キョッキョキョキョキョ…」と鳴くとあり、さらにその鳴き声が、「特許許可局」あるいは「テッペンカケタカ」と聞きなされているとあった。

たしかにそのように聞こえる。

その鳴き声を耳にする私は千二百年以上の時を経て、大伴家持の気持ちに自分の気持ちを重ねる。『里山の野鳥ハンドブック』にはホトトギスの鳴き声は、「キョッキン、キョキョキョキョ」とあり、「特許許可局」だけでなく、「天辺（てっぺん）かけたか、本尊（ほんぞん）かけたか」という聞きなしも紹介されている。

そしてまた、「鳴くときに口の中が赤く見え『血を吐く鳥』と言われ、晩年、結核を患った明治の俳人・正岡子規の俳号は、本種の漢字名のひとつに由来」とある。

そうだったそうだった、子規というのはホトトギスの異称で、正岡子規はそれにちなんでその名前をつけたことを私は『慶応三年生まれ七人の旋毛曲り』執筆中に知ったのだ（いや、その前から知っていた気がする）。

しかし万葉集にここまで多くホトトギスが登場することは知らないでいた。

ところで、万葉集の一番ラストに収録されている四千五百十六番も大伴家持の作品で、「新しき年の初めの初春の今日降る雪のいやしけ吉事」だ。

そしてその現代語訳は、「新しい年の初めの正月の今日降る雪のように、ますます重なってくれ、良いことが」。

新しい年（二〇一六年）を迎えるに当って私もこの歌を口にしたい。ということで改めて菊池寛賞おめでとう『本の雑誌』。

集英社文庫の「ポケットマスターピース」は小さな図書館だ

大学時代の私が一番よく読んだ外国文学はアメリカ文学だった。

もちろんイギリス文学も読んだけれど、それはウィリアム・ゴールディングやアイリス・マードックやアンソニー・バージェスやミュリエル・スパークといった現代イギリス文学だった。

つまり十九世紀イギリス文学はサッカレーを除いて殆ど読まなかった（オスカー・ワイルドとジョゼフ・コンラッドはよく読んだけれどワイルドはアイルランド人だしコンラッドの元々の出身はポーランドだ）。

一九八三年四月、私は早稲田大学文学部の英米文学専攻の大学院に進学した。

本当にやりたかったのは現代アメリカ文学だったが、専門とする先生がいなかったから、批評を研究した。

しかし、英米文学に関して満遍なく知識を得なければと思った。例えば十九世紀イギリス文学（小説）について。

ここで私が言う「知識」とはすなわち作品を読んで行くことだ。

もちろん原書で読むのに越したことはないが、時間的な限界があるから（大学院に入った時私はフォークナーの短篇を毎日一作ずつ原書で読むことを義務づけていた——それ以外にも常時数冊のペーパーバックをカバンに入れていた）、翻訳でもＯＫだ。

そしてその頃私が気になっていた十九世紀イギリス作家がチャールズ・ディケンズだった。

もちろん『クリスマス・キャロル』や『オリバー・ツイスト』、『ディヴィッド・コパフィールド』、『大いなる遺産』といった作品名は知っていたし、その内の何作かには目を通していたが、それは、いわば、青少年文学だ。

それを越えたものがあることに気づいたのだ。

その頃、週二回は神保町の古書街を流していた。

中で、英米文学を専門とする古書店の店頭のガラスケースにレアなディケンズの翻訳書が飾られていた。

昭和四十八年から五十年にかけて三笠書房から刊行された『ピクウィック・クラブ』、『骨董屋』、『マーティン・チャズルウィット』、『ドンビー父子』だ。

レアということは高価であるということを意味している。

実際、いずれも二万円ぐらいした（町田の高原書店は良心的値付けで知られていたが、この内のどれかを見付けたものの法外な値段で手が出せなかったと目黒考二さんが回想していた）。

入手することなく、一九八六年三月、大学院を終えた。

『東京人』の編集者となった私はこれらのディケンズの作品のことを忘れた。

ところが、それが、次々とちくま文庫に収録されて行ったのだ。

『骨董屋』（一九八九年）、『ピクウィック・クラブ』（一九九〇年）、『マーティン・チャズルウィット』

（一九九三年）。

買わなければ買わなければと思っている間に（当時の私はちくま文庫の足が早いことにまだ気づいていなかった）、新刊書店の棚から消えた。

この内のどれかは記念復刊されたように記憶しているが、それも棚から消え、古書価格はそれなりの値段だ。

さて今年の文庫本だ。

今年の文庫本で一番インパクトがあった（コロンブスの卵と言えた）のは集英社文庫の「ポケットマスターピース」シリーズだ。

シリーズとしてのインパクトが凄くて、一冊に絞れなかったから『週刊文春』の「文庫本を狙え！」で紹介出来なかった。

E・A・ポーやルイス・キャロルだけでなく、バルザックや、トルストイ、ブロンテ姉妹のような長篇作家たちも、その全仕事を一冊（八百頁ぐらいある）に上手にまとめてある。

特筆したいのは巻末の「著作目録」や「主要文献案内」、そして「年譜」だ。

初心者だけでなく専門とする人間にとっても読みごたえあると思う。

今年（二〇一六年）二月、その第五巻として『ディケンズ』が出てから、買わなければ買わなければ、と思いながら、何度も立ち読みしていた。

すると、続く第六巻『マーク・トウェイン』が編・訳者の柴田元幸さんから送られて来た。

それから半年ぐらい経ち、この「年刊文庫番」の原稿依頼が来た。

そうだ、「ポケットマスターピース」シリーズで行こう。

『スペクテイター』という雑誌がある。

その三十七号（二〇一六年十月七日発行）で北山耕平が特集されている。

「精神世界の人」としての北山耕平は苦が手だが（私が『東京人』時代に途中入社して来た加賀山弘のことをあるエッセイで「K氏」と書いて批判したのを見たある人物がブログでその「K氏」とは北山耕平に違いないと書いていたが私は北山氏とまったく面識がない）、編集者としての北山耕平はそれなりに評価している。

特に初期『ポパイ』のカルチャー頁の編集振りは素晴らしかった（小学館の雑誌『写楽』で私が愛読していた「イメージ・スーパーマーケット」という四色刷ページの連載も北山氏が担当していたことも『スペクテイター』の特集で知った）。

その『ポパイ』一九七八年一月十日号の「ポップ・アイ」というコラム欄で北山耕平はニュー・ジャーナリズムのことを紹介し、それが『スペクテイター』で再録されている。

十三本ものコラムで構成されているその紹介記事の十二本目は「ニュー・ジャーナリズムのルーツを求めてみると……」と題されている。


ニュー・ジャーナリストに影響を与えた一九世紀の作家では、チャールズ・ディケンズとマーク・トウェインのふたりがあげられる。

もちろん、それ以前の作家、例えばバルザックなどにも、ニュー・ジャーナリズム的な手法を用いた部分がないわけではない。

しかし、ひとつにまとまった作品になると、最初はディケンズなのだ。

なるほど、そうか、これは『ディケンズ』と『バルザック』を購入しなければ。

集英社のPR誌『青春と読書』の二〇一六年三月号に、「ポケットマスターピース」シリーズの刊行を記念して『ディケンズ』の編者辻原登と『バルザック』の編者野崎歓の対談（「世界文学への扉」）が載っていて、辻原氏がとても興味深い発言をしている。

> 実際に自分で小説を書いているとわかるのは、自分は「文学」なんかやってないんだということなんです。つまり小説に書かれている時代だとか人物だとか出来事だとかというのは、ほとんど現実なんです。たとえそれがフィクションであっても、作家が創ろうとしているのはあくまでも現実であって、そこに文学の入る余地はない。ところが往々にして、何かものを書いていると、自分は文学しているように思ってしまう。しかし、そのことと自分で実際に小説を創造していくこととはまったく関係がないということに気づいたんです。

これはまさにニュー・ジャーナリズムの精神だ。その先駆にディケンズがいたわけだ。

ところで先に紹介した北山耕平の一文は、ディケンズのニュー・ジャーナリスト的作品として短篇小説集『ボズのスケッチ』をあげ、その作品は『ディケンズ』には収録されていないが岩波文庫に入っていて手軽に読むことができる。

巻末の「主要文献案内」が素晴らしいと述べたが、〈研究・論考〉の項でミハイル・バフチンの『小説の言葉』（平凡社ライブラリー）が紹介されている。

小説の語りは、一個人による単層的な声で紡がれるのではなく、さまざまなポリティクスやイデオロギーに彩られた多くの声（ポリフォニー）が対話的に織りなすものだとした論考で、バフチンはこうしたポリフォニックな語りの好例としてディケンズを挙げている。

バフチンの論ずる小説におけるポリフォニーとはドストエフスキーの例が有名だが、その前にディケンズがいたのか。

それからD・A・ミラーの『小説と警察』。国文社から翻訳が刊行されていたことは知っていたがその分析の対象がディケンズだったとは。

ミシェル・フーコーの『監獄の誕生』や『狂気の歴史』等の権力論をもとに、ディケンズの小説群（特に『荒涼館』など）を分析し、小説が単なる娯楽の読み物としてではなく、人々を支配し、正しく規律を守らせる警邏（けいら）的組織を担うものであったことを議論する。

これは、ちくま文庫の『荒涼館』全四巻を古本で探さなければ。いずれにせよ、ありがとう「ポケットマスターピース」。

最近の中公文庫のラインナップは素晴らしい、中でも……

「小さな社会人大学　中公文庫の１００冊」という一文を雑誌『ノーサイド』に発表したのは一九九四年十二月号だ。

中公文庫のラインナップの素晴らしさを絶讃したのだ。

しかし、その一文で私はこうも書いていた。

そういう中公文庫にショックな噂を耳にしたのは暑い夏の真っ盛りのことだった。何でも九月から中公文庫の刊行日が変わり、刊行点数を増やし、増やすと言っても売れ線の本が中心で、今までのような渋い本は出なくなってしまうというのだ。

その噂は本当だった。

私は一九九六年夏から『週刊文春』で連載「文庫本を狙え！」を始めたけれど、中公文庫が登場したのは連載八回目だった。その書き出しを引く。

中公文庫といえば、かつては毎月の発売日が一番楽しみな文庫だった。今月はどんな明治大正の面白本を紹介してくれるのだろう。わくわくしながら発売日を心待ちにしたものである。その中公文庫が売れ線路線に「転向」してから、丸二年。以前なら毎月一～二冊は買っていたのだが、ここ二年で私が買った中公文庫の新刊は僅か四～五冊だ。

それからおよそ二十年。そのラインナップは変らなかった。

ところが去年ぐらいから変った。つまり、良い方に変化したのだ。

特に今年（二〇一七年）九月のラインナップは凄かった。

「文庫本を狙え！」に取り上げる本に迷ってしまった。

結局、吉田健一の『父のこと』を紹介した。何だかしょっちゅう吉田健一本を取り上げるじゃないか、という批判を受けそうだったが、吉田茂本として取り上げたのだ。最近の（特に自民党の）政治家の質の低さ（吉田茂の孫は最悪）を強調するために紹介したのだ。

他にもこの月の中公文庫は橋川文三『幕末明治人物誌』や村上一郎『幕末』が新刊で出た。両作品共ふだんの週なら間違いなく当確だ。

そしてそれ以上に凄かったのがオットー・D・トリシャス著、鈴木廣之・洲之内啓子訳『トーキョー・レコード』だ。

上下合わせて九百頁近いボリュームがあって、原稿量千二百字の「文庫本を狙え！」ではとても紹介しきれない。

この本の元本（単行本）を本屋で見た記憶がない。と思って「訳者あとがき」や「解題」をチェックしたら、文庫オリジナルなのでさらに凄い。二冊合わせて二千六百円だが単行本だったら五千円以上するだろう。

副題に「軍国日本特派員日記」とあるようにピューリッツア賞も受賞したことのある『ニューヨーク・タイムズ』記者が来日し帰国するまで一九四一年一月二十四日から一九四二年八月二十五日に至る日記だ。

あらためて日附けに注目してもらいたい。

ちょうど日米開戦（一九四一年十二月八日）をはさんだ時だ。

戦争状態にあったドイツも彼は特派記者として取材していた。

> 一見したところ、東京はドイツよりも、いよいよみすぼらしく、はるかに草臥れて見えた。女性は色とりどりの着物を身に着け、依然として小綺麗で絵に描いたようだったが、男性となると、身体に合わず、ズボンの尻がだらしなく垂れ下がった、曰く言いがたい洋服を着たり、はみ出た下着や木製の下駄を履いた裸足を晒して、洋服と和装を珍妙に取り合わせたのを着たりして、みすぼらしい印象を与えていた。

ただしレストランで提供される食べ物はドイツのものよりも良かった。

情報局総裁の伊藤述史が、「二百人ほどの海外の外交官と特派員、それに彼らの家族のためにパーティを開き」、大相撲五月場所に招待した。参加者にはアメリカ大使のジョセフ・グルー、イギリス大使のロバート・クレイギー、ドイツ大使のオイゲン・オット、それから黒龍会の頭山満がいた。著者のトリシャスはかなり適確な感想を述べている。

日本人たちは対戦に大いに沸いたが、招待客たちは対戦の委細を理解しておらず、ほどなく飽きてしまったのが私には分かった。褌だけの裸の、とてつもなく太った二人の男がリングの中で膝を屈し手をついて屈み込み、互いに睨み付け合うと、それぞれのコーナーに後戻りし、塩を撒き散らしてリングを「清め」る。時折、どちらかが相手の前に飛び出してしまうが、相手が用意できていないと、二人ともまた元に戻る。両者が組み合うまでに最高十数回もこれが繰り返される。これは、どちらの対戦者も自分の最高の精神と肉体の状態であると自分で感じられるようでなくてはならないという考えだ。対戦そのものはほんの数秒で終わる。

とても貴重な証言が次々と登場する。
一九四一年五月二十七日、大本営海軍部報道課長平出英夫大佐が、「帝国海軍は、相手が最大、最強の海軍であっても、特別な戦略的作戦を採って敵を打ち負かすことであろう」と述べた。
その「特別な戦略的作戦」の具体的内容を知って驚いた。

私はかつて、日本人とイタリア人が開発したと伝えられる一人乗り魚雷について、噂と図付きの荒

唐無稽な話があったことを思い出した。このことについて私は、ドイツ海軍の将校に尋ねたことがあった。その将校は、このような兵器を開発するとしたら、それは多分日本人しかいないだろうし、それは日本人の東洋的な運命論のためだと答えた。

人間魚雷が生み出されたのは戦争末期だと思っていたが太平洋戦争が始まる前からだとは。それから

イタリアでも実用化されたのだろうか？

昭和天皇が戦争に反対していたことも知ることが出来た。

一九四一年九月十日。

ある報告によると、戦争狂の好戦的愛国主義者は憲法で神聖と定められた天皇の廃位も辞さないという。好戦的愛国主義者たちは、もし天皇が戦争に反対し続けるなら、京都に連れ戻すと、公然と発言していた。将軍の軍事政権が、操り人形の神や至高の聖職者として天皇の祖先を数百年にわたって幽閉したのが京都だった。

第三次近衛内閣が退陣に追い込まれた翌日、一九四一年十月十七日。

不可避の事が起こった。陸軍が政府を乗っ取ったのだ。東条英機が首相の地位を占め、陸軍大臣に留任し、内務大臣にも就いた。「大君（タイクン）」の軍事政権以来初めて、政治と軍隊と警察権力とが一人の人

間の手に落ちた。
そうか内務大臣というのは言わば警察のトップだったのか。
そして運命の十二月八日。

この日の朝七時、鍵を掛けた寝室の扉をけたたましく叩く音で私は起こされた。扉を開けると、四人の私服の男がすっと寝室に入り込み、私を取り囲んだ。
「我々は警視庁から来たものだ」と主任格の男が言った。「外套を着ろ。署長がお前に会いたがっている」

こうして所轄の署に連れて行かれたのち、東京拘置所に連行される。
一九四二年一月一日から始まる第三十八章は「拷問」と題されている。

男は、私の肩を摑んで部屋の隅に押し付け、膝をつくように強要し、日本式に座るよう命じた。私にはどういう意味か分からなかったが、事務官の手を借りて、私を、足を後ろに引いて踵の上に座らせた。こうすると体重が膝と足の甲にかかった。事務官がハイエナのようににやにや笑い、私を押さえ込んでいる間、蛇男と私を逮捕した男が私の顔を引っぱたき、私の膝と踝を足で踏み付け、そして私の頭を壁に押し付け始めた。

「蛇男」だけでなく「兎男」は「顔に平手打ちを喰らわせ」、「ハイエナ男」は「私の左手の薬指と小指の間に万年筆を挟み、指が折れんばかりに上から押さえ付け始めた」。

いわゆる横浜事件はこのような拷問のすえに四名が犠牲となったのだ。

著者が助かったのは戦争捕虜の交換条約があったからだ。そして帰国の途に着く。

しかも英語で記したからこの貴重な日記が残された。最後にもう一つ引用する。「もし日本人が未開人のままだとすれば、それは機械を駆使する未開人であって、これがこの未開人を強靭にしたのだ」。

これほど貴重な一次資料でありながら刊行されてからひと月半経つのに書評をまったく目にしないのはどういうことだ。日本の書評の文化レベルはそこまで低くなってしまったのか。

平成最後の年に読む『富士』と『レイテ戦記』

今年の文庫本のベストをあげる前に別の問題について書く。

といってもそれは文庫本に関わっている。

つまり文庫本と私たちの関係が大きく変ってしまったのだ。

まずは『新潮45』問題について述べたい。

杉田水脈の論とそれを擁護した小川榮太郎の論で思い出したのは福田恆存の名評論「一匹と九十九匹と」だ。

つまり政治の力では九十九匹の小羊しか救えない。迷える小羊が一匹出てしまう。

それを救うのが文学だ、と福田氏は言う。

ところがそういう文学がある時期から消えてしまった。

そのある時期とは一九八〇年代初めだ（だからその頃に登場してきた作家の高橋源一郎が小川氏を批判するのは天に唾するようなものだ）。

では私たちはどのようにして文学に出会ったのだろう。

それは書店の棚によってだ。

かつて町に書店がたくさんあった。

私の住んでいた世田谷区赤堤の最寄り駅である世田谷線松原の小さな商店街にも駅前に松原書房という本屋があった。

岩波文庫はなかったものの（ただし岩波新書はあった）、新潮文庫はズラリと揃っていた。

国語の教科書で興味を持った作家の文庫本を購入し心が救済された。

購入しなくても、どんな作家がどんな作品を書いていたのかを憶えた。

その点で新潮文庫は色ごとに作家を別けていた（例えば太宰治は黒で谷崎潤一郎は赤といった具合に）からとてもわかりやすく、近現代日本文学史が体の中に入っていった。

本屋はそういう意味ある（文学と出会える）場所だったのだ。

三軒茶屋に住んで三十年（ちょうど私の人生の半分だ）になる。

私が移り住んだ頃のこの町にはかなり質の良い書店が三軒、それから普通の書店が四軒あった。

自分の暮らす町に本屋がない少年は不幸だ。例えば放課後ぶらっと覗くことの出来る本屋がない少年たちは。私は中学時代松原書房でしばしば中学の同級生に出会った。

三十年経った今、三軒茶屋にはTSUTAYA一軒しかない。一軒だけとはいえ、あるだけましか（少しだが岩波文庫も並らんでいるし）。

その代り、今では大型書店もアマゾンもあるじゃないか、と言う人もいるだろう。

しかし大型書店では棚を覗める楽しみがないし、アマゾンにはそもそも棚がない。

そして文学は消失してしまったのだ。一九八〇年代のある時期に。

仮にそれを一九八四年とすれば昭和五十九年だ。

その時までがかろうじて昭和で、それ以降、昭和六十年、六十一年、六十二年、六十三年、六十四年はもはや昭和ではない。平成への繋ぎだ。

一九八五年は戦後四十年に当たる。その時までかろうじて戦争の記憶が残っていた。

戦後七十年に当った二〇一五年、映画『日本のいちばん長い日』がリメイクされ、私はそのデタラメ振りを強くたたいた（「『戦後八十年』はないだろう」と題するその評論は私の『右であれ左であれ、思想はネットでは伝わらない。』幻戯書房に収められている）。

そのオリジナルが公開されたのは昭和四十二・一九六七年。

戦後二十年を越えて日本人の戦争体験がきちんと振り返られるようになったのだ。

ようやくここから本論に入る。

戦争体験を振り返った大作が二種、今年、中公文庫に入ったのだ（正確に述べれば新装版）。

それは四月から七月にかけて刊行された大岡昇平の『レイテ戦記』全四巻と八月に出た武田泰淳の『富士』だ。

『レイテ戦記』の初出は『中央公論』一九六七年新年号から一九六九年七月号にかけて。

まるでそれを引き継ぐかのように『富士』は同じ中央公論社の文芸誌『海』に一九六九年十月号から一九七一年六月号にかけて連載された。

そういう連載の場を作った中央公論社も立派だが、半世紀近くの時を経てそれを再文庫化する中央公論新社も偉いと思う。

それにしても二作とも凄い作品だ。

学生時代から私はとても気になっていたのだが、ずっと読まずに過してしまった（それだけ私は戦争への思いが深くなかったのだろう――つまり現代っ子だったのだ）。

だから今年、再文庫化を機に初めて読んだ。

先に（四月から七月にかけて）出た『レイテ戦記』は積ん読のままで、まず八月に出た『富士』から。そして『週刊文春』の連載「文庫本を狙え！」で取り挙げた。

『富士』は富士山の見える（静岡側ではなく山梨側であることがポイント）精神病院が舞台だ。「私」はK大学医学部の学生で同級生の大半はすでに出征して戦地にいたけれど、「たまたま」「右眼が視力を失っているため」出征することなく、精神病学の初年兵としてその病院に勤務していたのだ。

様々な人物が登場する。例えば「私」の同級生の一条実見。自分を宮様だと信じていてこの病院に入院している彼は、警官の制服を着用して「T御陵」に潜入すると、本物の宮様が突然現われ、その殿下に「日本精神病院改革案」を手渡し、警備員たちを挑発し、彼らから射ち殺されることを望むが果せず、青酸カリをあおり、自分は宮様だと言い張りながら死んで行く。

このエピソードが『海』に載った直前、三島由紀夫の事件が起きる。だからこのエピソードは「三島事件」にヒントを得たものだと思われた（当時の『海』編集長もそう考えていた）。しかし担当編集者だった村松友視によれば、その原稿は「三島事件」が起きる前に渡されたものだという。

しかしそれはまったくの偶然とは言えない。一九七〇年当時、時代はそのように連動していたのだ。そしてその連動の背後には戦争の影があったのだ。

『中央公論』で『レイテ戦記』の連載が終わったのは一九六九年七月号。しかし単行本化されたのは一九七一年九月。

大岡昇平の「加筆」は有名だから「三島事件」があった時も大岡は『レイテ戦記』を加筆し続けていたのだ（彼の中で戦争はまだ終わっていなかった――いや一生終わらなかったと言える）。

私の学生時代『レイテ戦記』は中公文庫で三冊だった。

しかし私は購入しなかった。

購入しなくて正解だった。つまり今回の四冊本に出会えて良かった。

この四冊本は本文以外の部分も充実していて、私はまずそちらから目を通した。

その前に私のカン違いについて語ろう。

大岡昇平の従軍体験を描いた長編小説『俘虜記』を私は愛読していた。

にも関わらず私は『レイテ戦記』のことをカン違いしていたのだ。

つまり『レイテ戦記』も従軍体験の延長にあると思っていたのだ。

しかしそれは間違いだった。

大岡昇平の年表を見ればそのことが明らかなのに私は気づかずにいた。

昭和十九年六月に召集された大岡は同年八月フィリピンのミンドロ島サンホセで警備の任務につく。

そして翌年一月捕虜となり、レイテ島の病院に送られる。

つまり大岡昇平はレイテ島での闘いに参加していなかったのだ。

しかしだからこそ『レイテ戦記』は凄いのだ。大岡氏が実際にレイテ島で戦っていたなら、その記録は自身の体験になってしまう。だが『レイテ戦記』はそれを越えている。
この作品を書こうと思った意図は第五章の巻末で語られている。第一次世界大戦で戦死したイギリスの詩人オーウェンの詩（「悲運に倒れた青年たちへの賛歌」）にある、「家畜のように死ぬ者のために、どんな弔いの鐘がある？／大砲の化物じみた怒りだけだ。／どものライフルの早口のお喋りだけが、／おお急ぎでお祈りをとなえてくれるだろう。」という一節を引いたのち、大岡氏はこう書いている。

私はこれからレイテ島上の戦闘について、私が事実と判断したものを、出来るだけ詳しく書くつもりである。七五ミリ野砲の砲声と三八銃の響きを再現したいと思っている。それが戦って死んだ者の霊を慰める唯一のものだと思っている。それが私に出来る唯一つのことだからである。

同じ巻（第一巻）の巻末に「『レイテ戦記』の意図」という講演が載っていて、大岡はこう語っている。

『レイテ戦記』を書いていて、痛感しましたのは、戦争は勝ったか、負けたかというチャンバラではなく、その全体にわれわれの社会と同じような原理がその中に働いている、軍隊を構成するいろんな人間の意志、欲望、あるいは弱さ、あらゆる感情的な要因がそこに働いているということです。

その種の「感情的な要因」は戦時も平時も変らない。だから大長篇小説『レイテ戦記』は、「レイテ島の戦闘の歴史は、健忘症の日米国民に、他人の土地で儲けようとする時、どういう目に遇うかを示している」と結ばれる。

『東京百年物語』全三巻は見事なアンソロジーだ

毎年私はこの原稿を書く時に悩んでしまう。

まず、一冊に絞ることは出来ない。

私はもう二十年以上（つまり千回以上）『週刊文春』で「文庫本を狙え！」という連載を続けている（だからこそこの「文庫番」の連載を頼まれたのだろう）。

その連載で扱わなかった一冊を挙げたら、えっ何で？ということになるし、扱ったものを挙げたら原稿の二重売りになってしまう。

だから毎年、あるテーマを決めて数冊の本を選ぶ。

ここで気をつけなければならないのはテーマがかぶってしまうことだ。

毎年はもちろん、三年前と似たテーマも扱ってはいけない。

だから毎年大変なのだ。

その点で今年（二〇一八年十月からの一年分）は楽だった。

岩波文庫の『東京百年物語』全三巻を取り上げれば良いのだから。

『週刊文春』の連載で取り上げたかったのだが、一冊に絞ることは出来ない（何故その一冊？と尋ねられた時にきちんと説明出来る自信がない）。

だから、三冊まとめて紹介出来るこの欄（連載）はありがたい。

東京百年ということは明治百年すなわち一八六八年から一九六八年までの作品が収録されているわけだが（一番最後が吉行淳之介の「廃墟の眺め」一九六七年）、事実上東京オリンピック（一九六四年）までの東京だ。つまり東京オリンピックによって変化した東京は登場しない（だから小林信彦や色川武大の作品は収録されていない）。

正確に述べれば一巻は一八六八・明治元年から一九〇九・明治四十二年まで。二巻は一九一〇・明治四十三年から一九四〇・昭和十五年まで。そして三巻は一九四一・昭和十六年から一九六七・昭和四十二年まで。

関謙之「東京　銀街小誌（抄）」から吉行淳之介「廃墟の眺め」に至る全四十六篇の内、私が読んでいたのは二十篇つまり半分弱だ。

北村透谷の「漫罵」や森鷗外の「普請中」、中野重治の「雨の降る品川駅」、安岡章太郎「ジングルベル」、三島由紀夫「橋づくし」など繰り返し読んだものもある。

中でも一番多く読み直したのが国木田独歩の「窮死」だ。

「九段坂の最寄（もより）にけちなめし屋がある。春の末の夕暮に一人の男が大儀そうに敷居をまたげた」（傍点は原文）と始まるこの短篇小説を私は『靖国』の資料として読んだ。

そして独歩の空間把握のうまさに舌を巻いた（さすがは『武蔵野』の作者だと思った）。いつの日にか『独歩と東京』という評論集を出したいと思いながら二十年近く経ってしまった。

何度も目にしているのに、えっ、そうだったのかと思った作品もある。

中野重治の詩「雨の降る品川駅」。「辛よ　さようなら／金よ　さようなら／君らは雨の降る品川駅から乗車する」と始まるこの詩が私は大好きで、岩波文庫版でも新潮文庫版でも繰り返し読んだ。

しかし一番大事なことがわからないでいた。

この詩の解説で金ヨンロンはこう述べている。「当時、天皇の臣民であるはずの植民地朝鮮の人々が、天皇の即位式に際して強制送還されたことを描いている」。

だから伏字にされた部分（傍点部）を底本で復元している。

「君らは雨にぬれて君らを追う日本天皇を思い出す／君らは雨にぬれて髭　眼鏡　猫背の彼を思い出す」。

昭和四年の段階でこのようなフレーズを発表する中野重治の胆力はたいしたものだ。

この第二巻には「雨の降る品川駅」に続いて堀辰雄の「水族館」が収められている。

私の父は堀辰雄が好きで（実際に会ったこともあるという）、私の浪人時代、筑摩書房から刊行されていた全集を定期購読していた（昭和三十年代に新潮社から出ていた作品集も揃っていた）。

だから私はそれを読んでいった。つまり初期作品にも目を通した。

堀辰雄と言えば軽井沢の人、あるいは法隆寺の人（高校の現代国語の教科書に載っていた）のイメージが強かったが、初期は都市モダニズム作家であることを知った。

舞台となるのは浅草だ（堀辰雄は向島で生まれ育ったから準地元と言える）。

そして「水族館」や「不器用な天使」といった傑作を知った。堀辰雄は国文科出身でありながらジャン・コクトーが好きで翻訳もしているが、のちに大学に入ってコクトーの作品を読んだ時、初期堀辰雄がコクトーの強い影響を受けていることを知った（だいたい「不器用な天使」というタイトルからしてコクトーそのものだ）。

「水族館」に続いて伊藤整の「M百貨店」が収録されている。

銀座を舞台とするこの作品を初めて知ったがタイトルが抜群に上手い。何故なら銀座には当時、三越、松屋、松坂屋と「M百貨店」が三つもあり、それらをミックスした味わいをかもし出しているから。

続いて収録されているのが夢野久作の「恐ろしい東京」で、「筆者」は「久し振りに上京」したという。つまりその間に、浅草〜上野間の地下鉄が銀座まで延伸し、新しい百貨店が開業していた。

「銀座尾張町から上野の展覧会へ行く積りで、生まれて初めての地下鉄へ降りてみる。見渡す限り百貨店みたいで、何処で切符を売っているのかわからないし、プラットフォームらしいものもないので、間違ったのかなと思ってまた石段を上って見ると、丸キリ知らない繁華な町である」

そして第三巻。

上林暁の観察や描写の細かさが私は好きなのだが、ここには雑誌未発表で昭和十九（一九四四）年十一月頃に執筆された「国民酒場」が収録されている。

「国民酒場も、行きつけると、病みつきになってしまった。開場前に大勢列を作って屯（たむろ）しているのを見ると、国民酒場で飲むのは大変なような気がして、長い間敬遠して来たが、五時半頃に列に並べば十分飲めるという当てもついた。で、五時頃になると、仕事を措（お）いて、ついと出かけたくなる」

この国民酒場は上林の地元阿佐ヶ谷の国民酒場だ。

この国民酒場には「西荻窪の連中」も時々やって来る。だから上林も西荻窪の国民酒場を覗いてみた。

「阿佐ヶ谷では、一列に並んで、五人に一枚ずつ整理券をくれるのだが、西荻窪では、二列に並んで、二人に一枚ずつくれた。入口に着くと、右列の者が券を渡し、左列の者が金を渡すようになっていた。店も狭く、椅子も置いてないので、後から追い立てられるような気がして、慌しい飲み方であった」

偶然、青山の国民酒場に入ったこともある。

「二列に並ぶことは西荻窪と同じだが、先頭の者と後尾の者がジャンケンをして、勝った者の方から整理券を配るということであった」

国民酒場のことは知識としては知っていたが、こんなローカルカラーがあることは知らなかった。

そして稲垣足穂の「有楽町の思想」、志賀直哉の「灰色の月」に続いて梅崎春生の「飢えの季節」（私は今回初めて読んだ）が載っている。昭和二十三（一九四八）年一月に発表されたものだが、国民酒場よりずっと悲惨だ。宗像和重はこう説明している。「復員して慢性的な飢えに苦しみながら、就職した広告会社で『大東京の将来』という立看板を担当することになった『私』を語り手とする小説」。

南武線の稲田堤駅から歩いて二十分かかる小さな農家の二階に住む「私」は朝四時に起きて、お茶の水の先にある会社に通う。

「稲田堤から電車にのり、登戸で小田急にのりかえ、新宿まできて中央線をつかまえる。そしてお茶の水まで、満員電車からはき出される頃には、日はすっかりのぼっていて、お茶の水駅の横のだらだら坂を、額に光をうけながら私はゆるゆる降りてゆく」。

空腹をかかえながら。

そして昌平橋のたもとにある外食食堂に行く。本当は二食分、いや三食分、四食分食べたかったけれど、そんなことをしたらその分の食事を抜かなければならないから一食分で我慢する。

「外食食堂の一食分とは、なんと僅少（きんしょう）な分量しかないのだろう。頬張（ほおば）って食えば、四口か五口で終ってしまうのだ。水のようにうすい味噌汁と三、四片の沢庵。食べ終るのに二分間もかかりはしない」

帰宅する頃、ちょうど「家のあるじたち」は夕餉（ゆうげ）の最中だった。

「階段をのぼる前にちらと茶の間に視線を走らせると、必ず大きなおひつの中の真白な御飯がいきなり眼にとびこんでくるのであった」。

あるじはとても話好きだった。

「このあるじの二階、つまり私がいる部屋には、以前小説家のT・I氏が下宿していたということだった。私はまだその頃T・I氏に面識はなかったが、あるじの話によればおそろしく生活力の乏しい人間であるらしかった」

このT・I氏とはたぶん稲垣足穂のことだと思う。足穂は神楽坂界隈の住人のイメージが強いが稲田堤にも住んでいたのか。

ところで森鷗外がいつも「普請中」と述べたのは一九一〇年でその場所は精養軒ホテル（のち銀座東急ホテル現在は時事通信社）だが、それから百年以上経っても東京はまだ普請中だ。ウソだと思うなら東銀座から銀座に至る地下道を歩いてみると良い。

初出

文庫本を狙え！「週刊文春」二〇一六年四月七日号〜二〇二〇年一月二十三日号

年刊文庫番「本の雑誌増刊　おすすめ文庫王国」'99〜2020

デザイン　重実生哉

文庫本千秋楽

二〇二〇年十一月二十五日　初版第一刷発行

著者――坪内祐三

発行人――浜本茂

印刷――株式会社シナノパブリッシングプレス

発行所――株式会社　本の雑誌社

〒101-0051
東京都千代田区神田神保町1-37　友田三和ビル　5F
電話　03（3295）1071
振替　00150-3-50378

定価はカバーに表示してあります
ISBN978-4-86011-450-3　C0095